고령친화적 도시재생뉴딜

일본의 고령친화 주거지재생 정책 사례 연구

452
아산재단 연구총서

저출산·고령화 시대와 한국형 사회복지

고령친화적 도시재생뉴딜

일본의 고령친화 주거지재생 정책 사례 연구

김현주

집문당

김현주(金賢珠) 연세대학교 국문학과 및 건축공학과 졸업
연세대학교 건축학 박사
서울대학교 건설환경종합연구소 선임연구원 역임
현재 서울연구원 초빙 부연구위원 재직 중

아산재단 연구총서 452

저출산 · 고령화 시대와 한국형 사회복지

고령친화적 도시재생뉴딜

일본의 고령친화 주거지재생 정책 사례 연구

2019년 12월 30일 1판 1쇄

저자 | 김현주
발행인 | 임동규
발행처 | **(주)집문당**
등록 | 1971. 3. 23. 제2012-000069호
주소 | 03134 서울시 종로구 돈화문로 82 집문당빌딩 5층
전화 | (02)743-3192~3 팩스(02)742-4657
이메일 | sale@jipmoon.co.kr
홈페이지 | www.jipmoon.co.kr

ISBN 978-89-303-1850-1 94330
978-89-303-1500-5(세트)

가격 25,000원

머리말

2013년 도시재생특별법 제정 이후 본격화된 도시재생사업은 2017년 도시재생뉴딜로 이어졌고 현재 주거복지 실현, 도시경쟁력 강화, 사회통합, 일자리 창출을 목표로 하는 도시혁신사업이 돼 전국 곳곳에서 펼쳐지고 있다. 그런데 지금 일련의 도시재생사업을 바라보는 시선들은 그리 긍정적이지 않다. 기존의 전면철거 재개발 방식과 어떻게 다른지에 대한 의문은 도시재생의 본질과 실체에 대한 회의로 이어지고 있고, 내가 사는 곳에서 벌어지고 있는 도시재생사업들이 과연 무엇을 위한 것인지, 누구를 위한 것인지를 비난하는 주민들의 반발은 끊이지 않고 있다.

도시재생사업은 한결같은 시나리오를 가진다. 인구가 감소하고 경제가 침체된 도시, 공동화가 심화되는 도시에 공공재원을 투입해 지역 기능과 활력을 회복시키는 사업을 추진함으로써 도시가 쇠퇴 일로에서 벗어나 지속가능성을 갖는다는 것이다. 그런데 이 시나리오는 성장과 확장, 쇠퇴라는 도시의 라이프 사이클은 주목하지만 정작 그 안에서 살아가야 하는 주민의 생애주기에 대한 섬세한 고려가 없다. 그렇다보니 돌봄, 배움, 일, 노후 등 주민의 생애주기별 필요한 도시환경의 지원과 보장에 대한 구체적 전망 없이 새로운 인구가 유입되고, 산업체 수가 늘고, 노후 건축물의 수가 감소하면 결국 주민의 삶이 질이 향상되고 주거복지가 실현될 것이라는 막연한 예측으로 추진되는 것이 지금의 도시재생사업이다.

이 책은 무한히 포용적이기만 한 주민 삶의 질적 향상 또는 주거복지라는 목표가 정부의 강력한 정책 드라이브와 각 지자체의 맹목적인 사업 추진의 명분으로는 그럴듯할지 모르나 실제로 도시재생사업의 평가과정에서 불거지는 "내 삶은 달라진 것이 하나도 없다"와 같은 주민 체감도와의 간극을 좁히는 데는 역부족일 수밖에 없다는 안타까움에서 시작됐다. 그리고 대안으로 규모와 다양성이 크게 증가하고 있는 고령인구의 삶의 질에 대한 구체적 전망을 밝히며 노인이 오래 거주해온 곳에서 계속 거주할 수 있게 주거지를 재생하는 고령친화적 도시재생뉴딜을 제안했다.

현재 노후주거지의 고령자는 근린환경의 쇠퇴로 주거뿐 아니라 이동, 복지, 여가, 사회적 관계망 형성 등의 제약이 심하고 이로 인한 삶의 질 저하가 사회문제로 확산되고 있지만 노인의 계속거주를 위해 일상생활 범위인 근린환경을 어떻게 개선할지, 또 어떠한 노인사회서비스를 주거지재생을 통해 제공할 수 있을지 도시재생 분야에서는 이렇다 할 논의가 없다. 노인의 삶의 질 저하가 국가적, 경제적 손실로 이어질 수밖에 없는 현실에서 고령친화적 도시재생뉴딜은 인구고령화에 대응하기 위한 당면 과제일 뿐 아니라, 청장년 주민은 살던 곳을 이탈하지 않고 나이를 먹어도 기꺼이 계속 거주하고 싶고, 또 고령인구는 병원이나 시설의 입소 없이 살던 곳에서 안전하고 안심하며 살 수 있게 주거지를 재생함으로써 '원래 주민들을 계속 살게 하는' 도시재생의 가치를 실현시킬 수 있는 최선의 방법이기도 하다.

그런데 우리나라의 고령인구에 대한 주거정책은 노인주거복지 차원의 주택 및 시설 공급과 재정 지원에 치우쳐 보다 보편적이고 포괄적인 노인의 활기찬 노년을 지원할 수 있는 주거지 단위의 정책과 사업 경험은 축적되지 못한 상태이다. 인구감소 고령화에 대응하는 고령친화적 도시재생뉴딜 정책의 추진을 위해서는 고령친화주거지의 구상, 고령친화주거지를 조성하기 위한 마스터플랜, 또 도시재생뉴딜 사업 유형으로 적용할 수 있는 고령친화 주거지재생 모델에 대한 탐색이 필요하다. 그래서 이 책은 우리보다 앞서 고령화가 진행된 일본의 사례에 주목해 현재 일본의 다수 지자체가 추진하는 고령친화주거지 구상인 '스마트웰니스시티'와 국토교통성의 고령친화 주거지재생 마스터플랜인 '건강의료복지 마을만들기', 지역창생전략에 따라 은퇴 후 고령자를 위한 주거지재생사업으로 추진 중인 '평생 활약 마을'에 대한 사례연구의 내용을 담았다.

특히 이 책은 앞으로 고령화 정책이 정책의 효용성과 비용 절감 측면에서 고령자의 삶의 질과 직결된 도시, 주택, 건강, 의료, 복지 각 정책의 연계를 추진해야만 하는 시점에서 우리 사회가 제공해야 할 죽기 전 10년의 실질적인 노인주거 및 사회서비스가 어떻게 주거지를 중심으로 서로 맞물리며 제공될 수 있을지를 중점적으로 탐색했다. 이 책의 내용이 현재 노후주거지에 거주하는 고령자의 삶의 질 제고와 함께 이제 십 년도 남지 않은 초고령사회에 대비해 고령인구의 공간복지는 물론 다양한 사회안전망과 노인사회서비스가 통합적으로 전개될 수 있는 고령친화적 도시재생뉴딜의 구상과 추진에 도움이 되기를 바란다. 덧붙여 연구지원에 최선을 다해준 아산사회복지재단에 깊은 감사의 말씀을 드린다.

2019년 12월 30일

저자 씀

차례

VIII. 결 론 / 283

표/그림 차례

I. 서 론

I. 서 론

1. 도시재생뉴딜 노후주거지 재생사업에 대한 우려

2017년 7월 정부는 도시재생뉴딜사업[1] 계획을 발표했다. 정부의 계획에 따르면 앞으로 5년간 매년 10조 원대의 공적 재원을 투입해 해마다 100개의 동네가 다시 살아나게 된다. 또 과거의 뉴타운이나 재개발사업과는 달리 이번 도시재생은 소규모 블록 단위에 기반해 동네와 사람을 되살리는 데 방점을 둔다는 점에서 기대를 모으고 있다. 그동안 도시재생사업은 삶의 질, 동네 살리기, 도시경쟁력, 주민참여, 자치역량, 협력적 거버넌스, 풀뿌리 민주주의, 사회적 경제 등 너무나 화려하고 무한히 포용적인 명분을 내세워 추진됐다.(전상인, 2017) 하지만 구도심 또는 노후 주거지에서 살고 있는 주민들로부터 정작 내 주변은 아무것도 바뀐 것이 없다는, 즉 일상에서 체감할 수 있는 구체적이고 실질적인 사업 성과는 없다는 부정적 평가를 받아왔다. 이러한 측면에서 도시재생뉴딜 정책은 주거문제를 보다 강조해 제시했고, 기존 산업과 역사, 문화, 예술, 관광을 핵심 콘텐츠로 하는 대규모 유형의 경제기반형, 중심시가지형의 사업과 함께 주거문제 해결을 위한 사업 유형들이 신설됐다.

---

1) 문재인 정부의 주요 국정과제 중 하나로, 전국의 낙후지역 500곳에 매년 재정 2조 원, 주택도시기금 5조 원, 공기업 사업비 3조 원 등 5년간 총 50조 원을 투입하는 도시재생 사업이다.

현재 도시재생뉴딜은 사업대상지 절반 이상이 소규모 저층 단독주택지에 집중돼 있고, 면적 규모에 따라 우리동네살리기 유형, 주거지지원형 유형으로 세분화돼 집중적으로 주거지 재생을 도모하고 있다. 이 점은 도시재생뉴딜 정책이 동네, 마을 기반의 재생에 의해 주민이 체감하는 '내 삶의 변화'를 목표로 하고 있음을 방증한다. 그런데 이러한 목표가 과연 올곧게 실현될 수 있을지는 여러 의문의 여지가 있다. 도시재생사업은 기존의 재개발 사업과 달리 도시 전체 혹은 특정 지역을 중심으로 계획적인 재생 전략을 수립하고 추진하는 것을 목표로 했지만, 정작 국토부에서 제시한 도시재생뉴딜 정책의 사업 모델 및 메뉴는 여전히 개발사업, 조성사업, 활용사업 등 획일적인 단위 사업을 나열하고 있다. 새롭게 제시된 우리동네살리기 유형과 주거지지원형 사업 역시 현재로서는 기존의 도시활력증진지역 개발사업[2]에 주거정비사업을 결합한 방식을 도입한 것에 그쳐, 노후주거지를 재생하는 과정에서 주택을 개량하고 소규모 생활편의시설을 설치해주는 것이 과연 이전 도시재생사업이 노출한 단기적이고 가시적인 성과에 대한 강박적 결과와 어떻게 차별화될 수 있을 것인지, 또 어떻게 주민이 체감하는 삶의 변화를 실현할 수 있는지 우려되는 상황이다. 그리고 이러한 우려의 근저에는 동네, 마을 단위의 장소를 중심으로 물리적, 공간적 범위를 넘어 주민 삶의 질적 변화를 도모할 수 있는 사회적, 문화적 차원의 통합적인 주거지 재생전략, 재생모델 그리고

---

2) 도시활력증진지역 개발사업은 기초생활기반 확충, 중심시가지재생, 주거지재생, 지역역량 강화사업 등으로 사업 내용이 구성된다. 이 중 지역이 원하는 사업을 스스로 선택해 사업 계획을 수립하면, 국가가 예산을 지원하는 사업으로서 연간 1,000억 원 내외 규모가 지원된다.

이를 뒷받침하는 정책의 부재가 자리하고 있다.

현재 도시재생뉴딜의 노후주거지 재생사업은 대부분 주택을 공급하거나 정비하고, 도로, 공원, 녹지와 같은 기반시설과 공영주차장 등의 소규모 생활인프라, 주민공동이용시설 등의 거점 공간 조성에 치중돼 있다. 물론 노후주거지의 특성상 지역의 낙후된 주거환경을 개선하기 위해 오래된 주택을 정비하고 부족한 생활편의시설을 확충하는 것은 필요하다. 하지만 이러한 사업의 결과가 어떻게 주민이 실질적으로 체감할 수 있는 주거복지와 삶의 질 향상으로 이어질지는 여전히 모호하다. 그리고 이것은 도시재생사업이 도시재생뉴딜로 넘어오면서도 주민 삶의 질적 향상 또는 주거복지라는 개념을 여전히 대의적인 명분으로만 이해하고 있고 따라서 주민 삶의 질에 대한 구체적인 전망 없이 추진되는 사업들을 반복하고 있는 것의 한계이기도 하다. 이전의 도시재생사업이 마을 담장에 벽화를 그리면서, 공영주차장을 건설하면서, 커뮤니티 거점공간을 조성하면서, 마을박물관을 세우면서 줄곧 주민 삶의 질적 향상을 목적했지만 도시재생사업이 과연 무엇을 위한 것인지, 누구를 위한 것인지 주민들로부터 쉼 없이 반문이 제기됐던 사실을 우리는 다시 생각해볼 필요가 있다.

도시재생의 태생에는 재개발 재건축 시대 주거환경정비 사업들이 사업 자체를 목적으로 추구하고, 그 목적을 이루기 위한 과정에서 각종 사회적 문제가 발생했던 것에 대한 반성이 있다. 따라서 도시재생사업은 개별 단위사업들을 목적이 아니라 주민 삶의 질적 향상이라는 목적을 실현하기 위한 '수단'으로 바라보는 시각을 가져야 한다. 그런데 현재 우리의 도시재생사업에서는 삶의 질과 관련한 어떤 영역을, 어떤 지표를 향상시킬 것인지 즉 삶의 질 향상이라는 목적에 대한 구체적인 논의와 합의 과정이 대부분 누락돼 있고, 따라서 각 사업대상지의 단위사업들은 주민들의 삶의 어떤 필요를 채우기 위한 수단이지 목적은 아니라는 것이 여전히 간과된 채 맹목적으로 추진되고 있다.

도시재생뉴딜 주거재생사업이 주민이 체감할 수 있는 성과를 도모하기 위해서는 무엇보다도 주민 삶의 질적 향상 또는 주거복지라는 개념을 다분히 포용적이고 대의적인 명분으로만 이해하려는 수준에서 벗어날 필요가 있다. 기존 도시재생사업과 마찬가지로 삶의 질에 대한 구체적인 합의와 전망 없이 각 사업대상지에서 획일적인 단위사업들을 맹목적으로 추진하게 된다면 이 사업들은 주거복지 또는 주민 삶의 질적 향상이라는 목적과 관련해 명확한 설득력을 가지지 못할 것이며, 사업의 결과가 어떻게 주민이 체감할 수 있는 주거복지로 이어질 수 있을지도 이전과 마찬가지로 여전히 모호한 상태로 남게 된다.

그동안 도시재생사업은 공모 발표 후 2~3개월 안에 지자체가 사업계획서를 제출하고 다시 1~2개월 동안 심사와 평가를 거쳐 최종사업지가 선정되는 촉박한 일정으로 진행됐다. 그런데 이러한 일정으로는 도시재생을 통해 향상시키고자 하는 삶의 질의 실체에 대한 구체적인 논의와 소통이 불가능했다. 도시재생뉴딜은 주거지재생 계획 수립 단계에서부터 주민과의 소통을 통해 구체적이며 실현가능하고 주민이 체감할 수 있는 삶의 질에 대한 합의를 이끌어내고, 이에 대한 전망을 가진 가장 효율적인 사업들을 추진할 필요가 있다. 물론 이러한 과정을 거쳐 추진되는 사업들 역시 주택공급, 생활인프라 조성, 커뮤니티 공간 조성 등의 사업이 될 수도 있다. 하지만 그 성과는 이러한 과정을 거치지 못한 사업과 비교해보았을 때 도시재생뉴딜이 목적으로 하는 주민 체감도 향상 측면에서 분명 큰 차이를 가질 수밖에 없을 것이며, 이전 도시재생사업과의 차별성도 여기서부터 시작된다.

2. 고령친화적 도시재생뉴딜의 제안

급속히 전개되고 있는 고령화 현상으로 도시계획 분야에서는 특히 주거지를 중심으로 주택, 의료시설, 대중교통시설, 여가활용 시설의 증대와 질적 수준의 제고 등 증가하는 고령인구의 수요 변화를 반영하는 새로운 도시 정책에 대한 요구가 높아지고 있다. 그러나 그동안 우리나라의 고령인구에 대한 주거 정책은 주로 취약계층 노인들을 위한 주택 및 시설 공급과 관리, 재정적 지원에 치우쳐 왔기에 공간복지는 물론 다양한 사회안전망 구축과 삶의 질 향상을 위한 노인 사회서비스가 융합된 주거지 단위의 노인주거 정책은 아직 미흡하다. 그리고 이러한 정책적 편향은 고령자가 집중된 노후주거지를 대상으로 하는 도시재생사업에서도 반복돼 주택개량이나 개조를 통해 고령자가 생활하기에 적합한 주택을 공급하는 것 외에는 노인의 활동적인 삶과 삶의 질 향상을 목표로 지역의 물리적, 사회적 환경의 개선을 추진하는 재생사업은 크게 눈에 띄지 않았다[3]. 물

3) 2017년과 2018년에 선정된 도시재생뉴딜사업 중 주거재생사업에 해당하는 우리동네 살리기, 주거지지원형 사업은 모두 78곳이나, 공모 시 제출된 사업계획 중 고령거주자

론 노후주거지 재생에서 거동이 불편한 노인을 위해 양질의 주택을 공급하는 것은 마땅한 일이지만 주거지의 보행환경과 상점, 공원, 병원 등과 같은 근린환경의 물리적 제약으로 막상 집에서 혼자 무료하게 지내는 일상을 반복할 수밖에 없다면, 양질의 주택에서도 노인은 정신적, 신체적으로 피폐해질 수밖에 없다.

도시재생사업의 평균 사업기간이 2~5년에 불과하고, 이마저도 국비지원이 중단되는 사업 종료 이후 계속적인 도시재생사업이 불투명한 상태에서 도시의 지속가능성을 확보하기 위해서는 근미래 우리 사회와 도시에 다가올 변화를 예측하고 이에 대응해 보다 근본적으로 주거지의 정주성을 향상시킬 수 있는 전략이 요구된다. 즉, 현재와 같은 인구감소 고령화 시대에는 인구가 감소돼도 고령화가 진행돼도 청장년 주민은 살던 곳을 이탈하지 않고 나이를 먹어도 기꺼이 계속 거주하고 싶어 하고, 또 고령인구는 병원이나 시설의 입소 없이 오랜 기간 거주해온 주거지에서 안정적인 계속거주가 가능하도록 주거지를 재생하려는 노력이 필요하다.

특히 노후주거지에 거주하는 고령자는 물리적, 사회적 환경의 쇠퇴로 단지 주거만이 아닌 이동, 복지, 여가활동, 사회적 관계망 형성 등 제약이 심하고 이로 인한 삶의 질 저하가 사회문제로까지 확산되고 있지만, 이를 해결하기 위해 노인의 일상생활 범위인 주거지 환경을 어떻게 개선할지, 또 노인의 계속거주를 위한 어떠한 서비스를 주거지재생을 통해 제공할

의 삶의 질에 대한 전망을 밝히고 있는 사업은 없으며, 고령자의 삶의 질과 관련한 단위사업도 노인공동주택 공급, 노인정과 경로당 조성, 노인일자리 창출, 독거노인 나눔 행사 등이 간헐적으로 나타나고 있을 뿐이다.

수 있을지 고민하고 추진하는 도시재생뉴딜사업은 아직 없다.

고령인구의 규모와 다양성이 커지고, 고립과 의존의 수동적 존재가 아닌 능동적으로 살아가는 활기찬 노년을 보내고자 하는 고령인구가 증가하는 현실에서 노인이 기꺼이 집 밖을 나와서 동네를 걸어 다니며 물건을 사고 여가활동도 하며, 동네 사람들과 더불어 생활할 수 있는 주거지를 조성하는 것은 노인의 삶의 질을 향상시키는 데 중요한 역할을 한다. 또 노인이 자신이 살고 있는 주거지에서 건강하고 독립적으로 생활하는 것은 개인적인 차원의 삶의 질 문제일 뿐 아니라 국가적으로도 중요한 문제이다. 노인들의 삶의 질 저하는 사회적, 경제적 손실로 이어질 수 있기 때문이다. 장래 주민의 대다수를 차지하게 될 고령인구 그리고 점차 고령화될 청장년층이 자신이 살던 곳에서 오랫동안 안전하게 안심하며 계속 거주할 수 있기 위해서는 교통, 의료, 교육시설 등의 사각지대가 발생하지 않게 주거지의 물리적 환경을 향상시킬 필요가 있다. 또 증가하는 고령인구의 수요 변화에 대응할 수 있는 주거, 여가, 문화, 사회복지 인프라와 시설이 적절히 공급돼야 하며 이는 향후 초고령사회에서 발생할 수 있는 노인문제에 대한 국가적 대응 차원에서도 매우 중요한 과제라고 할 수 있다. 따라서 이 책은 노인의 건강, 자립적 생활능력, 사회적 관계망의 형성을 제고할 수 있는 근린환경, 보행환경, 대중교통환경, 노인시설환경 등 노인의 일상적, 사회적 활동을 장려하고 활기찬 노년을 지원할 수 있는 주거지 재생을 위한 고령친화적 도시재생뉴딜을 그 대안으로 제안한다.

3. 연구의 내용과 방법

이 책은 우리보다 앞선 고령화로 마을 단위의 건강, 의료, 복지서비스가 연계된 고령친화 주거지재생을 이미 추진하고 있는 일본의 사례를 중심으로 고령친화적 도시재생뉴딜의 구상과 전략에 대한 시사점을 연구하고, 인구감소 고령화 시대를 대비하는 노인주거복지정책의 새로운 전환점을 제시하는 것을 목표로 한다. 연구의 주요 내용은 다음과 같다.

첫째, 인구감소 고령화라는 도시정책 환경의 변화 속에서 시설의 양적 수요는 감소하고 대신 고령화에 대비한 교육시설, 사회복지시설, 문화시설 등의 수요가 증가하고 있는 현실을 반영해 노인계층들이 필요로 하는 주택, 의료시설, 대중교통시설, 여가활용 시설의 증대와 질적 수준의 제고 등 인구구성 및 사회계층구조의 변화를 반영하는 새로운 도시정책 전환의 필요성을 고찰한다. 또 도시재생뉴딜로 이어지고 있는 우리의 도시재생사업이 현재까지도 지속적으로 노출하고 있는 한계를 전략과 사업의 평가 측면에서 고찰한다. 그리고 이를 통해 인구감소 고령화에 대응하는 노후주거지 재생사업의 과제로서 인구감소나 고령화의 심화에도 주민이 기꺼이 계속 거주할 수 있도록 주거지의 물리적 환경을 정비, 개선해 정주성을 향상시키고, 특히 증가하는 고령인구를 위한 인프라와 시설이 적절히 공급될 수 있도록 마을을 재구성하는 고령친화적 도시재생뉴딜을 제안한다.

둘째, 노인의 계속거주 요구, 근린환경과 고령자의 일상생활, 노후주거지 거주 노인의 삶의 질에 대한 고찰을 통해 우리의 노인주거정책이 고령자 대상 시설과 주택 공급의 정책 일변도에서 탈피해, 보다 보편적이고 포괄적인 노인계층이 거주하는 근린환경 중심의 노인주거정책으로 전환돼야 할 필요성을 제시한다. 또 「저출산고령사회기본계획」, 「국민건강증진종합계획」, 「건강도시」, 「고령친화도시」 등 기존 고령친화환경정책의 평가를 통해 고령친화적 도시재생뉴딜의 추진을 위한 정책기반 구축의 시의성을 밝히며, 일본의 「건강일본 21」, 「고령사회대책대강」, 「지역창생」 정책에서 나타나는 고령친화환경정책의 시사점에 근거해 사례조사 연구를 진행한다.

셋째, 우리 사회보다 인구의 고령화가 먼저 진행된 일본은 급속한 고령화 및 인구감소에 따라 향후 지역의 사회적, 경제적 활력이 저하되고, 사회보장비용이 증가할 것을 대비해 보다 종합적인 관점의 해결책을 모색하고 있다. 특히 일본의 사례는 활동적 고령화의 기반이 될 지역의 건강증진을 의 · 과학적 관점의 개인 차원에서만 접근하지 않고 경제적 관점 등을 포함해 지역 활성화 및 지역의 주거환경 개선 등 종합적인 관점에서 해결해나가는 점에서 도시재생뉴딜사업을 통한 고령친화주거지의 실현에 시사점을 제공해줄 것을 기대할 수 있다.

따라서 이 책은 현재 일본에서 추진되고 「Smart Wellness City」, 「건강의료복지 마을만들기」, 「평생 활약 마을」을 중심으로 한 사례연구의 내용을 담고 있다. 각각의 사례는 고령친화적 도시재생뉴딜을 추진하는 데 필요한 고령친화주거지의 구체적인 상과 주거지재생 계획 및 모델에 대한 시사점을 도출할 수 있는 대표 사례들이다. 본 연구는 국토교통성, 후생노동성, 내각부에서 발간하는 관련 보고서와 시책의 사례집, 각 지자체에서 제공하는 관련 자료들의 수집 및 조사를 통해 추진 배경과 기본구상, 추진 프로세스, 실현 수법 등을 탐색함으로써 우리의 노인주거정책이 노인의 공간복지는 물론, 다양한 사회안전망 구축과 삶의 질적 향상을 위한 노인사회서비스가 융합된 고령친화주거지정책으로 전환하는 데 의미 있는 시사점을 제시할 수 있을 것으로 기대한다.

Ⅱ. 인구감소 고령화 시대의 도시계획

Ⅱ. 인구감소 고령화 시대의 도시계획

1. 저출산 고령화와 도시정책의 전환

1) 저출산 고령화와 도시정책 환경의 변화

저출산 사회는 일반적으로 한 사회가 일정 시점의 인구구조를 계속 유지하기 위해 필요한 인구대체 수준인 대체출산율이 2.1 이하의 상태에 있는 사회를 말한다. 이는 가임여성(15-49세) 1명이 2명 이상의 자녀를 낳아야 인구가 줄지도, 늘지도 않는 안정된 정체 상태를 유지할 수 있음을 의미한다. 또 초저출산 사회는 합계출산율이 1.5명 미만 상태의 사회로서 합계출산율이란 가임여성의 나이인 15세부터 49세까지를 기준으로 여성 1명이 평생 동안 낳을 수 있는 자녀의 수를 나타내며, 국가별 출산력 수준을 비교하는 주요 지표이다. 우리나라는 1960년 합계출산율이 6.0명, 1970년 4.53명이었으나, 저출산 가족계획의 실시로 1983년에는 합계출산율이 2.06명으로 크게 감소해 대체출산율 수준 이하로 하락하기 시작했다. 우리나라는 저출산 현상이 점차 문제시되면서 1996년 최초로 출산장려정책을 실시했으나, 2002년에는 합계출산율이 1.18명을 기록해 초저출산 국가에 진입했고 2016년에는 합계출산율이 1.17명으로 OECD 회원국 중 유일하게 초저출산국에 머물러 있다.

한편 인구고령화는 전체 인구 중 노년인구가 차지하는 비율이 증가하는 인구연령구조의 변화를 뜻하는데 UN 등의 국제기구에서는 전체 인구 중 65세 이상 인구비율이 7% 이상, 14% 미만인 사회를 '고령화사회(aging society)', 14% 이상, 20% 미만인 사회는 '고령사회(aged society)', 20% 이상인 사회는 '초고령사회(super-aged society)'로 정의하고 있다. 우리나라는 지난 2000년 65세 이상 인구비율이 7.3%로 집계돼 고령화사회에 접어든 이후, 2017년 14.2%로 고령사회에 진입했고, 2018년 현재 65세 이상 인구는 전체 인구 중 14.3%를 차지하고 있다[1]. 베이비붐세대(1955~1974년생)가 본격적으로 노년층으로 진입하는 2020년부터는 고령화가 가속화돼, 통계청 장래인구추계에 따르면 2026년에는 노인인구 비율 20.8%로 초고령사회로 진입할 것이 예상되며, 2030년 24.3%, 2050년 37.4%에 도달할 것으로 보인다. 우리나라는 고령화사회에 진입한 시기는 비교적 늦은 2000년이지만, 불과 18년 만에 고령사회에 도달했으며, 그로부터 초고령사회인 2026년에 이르기까지는 8년밖에 걸리지 않을 것으로 보여 세계적으로 유례없는 속도[2]로 고령화가 진행되고 있다고 할 수 있다.

인구고령화는 궁극적으로 소득증대와 생활개선, 보건의료수준 향상 등에 따른 수명 증가와 저출산에 따른 유소년층 인구감소가 주요 원인이다. 우리나라의 기대수명은 1970년에 비해 거의 20세 이상 증가했고, 속도가 줄어들기는 하지만 향후 지속적으로 기대수명은 증가할 것으로 전

---

1) 통계청(2018), 『고령자통계』

2) 2017년 현재 세계에서 고령화률이 가장 높으며 가장 빠른 고령화 속도를 경험하고 있는 일본은 고령화사회에서 고령사회로 진입하는 데 25년이 걸렸으며, 고령사회에서 초고령사회로 진입하는 데 소요된 시간은 10년이었다.

그림 2-1 인구피라미드 변화

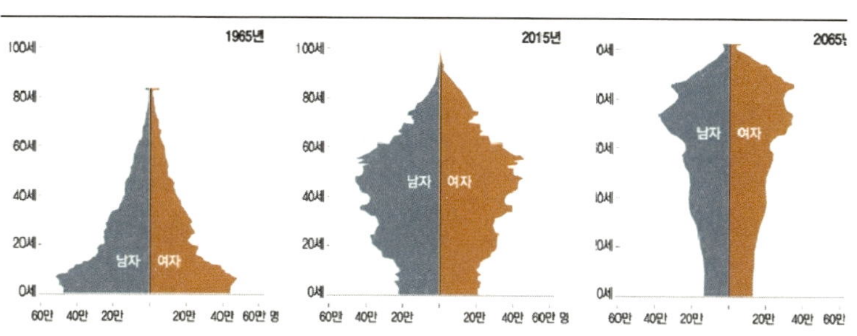

출처: 통계청(2016), 『장래인구추계: 2015~2065년』

망된다. 이는 저출산 현상과 맞물려 인구고령화구조를 더욱 심화시킬 것으로 보인다. 급속하게 전개되는 저출산 고령사회로의 전환 국면이 우리 사회에 파급시키고 있는 다양한 영향들은 개인, 기업, 사회, 국가 모든 차원에서 광범위하게 심각한 문제들을 양산시키고 있다. 첫째, 사회적 측면에서는 합계출산율과 사망률 감소에 따른 인구계층구조의 변화를 들 수 있다. 경제성장이 본격화되던 1970년대의 인구구조는 14세까지의 아동연령층 인구 비중이 높고 연령이 높을수록 인구수가 줄어드는 전형적인 피라미드형을 띠었다. 출산력의 감소가 진행되면서 2000년에는 유년층의 인구비율이 작아지는 대신 25세에서 44세까지의 청장년층 인구비율이 증가하는 종형으로 변화했고 노동시장에서는 심각한 취업경쟁 현상이 발생했다. 앞으로 2020년에는 장년층과 노년층의 인구가 급증하게 됨으로써 항아리형 인구구조로 변화할 것으로 예측된다. 또 사회·문화적 가치관의 변화에 따른 독신자와 이혼율 증가, 출산자녀 수의 감소는 전통적인 가족구조의 해체로 연결되고 있고, 65세 이상 부부가구나 1인가구의 비중도 늘어나 2000년을 기준으로 65세 이상 부부가구는 전체 부부가구의 32.5%를 차지했으나 2010년에는 39.3%, 2020년에는 43.1%로 증가할 전망이다. 65세 이상의 1인 가구 또한 2000년 전체 1인 가구의 24.4%를 차지했으나 2020년에는 40.5%로 증가해 65세 이상의 부부가구와 1인가구의 합은 2020년 전체 가구의 41.7%를 점할 것으로 예측된다.

둘째, 경제적 측면에서는 저출산과 고령화의 영향으로 노동공급 측면에서 생산가능인구가 줄어들고 노동인력의 고령화에 따라 노동생산성 또한 감소할 것으로 전망되고 있다. 실증연구 결과에 따르면 55세 이상 근로자 비중이 1%p 증가할 때 노동생산성은 작게는 0.09%, 크게는 0.3% 하락하는 것으로 나타났다[3]. 이에 따라 2000년대 이후 우리나라의 경제 성장률은 5% 이하로 떨어졌고, 2035년 이후에는 1%대 이하가 전망되는 등 경제성장률 둔화에 따른 저성장이 고착화될 전망이다. 또한 생산가능

그림 2-2 노년 부양비 및 노령화지수

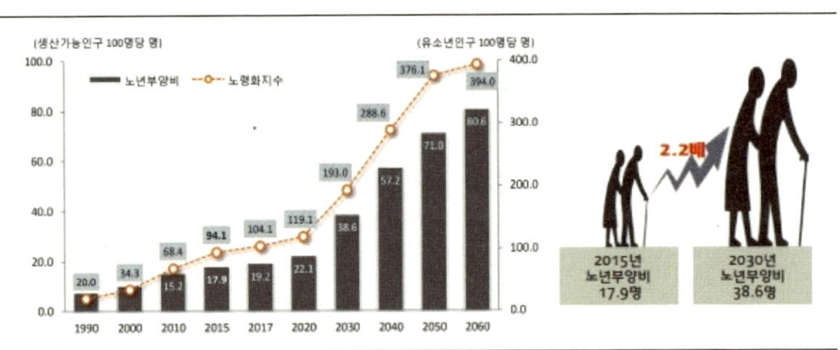

출처: 통계청(2015), 『고령자통계』

3) 안선영(2014), "노동력의 고령화는 노동생산성을 저하시키는가", 『한국경제연구』 32(4) pp. 157–181.

인구의 비중이 줄어들면서 세입감소는 불가피한 것으로 보인다. 반면 고령자 증가에 따라 노인인구 부양에 필요한 공적연금 및 의료복지혜택 등의 사회복지보장제도에 더 많은 공적 비용이 소요돼 국가재정은 큰 부담을 겪을 것으로 예상된다. 이러한 국가재정악화는 국민부담 증가로 이어져 기업의 경쟁력 약화, 노동자의 근로의욕 저하 등 경제를 더욱 악화시킬 수 있으며, 특히 선진국 수준의 사회복지 시스템이 갖추어지지 않은 상태에서 노년부양비 증가에 의한 국민부담의 압박은 연령 간 분배에 대한 갈등 발생도 예측할 수 있다.

셋째, 도시적 측면에서는 기성시가지의 물리적 환경 변화와 도시계획시설의 수요 변화를 들 수 있다[4]. 인구감소 현상은 기성시가지 내 주택 및 토지에 대한 개발수요를 줄어들게 할 뿐 아니라 지역 내 소비, 일자리, 소득 감소를 초래한다. 또 기성시가지의 상주인구가 줄어들면서 상업지역은 쇠퇴하고, 노후주거지는 노후주택, 학교, 공공시설물 등이 저활용 상태로 방치돼 기성시가지의 생활환경은 더욱 악화된다. 또 저출산으로 인한 학령인구감소는 학교시설 감소 및 폐교로 이어지는 반면 여성의 경제활동 참여 확대로 자녀양육을 위한 어린이집, 유치원 등의 사회돌봄 시설에 대한 수요는 증가하는 등 인구구성의 변화에 따라 주거, 여가, 문화, 사회복지 시설 등에 대한 수요도 변화하고 있다. 무엇보다도 고령인구 증가로 도시에서 노인계층을 위한 주거, 의료, 여가, 복지시설 등에 대한 수요가 급증하고, 지역쇠퇴가 더욱 빠르게 진행 중인 농어촌지역은 이미 고

---

4) 이왕건 외(2005). 『인구저성장시대의 도시관리정책 방향 연구』. 국토연구원.

령인구를 위한 이동, 복지, 여가활동, 사회적 관계망 형성이 제약을 받고 있는 것으로 나타나고 있다.

이와 같은 저출산 고령사회로의 전환과 저성장 기조가 발생시키는 도시 문제 즉, 도시개발수요의 정체, 기존 도시 인프라의 미스매치와 유휴화, 증가하는 고령층의 요구에 부합하지 못하는 공간구조나 불편한 도시시설은 우리의 도시정책이 이제는 고성장기의 정책 환경이 아닌 저성장 시대에 부합하는 정책 환경에 근거를 두고 추진돼야 함을 시사한다[5]. 경제개발이 시작된 1960년부터 우리나라가 산업화와 도시화에 박차를 가하던 고성장의 시기는 출산율과 생산가능 인구 비율이 높았고, 도시로 유입되는 인구의 수용을 위한 택지개발, 주택공급 확대, 교통시설의 확충 등 양적 · 총량적 도시성장이 도시정책 환경을 지배하고 있었다. 따라서 이러한 도시정책 환경에서는 신규 토지, 주택수요, 이동인구의 존재를 전제로 한 신도시 및 아파트 개발, 고속도로 건설, 산업단지 개발 등 도시개발이나 인프라 확충에 집중된 도시정책이 주로 추진될 수 있었다. 그러나 저출산 고령화가 가속화되고 경제성장률이 둔화되는 현재의 도시정책 환경에서는 이러한 성장발전 위주의 물리적 도시 확장, 공급중심적인 도시정책은 더 이상 유효하지 않다.

변화된 도시정책 환경은 신시가지 개발 또는 신도시 개발에 치중했던 고성장 시대와 달리 신시가지 개발로 야기된 도심기능 이전, 인구유출, 지역 활력 저하, 새로운 성장 동력 부재 등 기성시가지의 문제점을 해결

5) 경기개발연구원(2011), 『저출산 고령사회 진입에 대응한 도시정책 전환방향 연구』.

하기 위한 정책들을 시급히 요구하고 있다. 또 기존에는 개발이익의 극대화를 위해 전면철거 재개발 방식에 일관했으나 저성장이 지속될 것으로 예측되는 현재는 이러한 개발이익에 대한 기대가 불가능하므로 지역 여건과 특성을 반영해 물리적 환경의 점진적인 정비와 개량, 침체된 노후지역을 다시 활성화시키는 사회적, 경제적 차원의 도시정책 실현수단이 요구되는 것 또한 도시정책 환경의 변화이다. 따라서 인구감소에 따라 시설의 양적 수요는 감소하고 대신 고령화에 대비한 교육시설, 사회복지시설, 문화시설 등의 수요가 증가하고 있는 현실을 반영해 노인계층들이 필요로 하는 주택, 의료시설, 대중교통시설, 여가활용 시설의 증대와 질적 수준의 제고 등 인구구성 및 사회계층구조의 변화를 반영하는 새로운 도시정책의 전환이 요구되는 시기이다.

2) 저성장 시대 도시정책의 전환 방향

저성장이란 과거 두 자릿수 성장의 상대 개념으로서 사전적으로는 '규모가 커지거나 좋아지는 정도가 낮음'을 의미하며, 경제적 측면에서는 낮은 성장률, 인구적 측면에서는 저출산율과 고령화를 의미한다. 과거 높은 성장률을 유지하던 시절과 다르게 2007년 이후 한국경제는 소득수준 2만 달러에서 답보 상태에 있고 경제성장률 자체도 크게 저하되고 있다. 주목할 것은 단순히 수치상의 변화가 아니라 성장 동력이 빠르게 소진되고 있다는 것이며, 새로운 동력을 창출하지 못하는 상태가 지속됨에 따라 사회 전반의 모습이 변모하고 있다는 것이다[6]. 특히 도시적 측면에서는 많은 도시들이 생산가능 인구가 감소하고 경제기반이 취약해지면서 지방재정

표 2-1 소멸위험 시군구 수

	'13년 7월	'14년 7월	'15년 7월	'16년 7월	'17년 7월	'18년 6월
전체 시군구 수	228	228	228	228	228	228
소멸저위험	41	30	24	20	16	12
정상지역	57	63	62	61	54	51
소멸주의단계	55	56	62	63	73	76
소멸위험진입	73	76	76	79	78	78
소멸고위험	2	3	4	5	7	11
소멸위험지역 소계	75	79	80	84	85	89
(비중)	(32.9)	(34.6)	(35.1)	(36.8)	(37.3)	(39.0)

출처: 한국고용정보원(2018.7), 『고용동향브리프』.

의 압박과 함께 노후 도시공간이 방치된 채 쇠퇴가 심화되고 있고, 인구구조 변화로 인한 기존 시설과 도시공간의 저이용 및 경기침체에 따른 상업, 공업시설의 유휴화 양상도 심각한 수준에 이르고 있다.

우리나라는 현재 전국적으로 인구감소 지역이 증가하는 가운데 특히 지방중소도시는 인구감소 고령화에 따라 소멸 위기까지 대두되고 있는 실정이다. 2018년 한국고용정보원이 전국 228개 시구와 3,463개 읍면동의 소멸위험지수[7]를 계산해 발표한 '한국의 지방소멸 2018' 보고서[8]에

6) 경기도의회(2016), 『저성장 시대에 적합한 도시재생계획에 관한 실현가능성 평가 및 방향에 관한 연구』.

7) 소멸위험지수는 한 지역의 가임여성 인구(20~39세)를 해당 지역의 65세 이상 고령인구로 나눈 수치이다. 소멸위험지수가 1.0 이하(20~39세 여성인구가 65세 고령인구 수보다 적은 상황)로 하락하는 경우, 그 공동체(국가 · 광역 · 기초지역)는 인구학적인 쇠퇴

따르면 전국 시군구 중 소멸위험지구는 2013년 75개(32.9%)에서 2018년 89개(39%)로 늘었고, 전국 읍면동 가운데 소멸위험지역에 처한 곳은 2013년 1,229개(35.5%)에서 2018년 1,503개(43.4%)로 5년 사이에 274개(7.9%)나 늘어났다. 특히 소멸위험지역은 점차 도청 소재지와 산업도시, 광역 대도시로 확산하는 양상을 보이는 가운데 이들 도시들은 기존 건축물 노후화의 심화, 공, 폐가 등의 발생에 의한 우범화, 경제기반 쇠퇴에 의한 일자리 감소, 삶의 질 만족도 저하가 뚜렷이 나타나고 있다.

이와 같이 쇠퇴하는 도시의 문제는 단순히 물리적 시설 및 환경 개선만으로는 해결할 수 없다. 경제, 사회, 문화 등 도시의 종합적 기능에 대한 대응책으로서의 도시정책을 필요로 한다. 그러나 기존의 우리의 도시정책 기조는 쇠퇴하는 도시의 지역 특성과 쇠퇴 양상 및 원인에 대한 신중한 고려 없이 인구감소 지역에서도 여전히 인구성장을 가정하고 개발시대의 도시외곽 개발 사업 및 인프라 토건 위주 사업을 지속하는 등 도시정책환경의 변화를 실효성 있게 반영하지 못하고 있는 실정이었다. 이에 국토의 시공간에 대한 관리방향을 제안하는 도시계획과 정책의 근본적인 변화가 요구됐고, 그 결과 2013년에 발표된 국가도시재생기본방침[9]

위험단계에 진입하게 됐음을 의미한다. 만일 이 지수가 0.5 미만(20~39세 여성인구가 65세 고령인구의 절반 미만)일 경우, 극적인 전환의 계기가 마련되지 않는다면 소멸위험이 크다는 것을 의미한다.

8) 한국고용정보원(2018), 『고용동향브리프』(2018.7).

9) 국가도시재생기본방침은 도시재생 활성화 및 지원에 관한 특별법(2013.6.4. 제정) 제4조에 따라, 향후 10년간(2014~2023) 도시재생을 종합적 · 계획적 · 효율적으로 추진하기 위해 수립하는 국가도시재생전략을 말한다.

을 통해 물리적, 사회적, 문화적, 경제적 측면이 결합된 도시재생 패러다임이 도시정책의 전환방향으로 제시됐다. 국가도시재생기본방침에서 제시하는 쇠퇴도시 회복을 위한 도시정책의 주요 전환 방향은 기성시가지 위주의 도시 공간계획 수립, 도시 내부 토지이용의 융복합화 및 고도화, 기존 도시의 정주 여건 및 매력의 극대화로 요약할 수 있으며 주요 내용은 다음과 같다.

첫째, 기성시가지 위주의 도시 공간계획 수립은 쇠퇴한 기성시가지의 경쟁력을 회복하고 상대적으로 열악한 생활환경을 개선할 수 있도록 대도시 외곽의 확산보다 기성시가지 재생에 정책의 중점을 두는 것을 말한다. 기성시가지는 지역경제의 중심이자 교통의 결절점으로 지역의 중심 생활공간이었으나 물리적 환경의 노후화와 주거, 산업, 공공기능의 도심 외곽 이전으로 쇠퇴가 가속화됐다. 따라서 기존의 무분별한 대규모 도시 외곽개발을 지양하고 도시 내부의 재생을 촉진하기 위해 공공청사, 대형 판매시설, 병원 등 도시의 중요한 기능을 담당하는 시설을 가급적 기성시가지 내에 우선 입지토록 유도한다. 또 기존 도시계획 수립기준을 도시재생을 지원하도록 개편해 개발수요를 고려한 목표인구 설정을 유도하는 등 제도 개선 및 정책의 입안을 제시하고 있다. 특히 기성시가지의 재생 과정이 기존의 물리적 환경정비에 치중하는 정비사업의 틀을 벗어나 공동체 활성화를 중심으로 하는 마을만들기가 될 수 있도록 주민참여로 수립된 마을단위 재생계획을 도시계획에서 수용할 수 있는 법적, 제도적 근거를 마련하고 있다.

둘째, 도시 내부 토지이용의 융복합화 및 고도화는 대도시 외곽으로의 확산 대신 교육, 행정, 문화, 의료 등 각종 도시기능을 기성시가지 중심지역에 집중시키고, 맞춤형 대중교통 등을 통해 주변지역 접근성을 제고해 보다 효율적이고 지속가능한 도시를 형성하는 것을 말한다. 이를 위해 과거에 도심 인근에 형성돼 입지 여건이 좋은 노후공단을 혁신공간이나 도시첨단산업단지로 전환해 새로운 경제기반을 구축하고, 산업구조 변화에 따라 유휴화된 항만부지, 군사시설, 공공기관 등의 이전적지를 활용해 다양한 시설의 복합적 입지를 실현함으로써 쇠퇴도시의 신성장 동력 확보는 물론 저성장 시대 새롭게 요구되는 공간 수요에 대응하도록 했다. 또 주거기능에 있어서도 신혼부부, 대학생, 청년, 1~2인 가구, 노인을 위한 다양한 유형의 주택을 빈집, 빈 점포, 학교 등 근린에 인접한 유휴공간들을 활용해 공급함으로써 도시 내부에 다양한 계층의 주거기능을 확보하는 것도 주요 내용으로 한다.

셋째, 기존 도시의 정주 여건 및 매력의 극대화는 날로 증가하고 있는 쇠퇴도시의 인구유출을 막고 새로운 인구유입을 창출할 수 있는 도시환경을 구축하는 것을 말한다. 이를 위해서 지역의 역사문화 건축물과 같은 고유한 자산을 창의적으로 활용해 특색 있는 경관을 조성함으로써 도시의 매력도를 제고한다. 또 그동안 도시개발과정에서 수익성 관점의 접근으로 주민들에게 편안한 경관이나 공공공간을 제공하지 못한 문제점을 해소할 수 있도록 창고, 폐공장 등의 유휴건물을 재활용해 주민이 필요로 하는 문화 여가공간을 공급한다. 특히 도시 내부의 쇠퇴지역 및 소멸위험지역에서 인구가 감소하더라도 교통, 의료, 교육시설 등 필수적인 기초생활인프라 공급의 사각지대가 발생하지 않도록 생활밀착형 기초생활인프라의 국가 최저 기준을 설정하고 단계적 확충을 노력할 것을 명시하고 있다[10].

그런데 저성장 시대의 도시재생정책은 인구감소 등 인구의 양적변화로 발생하는 도시쇠퇴에 대한 대응뿐 아니라 저출산 고령화로 인한 인구구성 변화에도 대처할 수 있는 정책이어야 한다. 기존의 도시정책이 신체건강한 성인남자와 같은 사회경제적 강자에 초점을 맞추어 수립됐던 것을 고려할 때 급속하게 늘어나고 있는 고령인구비율이 형성하는 인구구조 변화에 주목해, 고령화 시대에 적합한 도시공간의 재구성을 목표로 하는 도시정책의 전환이 요구된다.

우리나라는 지난 2016년 노령화지수(ageing index)[11]가 100.1명을 넘어선 이후 2018년 110.5명으로 급증했고, 2060년에는 현재의 4배 수준인 434.6명에 달할 것으로 예측하고 있다. 하지만 기존의 도시정책들은 고령화의 심각성은 인식하고 있으나 정책 추진에 있어 주민의 고령화 특성을 반영하고 있지 못해 고령인구의 공간적 집중과 소외현상이 확산되고 있고, 고령인구가 집중된 지방쇠퇴도시에 거주하는 노인의 삶의 질 저하는 도시의 지속가능성까지 위협하는 수준이다. 따라서 쇠퇴도시 재생의 노력과 함께 주거, 교통, 시설 부문 등 도시정책 전반에 걸쳐 기존 도시공간구조 및 생활환경을 고령자가 활기찬 노후를 보낼 수 있는 고령친화적 환

10) 국토연구원(2018), 『저출산 고령화시대의 국토공간구조 변화와 대응과제』, 국토정책 Brief(2018.7).

11) 15세 미만의 유소년(0~14세)인구 100명당 고령인구(65세 이상)의 수를 말하며 노령화지수가 100명보다 크면 유소년인구보다 노인인구가 더 많다는 것을 나타낸다.

경으로 개편하는 정책의 전환도 함께 이루어져야 한다. 이를 위해서 현재까지 고령화에 대비한 공간정책과 실천전략이 주로 빈곤 고령자를 위한 주택 공급, 개조비용 지원에 한정됐던 것에서 탈피해, 고령자의 계속거주를 지원하는 주거환경, 고령자의 이동권을 보장하는 보행환경 및 교통환경, 고령자의 라이프스타일을 배려한 공공공간, 상업공간, 문화공간 등의 생활인프라에까지 확대돼야 하고, 무엇보다도 고령화 시대 우리사회의 가장 큰 정책적 과제가 될 복지의 관점에서 공간과 복지를 연계한 통합적 융복합 정책으로서의 전환이 필요하다고 할 수 있다[12].

2. 도시계획의 새로운 패러다임, 도시재생

1) 도시재생의 도입 배경과 정책의 변화

우리나라의 도시정책은 1970년대 이후 정부의 산업부흥 정책과 경제성장 추진과정에서 빠르게 늘어나는 도시 거주자에게 주택을 공급하고 업무, 상업, 공업 등 활동에 필요한 용지를 공급하는 데 주력해왔다. 그 결과 도시 외곽에 대규모 신도시와 산업단지 등이 건설되면서 새롭게 등장한 신흥 중심 도시에 비해 기성시가지는 이후 도시 발전 과정에서 기존의 도심 기능을 상실하고, 상대적으로 낙후된 쇠퇴지역으로 남게 됐다. 이들 지역들은 노후화된 도시 시설의 방치와 관리 소홀, 지역경제의 침체

---

12) 국토연구원(2014), 『고령화시대의 공간정책 방향과 실천전략』, 국토정책 Brief(2014.10).

와 도시 슬럼화 현상 등 여러 문제들을 낳았지만 그간 우리나라의 도시정책은 이러한 도시문제들에 대해서도 여전히 신도시를 개발하거나 교외지역에 신시가지를 개발하는 일변도의 방법으로 대응했다.

저소득층이 주로 거주하는 쇠퇴한 기성시가지는 노후 · 불량주택의 난립, 부족한 기반시설 등으로 생활환경이 매우 열악하고 범죄와 재해로부터 취약해 각종 사회 문제가 빈번하게 발생하고 있지만 우리의 정책은 주로 주택이나 건물의 재건축, 도로 등 기반시설 재정비와 같은 물리적 정비에 그쳐왔다. 본격적인 저출산 고령화로 인구유입이 정체되고, 경제가 선진국형 저성장 기조로 들어서면서 외곽 개발 위주의 무분별한 확장정책은 도시 관리에 필요한 비용의 증가 등 사회적 비효율까지 초래했지만, 많은 지방자치단체는 여전히 인구성장을 가정하고 도시계획을 수립하는 기존 관행을 유지하고 있었다. 이에 우리나라는 과거 경험했던 무분별한 대규모 개발에 의한 외형적 발전이나 건설경기 부양 등 단기적 효과에 치중한 물리적 접근 위주의 도시정비방식을 지양하고, 도시 특성에 맞게 실제 도시를 활성화시킬 수 있는 종합적인 도시재생방식을 도입하게 됐다.

서구 유럽과 미국, 일본은 이미 1980년대부터 기존 도시에 대한 종합적인 재생을 통해 도심부의 삶의 질 저하와 쇠퇴, 무분별한 교외화 현상으로 야기된 도심 공동화 등의 문제들을 해결하고 도시 부흥을 도모하고자 도시재생(Urban Regeneration)에 기반한 정책을 적극적으로 추진했다. 영국에서는 1960년대 철강 · 조선 등 전통 제조업이 급격하게 쇠락하는 등 산업구조가 변화함에 따라 쇠퇴하는 도시의 경제적, 사회적, 문화적 활력을 회복하려는 노력이 도시재생의 직접적인 계기가 됐고, 1978년에는 도심활성화법을 제정해 경제적, 사회적, 물리적 종합재생의 정책 필요성을 선언했다. 일본의 경우 1990년대 버블 경제가 붕괴하면서 침체하는 국가 및 대도시 경제를 민간 주도의 부동산 개발을 통해 회생시키려는 경제재생의 추구가 본격적인 도시재생개념의 등장 배경이 됐으며, 2002년 도시재생본부를 설치해 도시경쟁력을 통한 경제재생과 국가경쟁력 확보라는 도시재생의 정책목표를 제시했다. 도시계획의 전략목표를 물리적 개발로부터 종합적이고 통합적인 개발로 전환하는 이러한 도시정책의 변화는 쇠퇴한 도시의 문제를 종합적 시각에서 해결하면서 지속적인 개발과 개선을 위주로 도시를 재활성화하려는 도시계획의 새로운 패러다임이었다. 그리고 이 패러다임은 대규모 철거방식이 주를 이루었으며 지역 차원의 복합적인 도시문제의 해결은 불가능했던 지난 30여 년간의 우리나라 도시정비 방식에 대한 새로운 정책적 변환점이 됐다.

국내외에서 사용되는 도시재생개념의 공통적인 특징은 도시쇠퇴 문제를 해결하기 위해 물리적 측면의 해법만을 강조하는 것이 아니라 경제적, 사회적, 물리적, 환경적 측면에서 통합적인 해법으로 도시 활성화에 접근한다는 점이다. 도입 초기 도시재생의 개념은 다음과 같다. 첫째, 물리 환경적 측면에서 도시재생은 우리나라 기성시가지의 대부분이 기반시설이 부족하고 건물이 낡아 생활하기 불편한 노후 불량주거지의 형태를 띠고 있는 현재, 이들 지역의 도시기능을 회복하고 도시경관을 개선함으로써 지속적인 노후화가 가속화되는 것을 막기 위한 적절한 개발을 의미한다. 둘째, 산업 경제적 측면에서 도시재생은 도시 내 대부분의 낙후지역은 사회적약자 계층의 주거지로서 물리 환경적 도시재생에 치중할 경우 기존의 공동체가 파괴되고 저소득층의 주거 및 경제 생활망을 파괴할 우려가 있으므로 이를 방지하기 위한 균형 잡힌 도시형성과 자족적 경제기반을 구축하는 지역경제 및 산업 재생을 의미한다. 셋째, 사회 문화적 측면에서 도시재생은 기존 생활권 변화가 일으킬 부작용을 최소화할 수 있도록 지역주민을 포함한 다양한 이해집단의 참여를 기반으로 지역 고유의 사회 문화적 특성을 보전 재생시킴으로써 도시환경의 정체성을 찾고 궁극적으로 삶의 질이 향상될 수 있는 독특한 매력을 가진 지역으로의 재생을 의미한다(장성수, 2019). 또, 박성남(2017)은 도시 쇠퇴와 근린의 주민 삶의 질 저하라는 두 차원의 쇠퇴문제에 대한 '지역중심의 대응', 비전과 실행을 통한 '협력적 · 통합적 대응', 경제적 · 사회적 · 물리적 · 환경적 부문을 종합하는 '총체적 대응', 10~15년 정도의 지속적 개선을 유지, 관리하기 위한 '장기적 대응'으로 도시재생의 개념을 도식화했다.

2000년대 들어 우리나라는 고도 경제성장시기가 끝나고 저출산 고령화 사회로 진입하면서 인구 정체기에 들어섰고 주택보급률 또한 100%를 넘어 기존의 대규모 외곽개발 위주의 도시 확장과 전면철거방식에 의한 도시정비 정책은 한계를 드러내었다. 뿐만 아니라 경제성장과 국민소득 수준의 상승으로 국민들의 삶의 질에 대한 관심은 높아졌지만, 자살률 1위(2010, OECD), 교통사고 사망률 1위(2007, OECD), OECD 행복지수 최하위(16위, 2013년), OECD 공동체 지수 최하위(26위, 2013년), OECD 환경 최하위(16위, 2013년) 등 삶의 행복과 만족도를 나타내는 대다수의 지표는 최하위권을 맴돌았다. 따라서 도시의 성장과 쇠퇴를 통해 나타나는 도시공간 내의 기능 변화와 물리적 환경 변화뿐 아니라 인적구성의 사회경제적 변화까지 포함해 문화, 여가, 경관 디자인 등 삶의 질에 대한 국민적 요구에 부응하는 도시정책이 요구되기 시작했다. 그리고 이 시기 도입된 도시재생개념은 우리나라의 도시정책을 쇠퇴한 구도심과 노후 기성시가지의 물리적 환경을 광역적으로 정비하고, 이를 통해 도시경쟁력을 전제로 도시의 경제 · 사회 · 문화적 기능 전반을 포괄적으로 향상시키는 도시재생정책으로 변화시켰다.[13]

2) 도시재생특별법과 도시재생사업

우리나라 도시계획의 근간이 되는 「국토의 계획 및 이용에 관한 법률」, 「도시개발법」, 「도시 및 주거환경정비법」, 「도시재정비 촉진을 위한 특별법」 등과는 별도로 2013년 6월 제정된 「도시재생 활성화 및 지원에 관한 특별법」(이하 도시재생특별법)은 지난 40여 년간 민간 주도의 전면철거 재개발 방식으로 물리적 환경을 정비해온 우리의 도시정책이 '도시재생'으로 변화하는 전환적 계기가 된다. 특히 도시재생특별법은 1995년 지방자치제 실시 이후 대부분의 도시계획 권한이 지자체에 이양됐음에도 불구하고 대부분의 중소도시가 자체 재원과 자원을 활용해 자력으로 쇠퇴를 해결할 수 없기 때문에 중앙정부 차원의 지원체계를 마련했다는 점에서 의미가 있다.

도시재생특별법의 제정 배경은 세 가지로 요약될 수 있다. 첫째는 기

13) 양재섭(2008), "현행 도시재생사업의 한계와 공공의 역할", 『토지연구』 제 26권 통권 제 84호.

그림 2-3 도시재생특별법의 주요내용

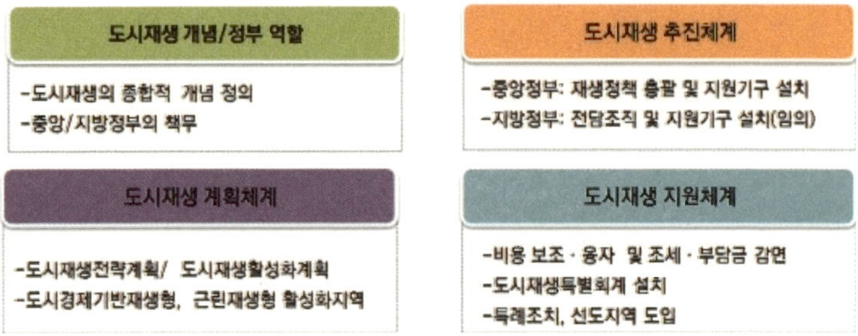

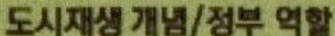

출처: 서울연구원(2013), 『도시재생특별법 제정에 따른 서울의 대응과제와 방향』.

존 정비사업들이 민간자본에 의한 대규모 전면철거 방식 일변도로 추진됨으로써 지역의 경제적 · 사회적 · 문화적 여건과 장소적 특성을 반영하지 못했고, 따라서 지역의 활력을 회복시키는 데는 역부족이었다는 점이다. 둘째, 성장 위주 확산형 도시개발이 도시외곽의 신도시 개발을 추진하면서 구도심의 다양한 도심기능이 이전됐고 이에 따라 인구와 사업체가 감소하는 중소도시와 원도심이 늘어나는 등 도시공동화 및 쇠퇴 현상이 전국적으로 확산하고 있었다는 점이며. 셋째, 쇠퇴지역의 생활환경을 정비하는 사업은 전제조건이 원주민과 지역공동체의 의견을 최대한 반영해야 하지만 종래의 관주도형 도시관리방식은 지역주민을 방관자 입장으로 전락시켜 주민이 주도하는 자생적 성장기반을 마련하지 못했다는 점이다. 즉, 기존의 주택정책은 주택공급 확대에서 주거복지 실현으로, 도시정책은 물리적 개발 위주에서 사회적, 문화적, 경제적 도시재생으로 목적을 바꾸어 수도권 노후지역에서 지방중소 쇠퇴도시까지 거주자 중심의 종합적 재생을 추구하기 위한 제도적 기반으로 도시재생특별법은 제정됐다고 할 수 있다.

도시재생특별법은 도시재생을 "인구의 감소, 산업구조의 변화, 도시의 무분별한 확장, 주거환경의 노후화 등으로 쇠퇴하는 도시를 지역역량의 강화, 새로운 기능의 도입 창출 및 지역자원의 활용을 통해 경제적, 사회적, 물리적, 환경적으로 활성화시키는 것을 말한다"고 정의하고 있다(제2조). 이는 도시재생의 개념을 법적으로 명확하게 정의했다는 의의와 특히 도시재생의 개념을 물리적 사업뿐 아니라 비물리적 사업 및 프로그램을 포함할 수 있도록 포괄적으로 정의함에 따라 물리적 환경정비에 초점이 맞춰져 있던 기존 정책의 한계를 극복하고 종합적인 도시재생정책을 추진하고자 하는 의도를 담고 있다는 점에서 의미가 크다[14]. 또 도시재생특별법은 개별 사업의 추진과 시행절차를 다루는 절차법이나 사업추진법이 아닌, 쇠퇴도시의 활성화 전략을 수립하고 이를 실현할 수 있는 구체적인 실천수단을 제시하는 기본법적 성격과 쇠퇴지역의 자생역량을 토대로 지역의 성장기반을 마련할 수 있도록 국가, 지자체 차원의 공공지원 사항 등을 담고 있는 지원법의 성격을 갖는다. 법의 구성은 크게 도시재생추진체계, 도시재생계획체계, 도시재생지원체계로 구분된다.

도시재생추진체계는 도시재생정책을 추진하기 위한 중앙과 지방정부 차원의 추진체계로서 중앙정부는 심의 및 지원기구를 의무적으로 설치하고 지방정부는 여건에 따라 임의로 설치할 것을 명시한다. 도시재생계획체계는 해당 도시의 장기적인 도시재생전략을 담은 도시재생전략계획

14) 인천발전연구원(2014), 『도시재생특별법 제정에 따른 인천의 대응과제와 방향』.

과 재생사업에 대한 실행계획인 도시재생활성화계획으로 구분해 계획 수립 및 절차에 대한 내용을 담고 있으며, 도시재생지원체계는 비용의 보조, 융자, 조세 및 부담금 감면, 도시재생특별회계 설치, 건축규제 완화 등 지자체의 지원을 규정하고 있다.

이 중 도시재생계획체계는 지방자치단체 차원의 도시재생정책 방향과 전략설정을 위해 도시재생전략계획[15]을 수립하도록 정하고 있는데, 도시재생전략계획에 의해 '도시재생활성화지역'[16]으로 지정된 곳에서는 다양한 도시재생사업을 연계해 종합적으로 추진하기 위해 '도시재생활성화계획'을 수립해야 한다. 도시재생활성화계획은 도시재생전략계획에 부합하도록 국가, 지방자치단체, 공공기관 및 지역주민 등이 지역발전과 도시재생을 위해 추진하는 실행계획을 말한다. 한편 활성화계획의 주요 목적 및 성격에 따라 도시재생사업의 유형은 '도시경제기반형'과 '근린재생형'으로 구분된다.

도시경제기반형 도시재생사업은 산업단지, 항만, 공항, 철도, 일반국도 등 국가 핵심 기능을 담당하는 도시계획시설의 정비 및 개발과 연계해 도시에 새로운 기능을 부여하고 고용기반을 창출하는 사업이다. 도시 전체를 대상으로 사회경제적 파급효과를 추구한다는 점에서 근린재생형과는

---

15) 도시재생전략계획은 전략계획수립권자가 국가도시재생기본방침을 고려해 도시 전체 또는 일부 지역, 필요한 경우 둘 이상의 도시에 대해 도시재생과 관련한 각종 계획, 사업, 프로그램, 유·무형의 지역자산 등을 조사·발굴하고, 도시재생활성화지역을 지정하는 등 도시재생 추진전략을 수립하기 위한 계획을 말한다(도시재생특별법 제2조 3).

16) 도시재생활성화지역은 국가와 지방자치단체의 자원과 역량을 집중함으로써 도시재생을 위한 사업의 효과를 극대화하려는 전략적 대상지역으로 그 지정 및 해제를 도시재생전략계획으로 결정하는 지역을 말한다(도시재생특별법 제2조 5).

그림 2-4 도시재생추진절차 및 재생사업 유형

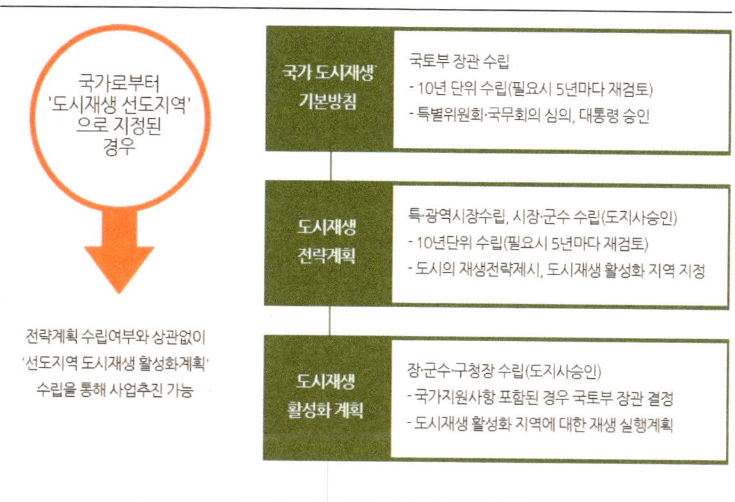

출처: 청주시 도시재생지원센터(http://www.curs.or.kr/).

공간적 범위 측면에서 차이를 가지며, 도시 내 특정지역 및 지구의 물리적 환경개선을 넘어 도시경제의 활력을 제고하기 위한 종합적 재생전략이라고 할 수 있다[17]. 도시경제기반형 사업 대상지는 공공청사 등의 이전으로 유휴화된 구도심, 폐항만, 철도시설과 역세권, 노후산단 및 배후지

17) 유재윤 외(2013). 『경제기반 강화를 위한 도시재생 방안』, 국토연구원.

역, 대규모 문화체육시설과 같이 사업의 파급효과가 도시 및 국가 차원에까지 미치는 핵심 시설과 그 주변 지역이 해당되며, 사업 거점이 되는 핵심 시설에 따라 항만형, 역세권형, 이전적지형으로 구분할 수 있다.

근린재생형 도시재생사업은 일상생활을 같이하는 공동체가 적극적으로 참여해 주거환경과 경제기반 악화 등의 문제를 해결함으로써 삶의 질과 도시경쟁력을 향상시키는 것을 목적으로 하는 사업으로서 '중심시가지형 근린재생사업'과 '일반형 근린재생사업'으로 구분된다. 중심시가지형은 공동화 현상이 심각해 재활성화가 필요하고, 중심시가지로서의 잠재력을 갖추고 있는 지역을 주요 대상으로, 원도심 상주인구 및 방문객 유입 촉진을 위한 도시계획적 처방과 지역특화사업 발굴 및 경제, 상업 촉진을 위한 프로그램을 주요 사업으로 한다. 일반형은 낙후된 주민생활환경 개선 및 상권 활성화를 통한 지역 주민의 삶의 질 향상과 지역 공동체 회복을 목표로 하며, 주로 근린상권 및 생활 여건이 양호했으나 교외신도시 개발 확산과 지속적인 인구감소 및 고령화 등으로 쇠퇴한 도시지역을 대상으로 한다[18]. 주요 사업은 주거환경의 질 향상, 근린상권의 회복, 생활밀착형 복지문화 인프라 구축 등 주민참여 기반 사업과 주민공동체 역량강화 사업 등이 있다.

한편, 법 제정 이후 국토교통부는 도시재생사업의 추진을 위해 2014년에 도시재생선도지역 13곳, 2016년에 도시재생일반지역 33곳을 지정해 기반시설 확충, 주거환경 개선 등 하드웨어 사업과 주민공동체 활성화 및 소

18) 김화령(2015), "근린재생형 도시재생사업에서의 주민참여 활성화 방안연구", 단국대학위논문.

득창출 등 소프트웨어 사업을 진행했다. 도시재생선도지역은 부산 동구와 충북 청주 2개의 도시경제기반형 선도지역과 소규모 5개, 일반규모 6개 등 11개의 근린재생형 선도지역으로 구성됐으며, 2017년에 사업이 종료됐다. 도시재생일반지역은 서울 노원 · 도봉구, 경기 부천 등 도시경제기반형 5곳, 전북 전주, 충북 제천, 부산 영도구 등 근린재생형 중심시가지형 9곳, 서울 용산구, 전북 남원, 전남 광양, 부산 중구 등 근린재생형 일반형 19곳 등 총 33곳이 선정돼 사업이 추진 중이다.

3) 도시재생뉴딜 정책

도시재생특별법의 제정 후, 중앙정부와 지방정부는 물리적 환경 개선에 집중됐던 도시정책에서 탈피해, 주민들의 삶의 질 향상을 목표로 경제 · 사회 · 문화 등을 종합적으로 아우르는 도시재생사업을 추진해왔다. 그러나 도시재생사업은 전면철거 방식의 도시재정비 방식으로부터 도시재생이라는 패러다임의 전환을 이루었다는 평가는 받았으나 추진과정에서 전략계획, 활성화계획 등 계획수립에 치중한 결과 사업의 진척 속도가 너무 느려 현장이 실제로 변화되는 성과가 부족했고, 행정 주도의 관습에서 벗어나지 못해 지역의 주민참여가 미흡했으며, 중앙정부의 지원 부족으로 주민이 체감할 수 있는 성과가 미약하다는 한계가 제기돼왔다. 이러한 한계를 극복하기 위해 2017년 출범한 문재인 정부는 노후주거지 재생뿐 아니라 현 정부의 국정 방향인 일자리 창출, 임대주택 확대, 포용성장을 반영한 성장산업 육성, 고용정책, 복지정책까지 포괄하는 도시혁신정책으로서 도시재생뉴딜 정책을 발표했다.

도시재생뉴딜사업의 향후 5년간의 추진전략 및 계획인 〈도시재생뉴딜 로드맵〉에서는 '지역공동체가 주도해 지속적으로 혁신하는 도시조성'을 비전으로 3대 추진전략과 5대 추진과제를 제시하고 있다. 도시재생 뉴딜의 3대 추진전략 중 첫 번째 전략인 '도시공간 혁신'은 삶의 질 향상 및 도시활력 회복을 목표로 한다. 주거환경이 열악한 노후 저층주거지를 정비하고, 쇠퇴한 구도심을 지역의 혁신거점으로 재생해 도시공간을 혁신하는 것을 말한다. 두 번째 전략인 '도시재생 경제 활성화'는 도시재생 경제조직과 민간의 비즈니스 모델을 발굴하고 지원해 도시재생 경제생태계 활성화와 일자리 창출을 목적으로 한다. 세 번째 전략인 '주민과 지역 주도'는 공동체 회복 및 사회 통합을 목적으로 하며, 지역의 도시재생 역량 강화 및 참여기반 구축을 통해 상향식(bottom-up) 거버넌스를 활성화하고 내몰림 현상에 선제적으로 대응해 상생을 유도하는 것이다.

또 5대 추진과제의 내용은 첫째, 노후주거지의 생활환경 개선을 위해 마을주차장, 마을도서관, 체육시설, 커뮤니티시설 등 기초 생활인프라를

표 2-2 도시재생뉴딜 로드맵의 3대 추진전략과 5대 추진과제

정책목표	3대 추진전략	5대 추진과제
① 삶의 질 향상 ② 도시활력 회복	① 도시공간 혁신	① 노후 저층주거지의 주거환경 정비 ② 구도심을 혁신거점으로 조성
③ 일자리 창출	② 도시재생 경제 활성화	③ 도시재생 경제조직 활성화 민간 참여 유도
④ 공동체 회복 및 사회 통합	③ 주민과 지역 주도	④ 풀뿌리 도시재생 거버넌스 구축 ⑤ 상가내몰림 현상에 선제적 대응

확충하고 소규모 주택 정비, 공적임대주택 공급, 주민서비스 공급 플랫폼 마련 등 노후주거지를 정비하는 것, 둘째, 구도심의 중심기능을 살린 혁신거점을 조성해 지역 활력을 제고하고 활성화 효과를 주변으로 파급시켜 지역의 경쟁력을 회복시키는 것. 셋째, 재정지원 종료 이후에도 도시재생이 지속될 수 있는 기반을 마련하기 위해 도시재생경제조직과 민간의 비즈니스모델을 발굴해 지역기반의 도시재생 경제생태계를 조성하는 것. 넷째, 지역의 도시재생역량을 강화하고 주민주도 조직을 활성화해 풀뿌리 도시재생 거버넌스를 구축하는 것. 다섯 째, 상가내몰림 현상(상가젠트리피케이션 부작용)에 선제적으로 대응해 구성원 간의 상생을 유도하는 것이다.

한편 도시재생뉴딜 정책이 기존의 도시재생사업과 비교해 갖는 특징은 크게 다섯 가지로 요약된다. 첫째, 재생사업 유형 추가와 규모 및 사업비의 변화이다. 기존의 경제기반형과 근린형(중심시가지형, 일반형) 등 3개 유형 외에 신규로 '주거지지원형', '우리동네살리기' 유형을 추가했다. 또 기존의 사업이 시행된 곳들이 면적 대비 사업비가 적어 주민들의 사업체감도가 낮았음을 근거로 기존 유형의 면적 규모를 대폭 조정하고, 경제기반형을 제외한 모든 유형의 사업비를 증액했다. 둘째, 도시재생뉴딜 정책은 지난 도시재생사업이 대규모 구역에 대한 재생계획 수립과 사업에 치중해 정작 내 주변은 아무것도 바뀐 것이 없다는, 즉 국민들이 체감할 수 있는 재생이 이뤄지지 않았다는 평가를 반영해 소규모 주택정비를 통한 주거환경 개선을 강조했다. 따라서 「도시재생 뉴딜 사업계획 수립 지침」에서는 주민 및 공공에 의한 다양한 소규모 주택정비를 유도하고 있

표 2-3 도시재생사업 유형 추가와 규모 및 사업비의 변화

사업	유형	국비지원	평균 규모
도시재생사업	경제기반형 (역세권, 산업단지, 이전적지, 항만)	250억	407만㎡
	중심시가지형 (원도심, 상업, 역사관광 중심지)	100억	88만㎡
	일반형(주거지)	50억	50만㎡
도시재생뉴딜	경제기반형 (역세권, 산업단지, 이전적지, 항만)	250억	50만㎡
	중심시가지형 (원도심, 상업, 역사관광 중심지)	150억	20만㎡
	일반근린형형(주거지, 골목상권)	100억	10~15만㎡
	주거지지원형(저층주거밀집지역)	100억	5~10만㎡
	우리동네살리기(소규모 저층주거밀집지역)	50억	5만㎡

출처: 대구경북연구원(2017), 『대구 도시재생뉴딜 추진방향』.

으며, 이를 통한 주거복지 실현과 생활편의시설 공급을 강조하고 있다. 셋째, 주민주도 조직(사회적경제조직)의 형성 및 역할을 강조하고 있다. 주거재생형(우리동네살리기, 주거지지원형) 사업에서는 사업계획(안) 작성 초기부터 주민주도 조직의 참여를 강조하고 있으며, 주택도시기금 지원 확대 및 다양화를 통해 도시재생의 주체 다양화를 꾀하고 있다. 넷째, 부동산 시장을 지속적으로 모니터링해서 도시재생사업 대상지 선정여부를 결정하고, 부동산 시장이 과열되지 않도록 단계별 부동산 시장 조사를 통해 젠트리피케이션 방지 대책을 마련할 것을 요구하고 있다. 마지막으로, 광역지자체에 소규모 사업(일반근린형, 주거재생형) 평가 권한을 부

여하고, 공공기관 · 지방공기업의 공공성을 강조하면서 적극적 역할을 요구하고 있다[19].

도시재생뉴딜 정책에 따라 현재 정부는 2017년 68곳의 뉴딜시범사업지, 2018년 99곳의 뉴딜사업지를 선정했고, 2019년에는 총 100곳 내외의 대상을 선정할 계획이다.

19) 대구경북연구원(2017), 『대구 도시재생뉴딜 추진방향』.

Ⅲ. 도시재생뉴딜과 노후주거지의 재생

Ⅲ. 도시재생뉴딜과 노후주거지의 재생

1. 노후주거지 정비사업의 변화

일반적으로 '노후주거지'는 물리적인 노후가 진행된 불량 주택을 비롯해, 인근 주거환경의 기능이 급속하게 저하되고 사회적, 경제적 환경의 변화에 신속하게 대응하지 못하는 주거지역을 말한다. 노후주거지의 개념에 대해서는 여러 연구자가 다양하게 정의해 사용하고 있으며 노후주거지, 불량주거지, 노후불량주거지, 저층노후주거지 등으로 혼용돼 사용하기도 한다. 본 장에서는 우리나라가 노후주거지 정비와 관련한 사업을 추진하는 데 근거가 되는 「도시 및 주거환경정비법」, 「도시재정비 촉진을 위한 특별법」, 「도시재생활성화 및 지원에 관한 특별법」 등을 중심으로 법 · 제도적 관점에서 노후주거지 재생사업의 변화를 고찰하고 각 사업에 대한 평가를 검토한다.

1) 노후주거지 정비사업의 법 · 제도적 변화

전후 복구를 위해 산업화 도시화를 본격적으로 시작한 1960년대 이후 80년대까지 우리나라는 급격한 인구유입으로 서울의 주택 부족 해결, 토지의 정책적 활용, 기반시설 확보라는 당면과제를 '주택재개발사업', '주택재건축사업', '주거환경개선사업'을 통해 해결했고, 이들은 우리나라 노

그림 3-1 「도시 및 주거환경정비법」의 제정

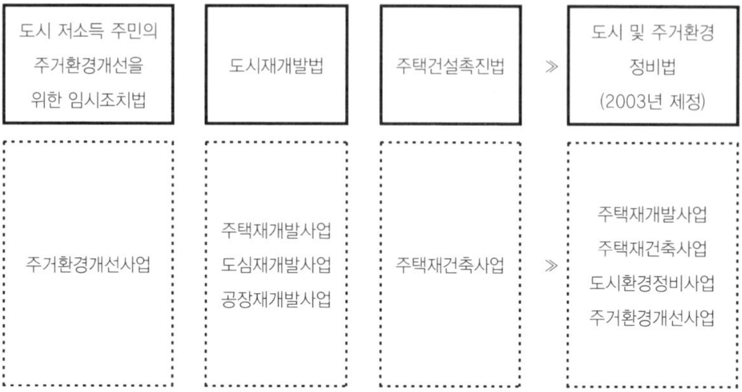

도시 저소득 주민의 주거환경개선을 위한 임시조치법	도시재개발법	주택건설촉진법	≫	도시 및 주거환경 정비법 (2003년 제정)
주거환경개선사업	주택재개발사업 도심재개발사업 공장재개발사업	주택재건축사업	≫	주택재개발사업 주택재건축사업 도시환경정비사업 주거환경개선사업

출처: 서울특별시 도시활성화과(2017), 『도시환경정비사업』.

후주거지 정비사업에 대규모 철거형 재개발 방식을 본격적으로 도입한 계기가 된다. 특히 주택재개발사업은 지자체나 토지 소유자가 비용을 전혀 부담하지 않고, 민간사업자가 불량주거지를 철거하고 새로운 고층아파트를 건설하는 '합동재개발' 방식을 추진함으로써 이른바 전면철거형 주택재개발의 시대를 가져오게 했다. 1990년대 들어 도시화 양상이 둔화되고 양적성장 시대에 대량 공급됐던 주택들이 노후화되면서 이들이 밀집된 노후주거지에 대한 정비사업 요구가 늘어나기 시작했고, 이 시기에도 기존의 주택재개발사업, 주택재건축사업, 주거환경개선사업은 여전히 노후주거지를 정비하는 주요 사업으로 지속됐다. 그러나 「도시재개발법」, 「주택건설촉진법」, 「도시저소득층의 주거환경개선을 위한 임시조치법」 등 서로 다른 개별법에 근거해 각기 목적이 다른 정비사업들이 무분별하게 이어지면서 노후주거지를 체계적이고 계획적으로 관리할 수 있는 통합적 법제도에 대한 요구가 커져갔고, 2002년 정부는 「도시 및 주거환경정비법」(이하 도정법)을 제정해 정비사업의 획일성과 함께 재개발 재건축 사업의 공공성을 강화했다.

법 제정에 따라 기존의 「도시재개발법」에 의한 주택재개발사업, 「주택건설촉진법」에 의한 주택재건축사업, 「도시저소득층의 주거환경개선을 위한 임시조치법」에 의한 주거환경개선사업은 관련법의 폐지와 함께 「도정법」으로 통합됐다. 특히 한시법에 의한 특수사업이었던 주거환경개선사업과 그동안 도시 전체의 주거환경정비차원에서 계획적으로 관리하기 어려웠던 주택재건축사업은 이번 통합으로 비로소 계획적 주거환경정비사업의 성격을 갖게 됐다. 법 제정 당시 「도정법」이 지원하는 주거환경정비사업은 주택재개발사업, 주택재건축사업, 주거환경개선사업이었다. 주택재개발사업은 정비기반시설이 열악하고 노후 · 불량건축물이 밀집한 지역에서 추진되며, 주택재건축사업은 정비기반시설은 양호하나, 노후 · 불량건축물이 밀집한 지역에서 시행됐다. 주거환경개선사업은 필지단위 사업으로 도시 저소득 주민이 집단으로 거주하고 정비기반시설이 극히 열악하며 노후 · 불량건축물이 과도하게 밀집한 구역을 대상으로 추진됐다.

한편 2005년에는 도시 내 낙후지역에 대한 주거환경의 개선 및 기반시설 확충을 생활권 단위로 해결하고자 하는 「도시재정비촉진을 위한 특별법」(이하 도촉법)이 제정됐다. 이 법은 기존의 재개발 재건축사업이 개별적인 소규모 형태로 추진되고 또 민간 주도의 수익성 위주로 시행됨에 따라 기반시설을 광역적이고 계획적으로 설치하는 데 한계가 있다는 평가

그림 3-2 「도시 및 주거환경정비법」 제정 이후의 관련법 변화

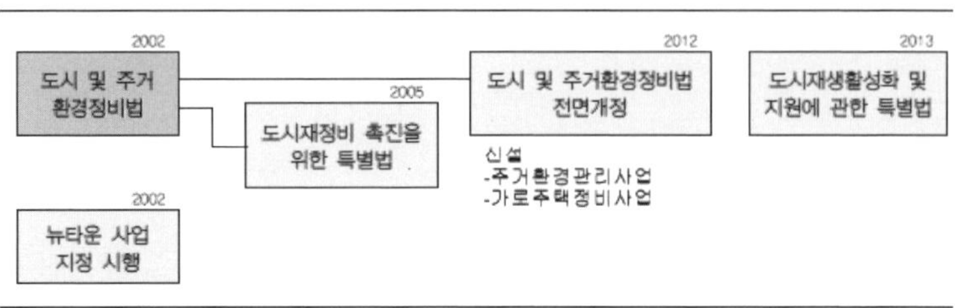

출처: HAUDREPORT no. 40(2015.2), "주택정책에 따른 정비사업의 변화와 향후 전망분석".

에서 출발했다. 「도촉법」은 기존의 정비사업들이 도시기반시설에 대한 충분한 고려 없이 주택중심으로만 추진돼 난개발을 발생시킨 것에 대응해 재건축사업, 재개발사업, 주거환경개선사업, 도시환경정비사업, 도시개발사업 등 당시 개발법에 따른 제반 정비사업을 모두 묶어 광역적으로 추진하기 위한 사항들을 정하고 있다. 「도촉법」은 소위 '뉴타운법'이라고도 불리는데 이는 2003년 서울시가 강남 · 북 지역균형 발전의 일환으로 추진한 광역재개발 사업인 '뉴타운사업'의 법적근거로서 입법된 것에 기인한다. 뉴타운사업은 「도정법」을 근간으로 하는 기존의 정비사업이 소규모 단위로 시행됨에 따라 정비 후에도 기반시설이 절대적으로 부족하고, 주거환경 개선 정도가 미약한 문제점을 해소하기 위해 서울시가 불량주택 밀집지역, 미개발지역, 도심이나 인근지역에 무질서하게 형성된 기성시가지를 대상으로 추진한 정비사업이다. 하지만 뉴타운사업은 저소득층이 거주하거나 임대주택 거주자가 대부분인 대상 지역에 일률적인 공동주택개발을 시행함으로써 세입자의 주거불안, 원주민의 이탈, 주택가격 상승에 의한 부동산 투기, 정비사업 추진과정에서의 분쟁 등 각종 사

회적 문제를 낳았다. 결국 뉴타운사업은 제17대 총선, 지방선거, 대선 등 정치적 상황에 의한 과다한 선심성 지구지정과 동시다발적 사업추진 과정에서 기존 정비사업에 내재된 문제까지 한꺼번에 표출시키면서 강행되다가, 2008년 글로벌 금융위기 이후 부동산 경기 및 주택시장 침체로 사업 자체가 장기화되거나 무산되는 정책적 실패를 겪게 된다.

2012년에는 기존 대규모 개발논리와 사업성을 좇는 전면철거 중심의 주거환경정비 사업방식이 아닌 공동체와 주거권을 중시해 정비, 보전, 관리를 병행할 수 있는 재생사업의 추진을 위해 「도정법」을 개정했고, 기존의 주거환경정비사업에 '주거환경관리사업'과 '가로주택정비사업'을 추가로 신설했다, 주거환경관리사업은 단독주택과 다세대주택 등이 밀집한 지역에서 정비기반시설과 공동이용시설의 확충을 통해 주거환경을 보전, 정비, 개량하는 사업이며, 가로주택정비사업은 노후 · 불량주거지의 주거환경을 개선하기 위해 대규모 지역에 대한 전면철거방식 대신 기존 저층 주거지의 도시조직 및 가로망을 유지하면서 소규모로 공동주택을 신축하는 정비사업을 말한다. 이 중 주거환경관리사업은 거주민의 이주를 최소화하고 주민 주도의 주거지 관리를 도모하기 위해 추진되는 사업이라는 점에서 기존 사업방식과 차별화됐다. 특히 서울시는 실패한 주거환경정비사업인 '뉴타운사업'의 출구전략으로 주거환경관리사업에 근거한 해제지역 정비사업을 추진했는데 주민참여형 재생을 지향하며 '마을만들기'사업과 연계해 진행된 특성을 갖는다. 주거환경관리사업은 기존 전용 · 1종 · 2종 단독 · 다세대 밀집지역 중 노후주거지에 대해 공공이 도로 등 정비기반시설을 개선하고, 주민은 스스로 주택을 개량하는 정비방

그림 3-3 「도시 및 주거환경정비법」 전면개정(2017)에 의한 정비사업의 통폐합

기존	주거환경 개선사업	주거환경 관리사업	주택재개발 사업	도시환경 정비사업	주택재건축 사업	가로주택 정비사업
신규 통폐합	주거환경개선사업		재개발사업		재건축사업	빈집 및 소규모주택 정비에 관한 특례법으로 이동

식이라는 점에서 주거환경개선사업의 현지개량형 방식과 유사하지만 주거환경개선사업이 매우 열악한 노후주거지역을 대상으로 시행하는 반면, 주거환경관리사업은 일반적인 노후주거지역을 대상으로 시행한다는 점, 또한 주거환경개선사업이 저소득층이 주로 거주하는 지역을 대상으로 하기 때문에 주민역량을 통한 관리를 기대하기 어려운 반면, 주거환경관리사업은 거주자에 의한 지속적 관리를 목표로 한다는 점에서 차이를 갖는다(홍성조, 홍영화, 2015).

2013년에는 「도시재생 활성화 및 지원에 관한 특별법」(이하 도시재생특별법)의 제정과 함께 주거환경정비영역에서도 물리적 주거환경 개선 중심의 사업에서 벗어나 사회적, 경제적, 문화적 재생의 관점에서 종합적으로 접근하는 재생사업들이 시작됐다. 특히 「도시재생특별법」에 의한 근린재생형 도시재생사업은 기존의 전면철거와 대규모 공동주택 재개발을 중심으로 추진되던 「도정법」상의 정비사업에서 탈피해 노후주택 및 시설물을 관리하고 개보수하거나 필지, 블록별로 신축하는 '물리적 재생'과 이와 연계된 고용창출, 지역경제 활성화와 같은 '경제적 재생', 주민의 생활여건의 질적 개선과 같은 '사회적 재생'을 포함하는 통합적 재생방식

의 주거환경정비의 시도로서 의미를 가졌다.

한편, 2017년에는 현행 「도정법」의 법률규정이 지나치게 어렵고, 복잡한 정비사업 유형으로 인해 불필요한 분쟁들도 자주 발생하는 것을 해소하고자 해당 법에 대한 전면개정이 실시됐다. 이에 따라 기존의 주거환경개선사업과 주거환경관리사업은 '주거환경개선사업'으로 통합되고, 주택재개발사업과 도시환경사업은 '재개발사업'으로 일원화됐으며, 가로주택정비사업은 '빈집 및 소규모주택 정비에 관한 특례법'으로 이관됐다. 전면개정으로 이제 「도정법」에서 명시하고 있는 노후주거지 정비사업은 '재개발사업', '재건축사업', '주거환경개선사업'의 세 가지 유형으로 단순화됐다. 이러한 사업 유형의 정리와 함께 사업에 대한 정의에도 변화가 생겼다. '재개발사업'은 정비기반시설이 열악하고 노후 · 불량건축물이 밀집한 지역에서 주거환경을 개선하거나 상업지역 · 공업지역 등에서 도시기능의 회복 및 상권 활성화 등을 위해 도시환경을 개선하기 위한 사업, '재건축사업'은 정비기반시설은 양호하나 노후 · 불량건축물에 해당하는 공동주택이 밀집한 지역에서 주거환경을 개선하기 위한 사업, '주거환경개선사업'은 도시 저소득 주민이 집단 거주하는 지역으로서 정비기반시설이 극히 열악하고 노후 · 불량건축물이 과도하게 밀집한 지역의 주거환경을 개선하거나, 단독주택과 다세대주택이 밀집한 지역에서 정비기반시설과 공동이용시설 확충을 통해 주거환경을 보전 · 정비 · 개량하기 위한 사업으로 개념이 정리됐다.

2) 노후주거지 정비사업의 평가

우리나라의 주거환경정비사업은 공공사업으로서 민간이 개별적으로 개선하기 어려운 노후불량주택지역을 정비할 수 있는 수단이었고, 특히 전면철거 방식의 주택재개발 및 재건축사업은 보다 효율적으로 노후 · 불량주택을 정비할 수 있는 수단이었다. 이밖에도 기성시가지 내 신규주택과 재개발 지역 내 임대주택을 공급해 주택재고를 확보하고, 대규모 전면철거를 통한 아파트 공급방식으로 개별주택의 전반적인 질을 향상시켰으며, 기반시설과 복지시설 등 주민편익시설을 공급해 주거환경의 질을 향상시킨 점 등은 주거환경정비사업의 성과라고 할 수 있다. 하지만 단기간에 대규모로 주거지를 정비했다는 성과 이면에는 전면철거로 개발된 중대형 평형 아파트 단지가 경제 능력이 없는 세입자와 원주민의 주거불안정을 심화시켰고, 결국엔 재정착을 어렵게 만들어 기존의 커뮤니티가 붕괴되는 사태가 있었다. 또한 주거환경정비사업 추진 과정 중 사업추진을 찬성 혹은 반대하는 주민 간의 갈등, 보상 및 이주에 대한 토지소유자와 세입자 간의 갈등이 사회문제가 됐고, 아파트 주택유형이 획일화되면서[1] 인접지역의 기반시설과 경관을 고려하지 않은 고층 고밀도 개발에 의한 도시공간의 경관적 부조화 및 단절도 발생했다.

---

1) 통계청 주택총조사 조사결과에 따르면 1975년 전체 주택 중 1.9%에 불과하던 아파트는 2005년 53.0%를 차지해 전체 주택의 절반 이상을 점유했고, 이에 반해 단독주택은 1975년 92.6%에서 2005년 31.9%로 크게 낮아져 우리나라의 주택유형은 아파트 위주로 완전히 재편됐다.

변창흠(2012)은 이와 같은 우리나라 주거환경정비사업의 한계를 「도정법」상의 정비사업 구조가 지닌 문제와 「도촉법」상의 뉴타운사업이 지닌 문제로 나누어 제시하고 있다. 「도정법」상의 정비사업의 경우 사업의 정의 자체를 '주거환경을 개선하기 위해 시행하는 사업' 등으로만 규정하고 있어 물리적 환경의 개선에만 초점을 맞출 수밖에 없는 점을 지적했다. 실제 「도정법」에서 규정하고 있는 정비사업 중 사업의 정의를 통해 주민소득과 같은 사회경제적 특성을 고려하고 있는 것은 주거환경개선사업뿐이며 나머지 사업들은 정비사업의 대상이 되는 지역의 노후도와 접도율, 과소필지, 호수밀도와 같은 물리적 기준만을 고려해 결정된다. 따라서 「도정법」상의 정비사업은 주거환경 개선을 위한 개발 및 토건사업의 차원에서 지나치게 주택공급 확대에만 치중했을 뿐 주민의 삶과 직결된 사회 · 문화 · 복지 측면에서의 고려는 전혀 있을 수 없었다고 지적했다.

한편 「도촉법」상의 뉴타운사업이 가진 한계는 우선 사업의 추진과정에서 너무 많은 뉴타운 사업지역을 지정한 것에 있음을 지적했다. 뉴타운사업은 생활권 단위로 정비계획을 수립함으로써 기존의 정비사업이 개별 정비구역으로 추진되면서 반영하기 힘들었던 기반시설을 서울시가 직접 확충하겠다는 것이 기본 취지였다. 그러나 2006년 지방선거, 2008년 총 선거에서 강북 집값의 폭등과 개발 기대에 부푼 민심을 공략하려는 후보자들에 의해 너무 많은 지구의 지정이 선거공약으로 남발됐다. 당시 뉴타운 총 사업대상지 720만 평은 서울시 전체 면적의 약 7.5%를 차지했고, 이 수치는 서울시가 지난 30여 년간 추진해온 주택재개발 사업 면적의

그림 3-4 뉴타운 사업에 의한 소형주택 멸실과 주택 수준

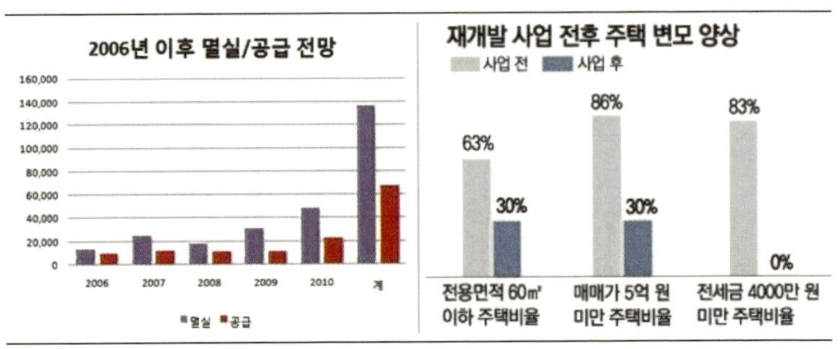

자료: 서울시 주거환경개선정책 자문위원회(2009). 『서울의 주거환경개선정책 종합점검 및 보완발전 방안』.

2.4배에 이르는 면적이었다. 이와 같이 너무 많은 지구를 지정한 문제뿐 아니라 뉴타운 사업은 평균 사업면적 92ha에 이르는 개발면적의 과대산정으로 생활권 단위가 아닌 도시 규모의 동시다발적 집단재개발사업으로 변질돼갔다. 또 특별법을 통해 적용한 뉴타운사업의 각종 규제 완화 조치도 여러 가지 부작용을 낳았다. 뉴타운지구는 기존의 정비구역 지정 요건을 완화해 적용함에 따라 비교적 양호한 주거지도 정비구역으로 지정됐다. 또한 뉴타운사업의 특례로 소형주택의 비중을 줄이고 중대형 주택의 비중을 늘려 지나치게 많은 중대형 평형의 분양주택을 건설했고 주거비를 부담할 수 없는 원주민들의 이주는 물론 소형주택, 저렴주택의 멸실로 주거를 잃은 주민들이 늘어나 이 수치는 2012년 추정치가 무려 25만 7천 명에 이르렀다.

이와 같이 뉴타운 사업의 정책적 실패가 점차 가시화되고 2008년 세계 금융위기의 확산과 국내 부동산시장의 침체 등의 영향으로 뉴타운 사업뿐 아니라 전국적으로 재개발 재건축사업이 부진해지면서 우리나라 주

거환경정비사업에 대한 근본적인 제도 개선의 필요성을 사회적으로 공감하게 됐다. 2010년을 전후로는 도시정책의 새로운 패러다임인 도시재생 개념이 부각되면서 시대 변화에 따른 새로운 주거지 정비방식에 대한 논의가 학계 전문가들 사이에서 본격화됐고, 이러한 노력의 결과로 지역사회의 기존 공동체와 생활환경을 존중하고 지역 내 사회경제적 네트워크를 활용하면서 주민과 함께 재생사업을 진행하는 주거지재생 패러다임이 새롭게 등장하게 된다. 이러한 정책적 기조의 변화 속에서 정부는 2012년 「도정법」의 개정을 통해 전면철거형 사업의 대안으로 주거지의 보전, 관리, 개량을 병행할 수 있는 '주거환경관리사업'을 도입했다. 주거환경관리사업은 주민의 자발적 의지와 참여 속에 마을의 물리적 환경과 사회적 환경, 경제적 환경에 대한 재생을 추진하고 주민들이 지속적으로 살아 갈 수 있는 공동체를 형성하는 것을 주요 목적으로 하는 사업이다. 특히 서울시의 경우 '주거환경관리사업'을 근거로 '주민참여형 재생사업'[2]을 추진하고 있는데 우리나라 주거환경정비의 정책기조에서 전면철거식의 재개발이 아닌 '주거지재생' 관점의 정비사업이 비로소 나타나기 시작한 사례라고 할 수 있다.

---

2) 서울시의 주민참여형 재생사업은 지구단위계획과 공공사업 및 마을공동체 사업을 결합한 사업이다. 기성시가지의 환경정비를 위한 지구단위계획은 건축 및 공간계획 측면에서는 법적 구속력이 있는 제도이지만, 주민참여 측면에서는 실효성과 집행력이 떨어졌었다. 반면 마을만들기는 주로 마을환경 개선과 주민커뮤니티 활동과 같은 소프트웨어적 측면에 집중돼 공간 및 건축계획과 같은 하드웨어적 측면이 부족했고, 특히 마을만들기 조례는 법적 구속력이 없어 일회적인 이벤트로 끝나는 한계를 갖고 있었다. 주민참여형 재생사업은 이러한 한계에 대한 대안으로 주민의 제안으로 시작한 마을만들기의 계획을 도시계획으로 최종결정하는 사업이라고 할 수 있다.

주거환경관리사업은 주민이 주도적으로 마을 공동체를 형성하고 주택 개량과 마을환경개선을 추진하는 것을 목적으로 주거지 주변에 부족한 도로, 공원, 주차장 등 정비기반시설과 CCTV, 보안등 등의 방범시설 확충, 보행환경개선을 위한 특화가로 및 산책로 조성, 주민커뮤니티센터, 어린이집, 경로당, 순환형 임대주택 등 주민공동이용시설 조성, 주택이나 건축물 개별 개보수 또는 개량을 위한 주택자금의 저리융자, 거주민 중심의 커뮤니티 형성과 공동체 활동에 관한 사회적 환경 개선 사업 등을 추진해왔다. 그러나 주거환경관리사업은 뉴타운사업에 대한 출구전략 차원에서 충분한 준비 없이 도입했다는 제도적 한계와 행정의 준비부족으로 현장에서 갈등이 자주 발생됐다. 특히 소규모 점진적 개선이라는 주거환경관리사업의 태생으로 기반시설의 정비를 필요로 했던 대다수 주민들의 요구를 수용할 수 없는 구조적 제약을 가졌고 주민의 생활패턴을 고려하지 않은 주민참여 방식으로 극소수 주민들만의 사업으로 추진되는 등의 한계가 지적됐다.

한편 2013년에는 「도시재생특별법」의 제정과 함께 재건축 · 재개발과 같은 단일한 수법을 적용해 물리적 환경만을 일시에 정비하는 기존 정비방식으로는 중소도시의 다양한 노후주거지 여건과 특성을 반영한 정비사업이 어렵다는 인식에 기반해, 현행 정비사업 방식 대신 공동체 기반을 강화하고 주민 간 교류를 증진하고자 중 · 소규모의 '근린재생형 도시재생사업'을 추진하기 시작했다. 근린재생형 도시재생사업은 중심시가지형과 일반형으로 나누어진다. 중심시가지형 근린재생은 원도심 등 중심시가지의 행정 · 업무, 상업, 역사 · 문화 · 관광, 공공복지, 도심주거 등의 기능 증진과 회복을 목표로 공동화 현상이 심각해 재활성화가 필요하고 중심시가지로서의 잠재력을 갖추고 있는 지역을 대상으로 한다. 일반형 근린재생은 낙후된 주민생활환경 개선 및 상권 활성화를 통한 지역 주민의 삶의 질 향상과 지역 공동체 회복을 목표로 근린상권 및 생활여건이 양호하나 교외 신도시 개발 확산과 지속적인 인구감소 및 고령화 등으로 쇠퇴한 도시지역을 대상으로 한다. 그런데 생활권 단위의 생활환경 개선, 기초생활인프라 확충, 골목경제 살리기, 커뮤니티 활성화 등 주거지재생 관점의 정비를 목적으로 추진됐던 근린재생형 도시재생사업의 경과는 더 이상 양적 성장을 전제로 한 기존의 도시재개발 방식이 한계에 직면했음에도 불구하고 지역의 침체 혹은 낙후라는 부정적 인식을 해소하기 위해 여전히 토건사업 위주의 개발 방식을 답습했다. 단기적인 수익을 위한 재개발 재건축이 아니라 사람이 중심이 되는 지속가능한 재생을 목적으로 했지만 근린재생형 도시재생사업이 이러한 한계를 드러낸 원인으로는 사업의 시행 기반이 제도적으로 구축됐음에도 불구하고 고질적인 행정의 조급성으로 지역의 인구구성, 가구 성격, 주민의 수요 등 지역특성을 반영한 사업계획의 수립이 불가능했다는 점을 들 수 있다. 주민이 필요로 하는 사업을 발굴하지 못한 채 전문가 몇 명과 용역업체가 작성한 활성화계획에 의존해 추진된 사업은 지자체가 제공해야 할 기반시설의 조성에 치우쳐, 주민의 삶의 질이나 주거복지와 직결되는 생활밀착형 사업과는 거리가 멀었다. 이밖에 근린재생형 도시재생사업 이면에는 붕괴위험에 노출돼 있는 노후주택을 두고도 고쳐서 다시 쓰는 재생을 강행하는 것에 대한 반발, 즉 재개발 · 재건축을 죄악시 하는 도시재생사업에 대한 저항도 존재했고, 주거지가 관광명소가 돼 삶의 생태계가 무너지거나 과도한 상권 유입과 임대료 상승으로 자신이 살던 동네에서 비자발적 이주를 선택할 수밖에 없는 부작용도 있었다.

현재의 도시재생사업으로는 노후주거지의 문제를 궁극적으로 해결하는 것이 어렵다는 우려 속에서 2017년 정부는 지역공동체를 통한 근린재생에 지속적 거주를 위한 주거복지정책을 더한 '도시재생뉴딜 정책'을 발표했다. 도시재생뉴딜은 노후 저층주거 밀집지역에 생활편의시설 설치와 소규모 주택정비, 임대주택, 기반시설을 공급해 체감도 높은 주거환경 개선과 재생에 집중하는 '주거재생사업' 유형을 추가했다. 이 사업 유형은 주거환경정비사업에 '주거복지'라는 개념을 도입한 점에서 주목할 만한 가치가 있다. 지금까지 도시 및 주택정책 분야에서 주거복지라는 개념은 물리적 공간으로서 주택에 집중한 주거환경 개선으로 한정된 경향이 있었다. 즉, 주택의 양적 공급을 확대하고 기반시설을 공급해 주택이 없거나 주거환경이 열악한 사람들의 주거 빈곤 상태를 벗어나게 하는 것에 중점을 둔 것이며, 이러한 관점에서 전면철거 재개발 방식의 정비사업에 치중해왔던 것이 사실이다. 하지만 그런 양적 공급의 문제를 어느 정도 극복한 시대적 상황을 반영해 이제는 물리적 거주공간으로서의 주택을 넘어 일상생활 차원의 주거문제까지도 주거복지의 범주로 다루기 시작하면서[3] 주택공급에서 주거복지라는 새로운 패러다임의 전환이 도시재생뉴딜 정책을 통해 비로소 이루어졌다.

---

3) 배웅규(2018), "도시재생뉴딜, 주거복지 실현과 저층주거지 재생 가능한가?", 『도시문제』 53권 593호 pp. 32-35, 대한지방행정공제회.

2. 도시재생뉴딜 노후주거지 재생사업

1) 도시재생뉴딜사업의 선정

기존 도시재생사업이 중앙의 공모방식으로만 선정된 탓에 국비지원에 유리한 방식으로 사업이 구상된다는 비판이 다수 제기됐던 것을 반영해 도시재생뉴딜사업은 지역중심의 상향식 사업추진 방식을 표명했다. 이에 경쟁방식으로 선정하는 중앙 공모(시 · 군 · 구 대상) 외에 광역자치단체 주관 공모를 도입해 선정권을 대폭 위임했다. 중앙정부는 평가 가이드라인만 제시하며 공기업 · 주민 제안 등을 통해 제시된 사업계획은 광역자치단체가 주도적으로 평가해 선정한다. 특히 신규 사업 물량의 약 70%를 광역자치단체 공모방식으로 선정함으로써 지역의 특수성을 살리고 권한

표 3-1 2018년 도시재생뉴딜사업 선정규모

구분	광역지자체 평가	중앙평가	
		지자체 신청	공공기관 제안
신청 제안	기초지자체(원칙)	광역기초지자체(서울 등 제외)	공공기관, 지방공기업
평가 주체	광역지자체	중앙정부(국토교통부)	
신청 사업 유형	일반근린형 주거지지원형 우리동네살리기	경제기반형 중심시가지형	모든 유형 (사업계획, 단위사업, 사업기획안)
선정 규모	70곳 내외 (예산총액 배분)	15곳 내외 (경제기반형 2-3곳 내외)	15곳 내외
신청 가능 지역	도시재생활성화지역 지정요건을 갖춘 지역		

자료: 국토교통부(2018), 『도시재생뉴딜로드맵』

과 책임을 강화했다. 사업의 참여방안도 다양화해 기존의 공공기관 제안방식이 대상 지역에 대한 전체 사업계획 수립이 가능한 공공기관 위주로 이루어진 것에 탈피해, 다양한 공공기관이 보다 쉽게 참여할 수 있도록 공공기관의 사업 기획안이나 핵심 단위사업만 갖고도 제안할 수 있게 했다. 또 적극적인 사업 발굴을 위해 공기업 제안방식을 별도로 운영하며, 지자체 협의를 거쳐 공기업이 사업을 제안하면 중앙정부가 심의 및 선정할 수 있도록 했다. 이에 따라 이번 도시재생뉴딜에서는 지역 주민의 생활에 밀접한 주거재생사업과 같은 소규모 사업(약 15만㎡ 이하의 우리동네살리기, 주거지지원형, 일반근린형)은 광역지자체가 선정하고, 주변에 미치는 파급효과가 크고 범정부 협력이 중요한 중 · 대규모사업(약 20~50만㎡의 중심시가지형, 경제기반형)은 중앙정부가 경쟁방식으로 선정하되, 지자체 주도로 사업계획을 수립해 제안하는 방식으로 운영하도록 했다. 또한 공적임대주택, 공공임대상가 공급 등 공공성이 강한 사업을 발굴하고 지자체를 지원하기 위한 공공기관 제안방식도 등장하게 됐다.

또 기존 도시재생사업에서는 개별 사업 유형들에 대한 특별한 가이드라인이 없어 공모에 임하는 지자체는 자체적으로 단위사업을 발굴해야 했고, 추진 가능한 사업들을 발굴하지 못했을 경우 사업계획서 작성 시 이미 선정된 다른 지자체의 유사 사업을 참고할 수밖에 없었으며, 부처간 협력이 중요시되는 도시재생사업에서 어떤 유형의 사업들을 상호 연계시켜 추진할 수 있는지도 알지 못하는 경우가 다수였다. 이에 도시재생뉴딜사업은 정책의 사업모델 및 메뉴에 있어 활용 가능한 57개의 개별단위사업뿐 아니라 국토교통부 이외 부처에서 추진 가능한 연계사업들을 함께 제시함으로써 보다 원활한 패키지형 도시재생사업을 추진할 수 있도록 지원했다. 도시재생뉴딜에서 제시한 57개의 사업 유형은 크게 '사회통합', '주거복지 실현', '일자리 창출', '도시경쟁력 회복'이라는 도시재생뉴딜 정책의 목적에 따라 각 분야별 전략과 이를 위한 단위사업들로 구성돼 있으며, 이 중 사회통합은 모든 유형에 공통으로 적용 가능하고 주거복지실현은 우리동네살리기, 주거지지원형, 일반근린형에, 일자리 창출과 도시경쟁력 회복은 중심시가지형, 경제기반형에 중점적으로 적용 가능한 사업들이다.

한편, 도시재생뉴딜사업의 선정은 각 분야의 민간전문가 20여 명으로 구성된 평가위원회에서 3단계로 심사(서면평가→현장실사→발표평가)하고 도시재생특별위원회[4]의 심의를 거쳐 선정한다. 사업의 평가 항목은 사업의 시급성 및 필요성, 사업계획의 타당성, 도시재생뉴딜 효과를 기준으로 평가하고 이외에도 젠트리피케이션 방지, 부동산 시장 모니터링 등 관리방안, 패시브 하우스, 녹색건축, 신재생 에너지, 사회적경제 활성화 등 국정과제 및 정부시책과의 연계성 등도 평가에 반영한다. 정부에서는 2017년 도시재생특별위원회가 결정한 선정계획에 따라 광역지자체 및 중앙정부 선정, 공공기간 제안 등의 방식으로 도시재생뉴딜 시범사업 68곳을 선정했으며 이 중 주거지지원형 16곳, 우리동네살리기 유형 17곳이 선정됐다. 2018년에는 지방의 인구감소와 고령화 현상의 가속화 등에 따른 도시소멸 위기에 대응하기 위해 2017년 시범사업 68곳에 비해 대폭 확대

---

4) 도시재생에 관한 정책을 종합적이고 효율적으로 추진하기 위해 국무총리 소속으로 설치한 위원회이다(도시재생특별법 제7조). 국무총리(위원장), 경제 · 산업 · 문화 · 복지 · 도시 · 건축 등 각 분야 민간위원 13명, 정부위원(16개 관계부처 장관, 청장)으로 구성된다.

표 3-2 도시재생뉴딜이 제시하는 57개의 개별 단위사업

분류	목적	단위사업
사회통합	지역역량 강화	주민역량강화 프로그램/마을활동가 육성지원/주민주도 자생적 조직 육성-주민공모사업/마을축제 기획 운영/마을 미디어(소식지 발행, 기자단 운영 등)
	공동체 공간 조성	도시재생현장지원센터 설치운영/공동체 공간 활용사업-복합 커뮤니티 센터/공동작업장 셰어 오피스-공영상가-공동텃밭/도시재생 어울림 플랫폼(복합기능 앵커시설) 조성
주거복지 실현	공공지원 소규모 주택 정비사업	공기업 참여형 가로주택 정비사업/집주인 임대주택 블록방식/안전우려 건축물(D.E등급) 재건축 사업/노후 공공청사 복합개발 사업
	민간자율 주거재생사업	자율주택 정비사업-가로주택 정비사업/소규모 재건축 사업-집주인 임대주택 사업/단독다가구 주택 리모델링(그린리모델링 사업)
	임대주택공급	공공리모델링 임대/기존주택 매입임대/청년 신혼부부 매입임대 리츠-기능복합형 공공임대주택/소호형 주거클러스터(창업지원주택)
	생활인프라 개선	소방도로 개설 확충 정비/소규모 공영주차장 건설(공공주도, 민간주도)/국공유재산 활용 복합주차장 건설/공원 녹지-어린이놀이터-공공화장실-무인택배함/쓰레기 분리수거장-생활악취 방지-골목길 정비
일자리 창출	상업기능 활성화	재래시장 활용 원도심 재생사업/골목경제 활성화사업/중소도시 및 쇠퇴구도심 정비사업/도심 신활력 거점공간 조성-지방거점개발(혁신도시 인근)/지방소도시 중심도로변 재생사업
	산업기능 활성화	복합지식산업센터 조성사업/역세권 공유지 활용사업/저밀 공용청사 복합사업-국유지, 공유지 개발사업
	문화기능 활성화	역사문화자원 활용 재생사업/복합기숙사 건축 및 캠퍼스 타운 조성사업/폐역사 폐교 등 기능상실 공간 활용사업
도시경쟁력 회복	안전 · 환경	친환경에너지 재생사업/주민참여형 녹화/스마트도시 조성사업-폐공가 등 방치건축물 정비/장애물 없는 생활환경 조성

표 3-3 도시재생뉴딜사업 선정 평가항목 및 배점

평가 항목	배점	세부 평가 항목
사업의 시급성 및 필요성	30	사업 시급성(지역 쇠퇴 정도, 안전 등 시급성)
		사업 필요성(주민, 주민주도 조직 등 참여의향)
사업계획의 타당성	40	추진체계 구축(지자체의 추진체계 구성 등)
		사업계획의 적절성(목표설정 및 지표 적절성 등)
		사업의 실현가능성(부지 및 재원 확보 가능성 등)
		주민참여 및 역량강화(주민역량강화 교육 등)
도시재생뉴딜 효과	30	주거복지 및 삶의 질 개선(공공임대, 복지시설 등)
		일자리 창출 및 도시경쟁력(일자리 창출효과 등)
		사회통합 및 지속가능성(젠트리피케이션 대응 등)
		부동산 시장 영향(부동산 가격상승 등)

된 총 99곳의 뉴딜사업지를 선정했으며, 이 중 주거지지원형은 28곳, 우리동네살리기 유형 17곳이 선정됐다. 이로써 도시재생뉴딜사업지는 현재까지 총 167곳이 선정됐으며 2019년에도 상반기 70곳 내외, 하반기 30곳 내외의 선정이 계획돼 있다[5].

2) 도시재생뉴딜 주거재생사업

도시재생뉴딜사업은 주거복지 실현과 주거문제 해결을 강조하기 위해

5) 해마다 100곳의 사업지를 선정하는 것은 연간 10조 원대의 공적 재원을 투입해 매년 100개 동네씩 임기 내 500개의 구도심과 노후주거지를 살리겠다고 한 현 정부의 대선 공약에 근거한다.

표 3-4 도시재생뉴딜 주거재생사업 유형과 특성

구분	우리동네 살리기	주거지지원형
대상지	기초기반 시설은 양호하나 집중적 주택정비가 필요한 지역 (도로개설 없이 사업이 가능한 지역)	골목길 정비 등이 필요한 노후주택 밀집지(정비사업 해제지역 및 안전위험 D.E 등급 주택 포함)
특성	소규모 주거	주거
예산지원근거	국가균형발전특별법	도시재생 활성화 및 지원에 관한 특별법
지원 기간	3년	4년
면적	5만㎡ 내외	10만㎡ 내외
국비지원	50억 원	100억 원

기존 도시재생사업의 경제기반형, 중심시가지형, 근린형 재생사업 유형 외 '우리동네살리기'와 '주거지지원형' 유형을 새로 추가했고, 이 두 유형을 주거재생사업으로 분류했다. 주거재생사업은 저층 노후주거지에 공적 임대주택을 공급해 지역주민들이 안정적으로 오랜 기간 거주하도록 하면서, 낡고 오래된 집을 소규모 정비사업을 통해 새롭게 짓고, 동네에 아파트 수준의 생활편의시설을 제공해 계속 살고 싶은 동네로 재생하는 것을 목적으로 한다. 도시재생뉴딜 주거재생사업이 같은 주거복지를 실현하면서도 일반근린형 재생사업과 갖는 차이는 일반근린형이 주거지와 골목상권이 혼재된 지역을 대상으로 주민공동체 활성화와 골목상권 활력 증진을 목표로 하는 것에 비해 주거재생사업은 저층 노후불량 주거지의 주거안정과 생활편의시설 공급을 목표로 하는 점에 있다.

주거재생사업의 사업 유형인 우리동네살리기 사업과 주거지지원형 사

업은 지역 여건에 따른 맞춤형 재생사업 추진을 위해 대상지 여건과 사업 규모 등에 차별화를 두어 구분했다. 우리동네살리기는 도로 등 기초 기반 시설이 어느 정도 갖추어진 곳을 대상으로 가로주택정비, 자율주택정비 등 소규모 주택정비를 유도하고 있으며, 공동체 회복을 위한 공동이용시설과 생활편의시설 공급 등을 추진하고 있다. 특히 주민생활밀착형 공공시설을 동네 단위로 신속히 공급하기 위해 기존 도시활력증진지역개발 사업[6)]을 우리동네살리기 사업으로 전환해 흡수통합시켰다. 사업면적 5만㎡ 이하인 지역을 대상으로 3년간 최대 100억 원의 사업비(국비 50억 원)를 지원하는 것을 골자로 한다.

주거지지원형 사업은 기초 기반시설이 매우 열악한 노후주택밀집 주거지역(정비사업 해제지역 및 안전위험 D, E 등급 주택 포함)을 대상으로 도로, 주차장 정비, 공원 조성 등을 통해 소규모 주택정비와 민간의 주택개량 기반을 마련하고, 생활 편의시설 등 주거지 전반의 여건을 개선한다. 우리동네살리기보다 넓은 면적인 10만㎡ 규모로 4년간 최대 200억 원을 지원하는 사업이다. 우리동네살리기는 공적임대주택 확보 및 소규모 주택정비사업 등 주택개량을 위한 진입로가 잘 정비돼 있어, 즉시 사업에 착수할 수 있는 지역을 대상으로 실시하는 사업이나 주거지지원형 사업은 사업을 위한 진입로 확보가 필요해 도로개설이 선행돼야 하는 사업으로, 두 사업 유형은 사업 대상 지역, 사업비, 사업 기간에 차이를 갖는다.

---

6) 「국가균형발전 특별법」에 근거해 지역의 특성에 적합한 발전방안을 통해 지역의 경쟁력과 주민의 삶의 질을 향상시키고, 지역의 균형 발전을 도모하기 위한 국토교통부 공모사업이다.

그림 3-5 도시재생뉴딜 주거재생사업 주요 내용과 전개

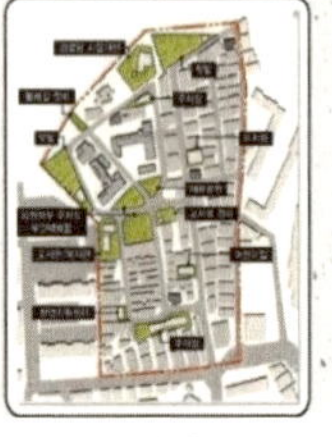
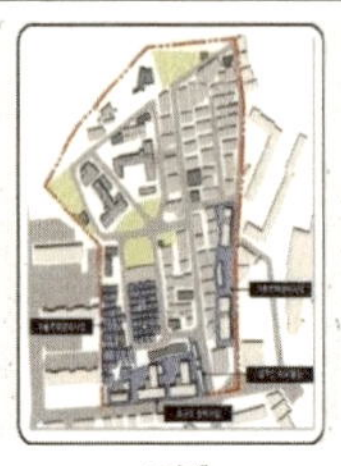

1단계 : 거점개발, 공공임대주택 확보	2단계 : 기반/공동이용시설 설치	3단계 : 민간자율 주거재생	4단계 : 프로그램, 마을관리 운영

출처: 국토교통부(2018), 『도시재생뉴딜로드맵』.

도시재생뉴딜 주거재생사업의 주요 내용은 주거복지를 실현하기 위한 공공임대주택 공급, 생활인프라 공급, 소규모 주택정비사업, 자생적 주민조직 육성이다. 첫째, 공적임대주택의 공급은 기존의 노후주거지 정비과정에서 지역주민의 이탈이 가속화되는 주거 젠트리피케이션 현상이 발생했던 한계를 극복하기 위해 지역 내 기존 주택을 매입하거나 신축하는 방법 등으로 저렴한 임대주택을 공급함으로써 사업 기간 내 주민이탈을 방지하고 원주민 재정착을 유도하기 위한 방안이다. 둘째, 생활인프라 공급은 소방도로, 공용주차장, 공원 등의 기반시설과 어린이집, 도서관 노인복지시설, 공공화장실 등의 공동이용시설을 제공하는 것으로 모든 주민이 어디에 거주하든지 상관없이 아파트 수준의 생활서비스를 보편적으로 누릴 수 있도록 하기 위한 방안이다. 셋째, 소규모 주택정비사업은 공공지원 소규모 주택정비사업 4개 유형(공기업 참여형 가로주택 정비사업, 집주인 임대주택 블록방식, 안전우려건축물 재건축 사업, 노후 공공청사 복합개발 사업)과, 민간자율 주거재생사업 5개 유형(자율주택 정비사업, 가로주택 정비사업, 소규모 재건축사업, 집주인 임대주택사업, 단

독 · 다가구주택 리모델링)을 제시해 소규모 주택정비를 통한 주거복지를 강조하고 있다. 특히 「빈집 및 소규모 주택정비에 관한 특례법」이 규정하는 집주인 2명 이상이 건축협정 등의 방법으로 공동주택을 신축하는 '자율주택정비사업'과 1만㎡ 미만 가로구역에서 이뤄지는 블록형 정비사업인 '가로주택정비사업', 200가구 미만의 다세대 · 연립주택에서 추진하는 단지형 정비사업인 '소규모 재건축' 등은 도심 내 낡은 저층 주거지에 신축하는 방안으로 이해관계자가 적고 사업 절차가 복잡하지 않아 열악한 주거 환경을 신속하게 정비할 수 있다. 마지막으로 자생적 주민 조직 육성은 도시재생뉴딜사업의 국비지원 기간이 종료돼도 지속적인 도시재생이 이루어질 수 있도록 공공임대주택, 생활편의시설 등의 운영 및 관리, 마을공동체 회복 활동 등 주민 주도의 마을관리가 이루어질 수 있는 기반을 구축하는 것이다.

한편 주거재생사업의 절차를 보면 사업계획안을 마련하기 전부터 지자체와 주민주도 조직 간 거버넌스를 구축할 것을 제안하고 있다. 사업계획의 확정, 생활편의시설의 공급, 개별지원 사업의 추진, 마을운영 · 관리까지 주민주도 조직이 참여함으로써 지자체에 의한 공급 위주의 계획이 아닌 주민 수요에 의한 필요시설을 공급하는 것이 재생사업의 목적임을 명확히 밝히고 있다. 그리고 사업주체인 지자체는 공모 참여 전에 공공사업 부지를 확보하고 주택개량 전에 공공임대주택을 확보할 것을 명시해 공모 참여 이전에 사업시행을 위한 준비를 완료할 것을 전제한다.

이 중 사업계획의 수립은 공모과정에서 선정의 당락을 결정하는 가장 중요한 역할을 하는 주거재생사업의 기본구상을 설명하는 계획이다. 도

그림 3-6 도시재생뉴딜 주거재생사업의 절차

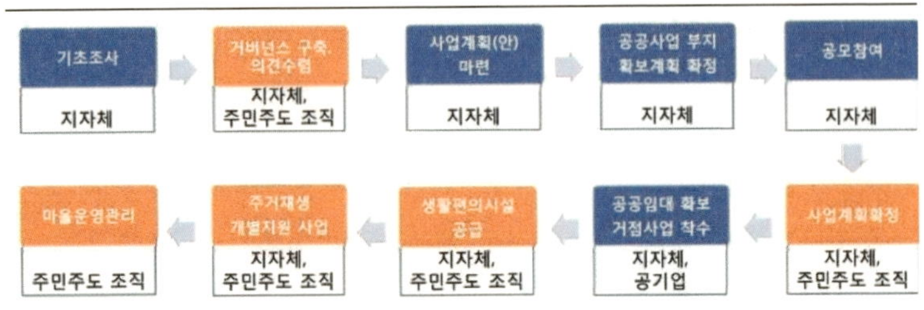

출처: 국토교통부 『도시재생뉴딜 가이드라인』

시재생뉴딜 주거재생사업을 희망하는 지역은 관계법령에 따라[7] 사업계획을 수립하고 공모에 참여해 사업에 선정된 후 관계 행정기관과의 협의를 거쳐 실행계획이 확정돼야 사업 추진이 가능하다. 도시재생뉴딜 주거재생사업의 목표에 부합하도록 대상 지역의 물리적인 주거환경 개선과 지역주민의 공동체 회복을 촉진할 수 있는 사업계획을 수립하기 위해서는 우선 사업대상지 현황 파악 조사와 사업에 활용할 수 있는 활용가능 부지조사를 주요 내용으로 하는 기초조사 및 사전수요조사가 선행돼야 한다. 기초조사는 대상지의 쇠퇴도, 인구분포, 거주 형태, 기반시설 등에 대한 각종 지표, 주요 현황 등을 중심으로 이루어지며, 사전수요조사는 주민이 희망하는 생활편의시설과 소규모 정비사업 등을 중심으로 이루어진다. 기초조사와 사전수요조사가 완료되면 그 결과를 주택, 상가, 도로, 기타 주택, 외부공간 등의 주거환경 요소, 거주자 특징, 교통 및 주차, 거주민 간 관계, 외부환경 등 생활환경 요소, 재생사업과 연계 가능한 자

7) 주거지지원형은 도시재생특별법, 우리동네살리기는 국가균형발전특별법에 근거한다.

연환경 등의 기타 요소로 구분해 사업 대상지의 주거재생 방향을 정립한다. 주거재생의 방향은 대상지의 문제 상황 진단에 따른 처방으로 이에 근거해 주택(공공임대 포함), 주차장, 생활편의시설(기반시설 및 공동이용시설) 등 재생의 총량을 설정함으로써 구체적인 사업계획을 수립할 수 있다. 이후 공모에 참여해 사업이 선정되면 실행계획을 확정하고 주거재생사업을 추진할 수 있다.

3) 도시재생뉴딜 주거재생사업 사례

일반적으로 도시재생뉴딜 사업의 절차는 ① 사업계획서 작성 → ② 사업대상지 선정 → ③ 활성화계획의 수립 → ④ 실현가능성 및 타당성 평가 → ⑤ 활성화계획의 승인 → ⑥ 사업시행 → ⑦ 연차별 추진실적 평가 → ⑧ 종합성과 평가의 순으로 진행이 된다. 2017년과 2018년에 걸쳐 선정된 도시재생뉴딜사업 중 주거재생사업에 해당하는 우리동네살리기, 주거지지원형 사업은 모두 78곳이며, 2019년 현재 활성화계획의 승인으로 사업시행에 들어간 도시재생뉴딜 주거재생사업지는 24곳이다. 이 책에서는 활성화계획의 승인을 받은 24곳의 주거재생사업지 중 지역별로 몇 개의 사례를 주거재생사업의 기본구상인 사업계획서와 활성화계획을 중심으로 소개한다.

▌전북 군산-공룡 화석이 살아있는 장전 · 해이지구

• 사업개요

위치: 전북 군산시 산북동 1629번지(49,310㎡)

사업비: 265억 원('18-'20)

유형: 광역 선정 우리동네살리기

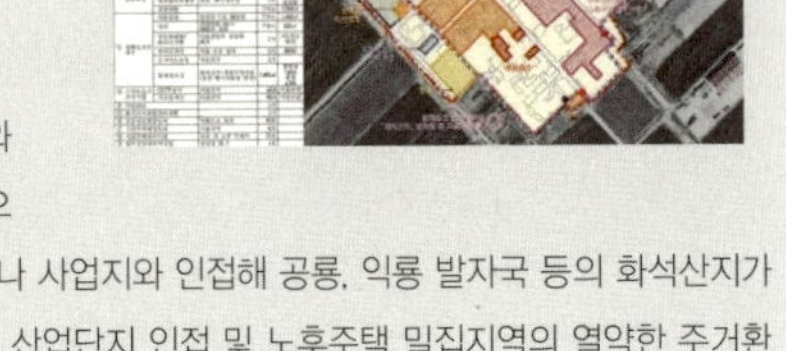

• 사업배경

현대중공업과 GM대우 자동차 공장 폐쇄와 신도심 개발에 따라 인구가 22% 감소됐으며, 건물의 노후화 및 인구고령화가 심각하나 사업지와 인접해 공룡, 익룡 발자국 등의 화석산지가 발굴되는 등 문화재 자산을 보유하고 있음. 산업단지 인접 및 노후주택 밀집지역의 열악한 주거환경을 개선하고 화석산지와 보리밭이라는 마을자원을 연계한 관광객 유입을 도모해 지역의 활성화를 실현하고자 함

• 추진전략

1. 주민복지시설 확충으로 안정적이고 쾌적한 주거복지를 실현
2. 마을재생을 위해 하나된 마음으로 지역주민의 역량을 강화
3. 역사+골목문화 체험, 먹거리 네트워크형 인프라 정비로 누구나 부자되는 마을을 구현

• 주요사업

마중물사업: 생활도로환경개선사업 등 11건/63.2억 원

민간참여사업: 공공리모델링 임대사업 등 2건/24.8억 원

• 단위사업

공동체 공간 조성: 공동이용시설 조성, 경로당 리모델링 등

생활인프라 개선: 마을공원 및 쉼터 조성, 기반시설 개선

임대주택 건설: 공공리모델링 임대, 기존주택 매입임대

주택정비사업: 자율주택 정비사업, 집주인 임대주택 사업

• 기대효과

1. 임대주택 공급으로 독거노인, 산업단지 종사자들의 주거공간 마련
2. 일자리 창출: 직접고용 11명 및 노인일자리 증가, 임대주택 36호 공급
3. 화석산지, 보리밭 등 지역문화 자원을 활용한 지역소득 창출

▍충남 보령- 함께 가꾸는 궁촌마을 녹색행복 공간 조성

• **사업개요**

위치: 충남 보령시 궁촌동(1,2통) 일원(53,134㎡)

사업비: 621억 원('18-'20)

유형: 광역 선정 우리동네살리기

• **사업배경**

석탄합리화 산업 이후 이농현상 등으로 1990년대 이후 매년 지속적으로 인구가 감소하고 있으며, 인구고령화 가속 및 노후화된 주거환경(20년 이상 노후 불량건축물 63%)으로 마을이 활력을 잃어가고 있는 상태임. 대천 IC를 통해 보령으로 진입하는 관문지역이라는 입지 장점을 살리고 주거복지 실현, 도시경쟁력 향상, 사회적 통합 사업을 통해 주민 삶의 질적 향상을 도모하고 지속가능한 마을을 구축함

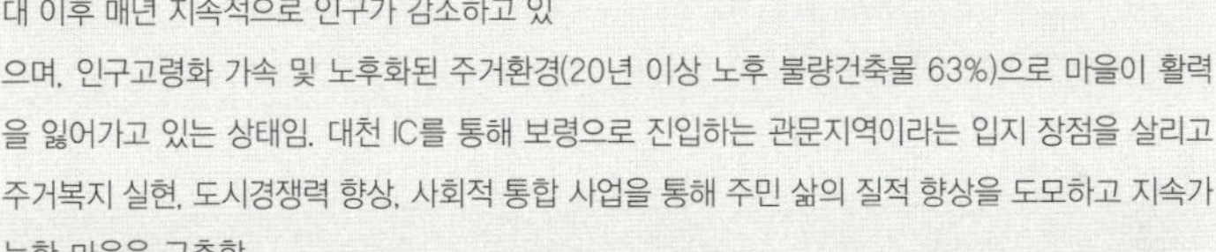

• **추진전략**

1. 주민 행복실현을 통해 살고 싶은 명품 녹색마을 조성
2. 아름다운 마을경관 창출과 더불어 주민소득사업을 창출
3. 주민이 더 행복한, 주민이 더 건강한 마을공동체 형성

• **주요사업**

마중물사업: 마을 공동작업장 운영 등 13건/85억 원

지자체사업: 도시계획도로 개설 등 3건/25.6억 원

• **단위사업**

일자리 창출: 마을공동 작업장(동동주 및 두부), 마을공동사업 운영, 마을카페 및 판매장, 마을공동 텃밭

주거복지 실현: 공동홈(실버하우스), 행복그린 임대주택, 노후주택 집수리, 건강쌈지공원, 클린하우스(쓰레기 분리수거장)

도시경쟁력 향상: 안심스마트 골목정비(CPTED), 도시가스 및 하수도 정비, 녹색스마트 주차장 조성, 궁마을 전통놀이 체험장

사회적 통합: 주민취업지원, 도시재생대학, 마을공동체 운영, 우리동네 궁촌문화학교 등

• **기대효과**

1. 일자리 창출: 55개, 공공임대투댁 50호, 실버하우스 14호

❙ 경남 거제-1만4천 피란살이 장승포 휴먼다큐

• 사업개요

위치: 경남 거제 장승포동 145-4번지

일원(97,785㎡)

사업비: 162억 원('18-'21)

유형: 광역 선정 주거지지원형

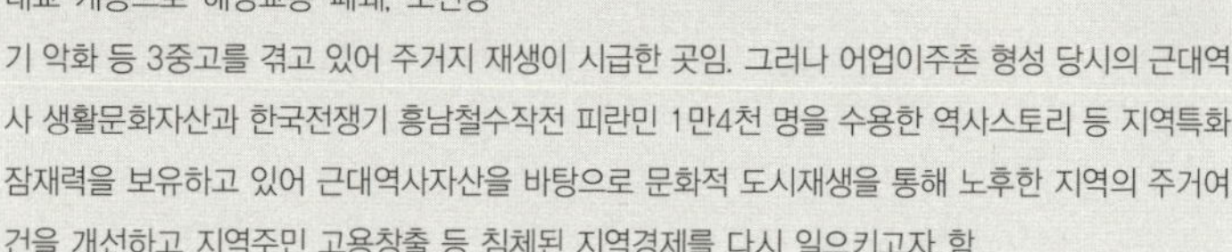

• 사업배경

1995년 도농통합으로 인구감소, 거가대교 개통으로 해상교통 폐쇄, 조선경기 악화 등 3중고를 겪고 있어 주거지 재생이 시급한 곳임. 그러나 어업이주촌 형성 당시의 근대역사 생활문화자산과 한국전쟁기 흥남철수작전 피란민 1만4천 명을 수용한 역사스토리 등 지역특화 잠재력을 보유하고 있어 근대역사자산을 바탕으로 문화적 도시재생을 통해 노후한 지역의 주거여건을 개선하고 지역주민 고용창출 등 침체된 지역경제를 다시 일으키고자 함

• 추진전략

1. 어촌6차 마을기업사업 등 일자리 창출 및 사회경제적 네트워크 형성
2. 행복한 둥지사업 등 생활환경 기초인프라 개선
3. 일식주거 보전사업 등 지역자산을 활용한 관광콘텐츠 개발

• 주요사업

마중물사업: 행복한 둥지사업 등 17건/166.7억 원

지자체 사업: 통학로 도로정비사업 등 2건/9.8억 원

• 단위사업

역량강화: 토박이 공동체, 어촌6차 마을기업사업

산업창출: 융복합 커뮤니티 거점, 밤도깨비 야시장, 신부시장 아트마케팅 사업

환경변화: 행복한 둥지, 병아리길 조성, 송구영신 소망길, 적재적소 환경정비

문화회복: 일식주거 보전, 인문 골목여행, 시그널사진관 조성사업

• 기대효과

1. 주거환경개선(187동), 복지시설 확충(2개소)을 통한 노후주택 정비 및 생활환경 개선
2. 주민공동체 및 마을기업을 통한 일자리 창출(140인 이상), 취업 및 창업(70건) 유발
3. 다문화 참여기회(50명), 사회취약층 활동증진(600명)을 통한 사회통합 및 지속가능성 확보

▌강원 동해-동호지구 바닷가 책방마을

• **사업개요**

위치: 강원 동해시 동호동 240번지 일원(44,670㎡)

사업비: 187.33억 원('18-'20)

유형: 광역 선정 우리동네살리기

• **사업배경**

항구기능이 저하되면서 동반 쇠퇴한 묵호항의 배후 주거지로 인구유출 및 고령화가 심화되고 있는 반면, 지역의 스토리 자원 등 보유 잠재력을 활용한 주변 관광자원의 개발을 통해 활성화를 기대해볼 수 있는 지역으로 도시재생사업에 대한 수요가 높음. 출판사, 신문사, 인쇄소가 성행했던 과거 동호동의 지역적 특색을 되살리고 인접해 있는 동해 시립발한도서관을 적극 활용해 책을 주제로 특화거리를 조성함으로써 책을 만들고 읽는 행복한 재생공동체와 문화마을을 실현함

• **추진전략**

1. 자주적 마을 개발의 기반이 되는 생활인프라 개선
2. 취약한 거주환경 개선, 정착률을 높이는 주거지원
3. 마을경쟁력 강화로 젊은 인구를 유입하는 지역의 특성화
4. 자긍심 고취 및 정체성 확립을 위한 주민 주도의 지역 역량강화

• **주요사업**

마중물사업: 공적임대주택사업 등 14건/160억 원

• **단위사업**

30년 이상 노후주거지 개선: 빈집 정비 29가구, 집수리 120가구, 임대주택 신축 2가구

일자리 기반: 바닷가 책방카페, 샵 175㎡, 파란발전소 600㎡, 상상의 바다 작업실 722㎡

쾌적하고 안전한 보행환경 조성: 골목길 개선 669㎡, 축대보강 및 난간설치 등

주민편의시설 조성: 공영주차장, 공원, 쉼터, 쓰레기 보관소, 무인택배 설치 등

공동체 문화형성 지원: 바닷가 책방마을센터 설치 450㎡, 디딤돌 센터 180㎡

• **기대효과**

1. 주거복지 실현: 빈집(29호), 집수리지원(120가구), 골목길 정비(669㎡), 무인택배함
2. 일자리 창출 총 85개(직접고용 10개, 주민조직 육성 35개, 파급효과 40개)
3. 인구증가 451명

▌울산 남구-평생둥지 삼호철새마을

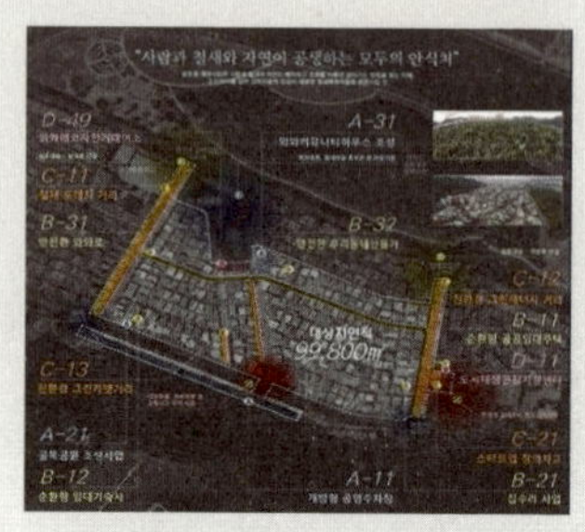

• **사업개요**

위치: 울산 남구 삼호동 일원(99,800㎡)

사업비: 758억 원('18-'21)

유형: 광역 선정 주거지지원형

• **사업배경**

남구 여천동에 공장이 들어서면서 어쩔 수 없이 정착해야 했던 공해피해 주민 이주택지. 노후건축물 89%, 인구감소율 15%에 해당하는 쇠퇴한 노후주거지이나 하천 등 지역의 유무형 자산 및 지역 잠재력을 보유한 지역임. 태화강, 삼호대숲 철새공원 등 지역 역사문화자원을 활용한 생활환경 개선, 가구거리 상권 활성화를 통해 정주여건 개선 및 효율적 토지이용을 도모함

• **추진전략**

1. 주거환경개선 및 주거복지 향상, 세대유입을 위한 시설확보
2. 철새관광마을, 관광루트를 통한 방문객 유입 및 특화방안 조성
3. 청년창업을 위한 네트워크 형성 및 지역 상권 컨설팅 운영
4. 주민역량강화 및 주민복지, 일자리 확보를 위한 프로그램 운영

• **주요사업**

마중물사업: 개방형 공영주차장 조성사업 등 24건/200억 원

부처협업사업: 물순환 선도도시 조성사업 등 4건/482.7억 원

지자체사업: 무거천 경관 특화사업 등 4건/75.1억 원

민간(공기업)투자사업: 2억 원

• **단위사업**

주거복지 실현: 기능복합형 공영주차장, 순환형 공공임대주택, 대학생 임대기숙사 등

도시경쟁력 향상: 철새도래지 거리, 안전한 와와로, 마을골목정원, 우리동네만들기 등

일자리 창출: 스타트업 창의차고(창업공간), 청년창업교육, 마을기업 육성, 공예품 개발

사회통합: 현장지원센터, 와와 커뮤니티하우스, 주민대학, 철새이야기꾼 양성 등

• **기대효과**

1. 공공임대주택(22호), 그린빌리지 조성 등 주거환경 개선
2. 주차장(369면), 공원 및 커뮤니티공간(1,110㎡) 조성 등 가로환경 개선
3. 일자리 35명 창출, 마을기업 육성 등 자생적 선순환 구조 마련

대구 서구-원(阮)하는 대(垈)로 동(洞)네 만들기

• **사업개요**

위치: 대구 서구 원대동 587번지 일원 (49,750㎡)

사업비: 107억 원('18–'20)

유형: 광역 선정 우리동네살리기

• **사업배경**

주거매력도의 저하로 인구유출 및 고령화가 심각하나 고택 등의 지역자산이 풍부

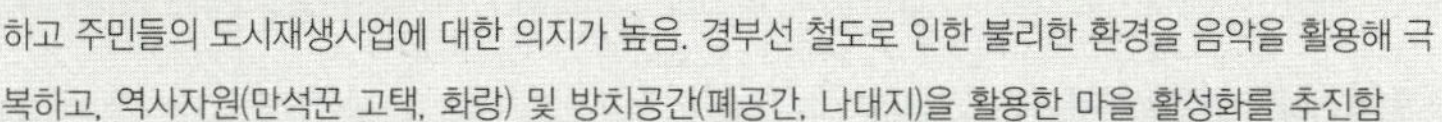

하고 주민들의 도시재생사업에 대한 의지가 높음. 경부선 철도로 인한 불리한 환경을 음악을 활용해 극복하고, 역사자원(만석꾼 고택, 화랑) 및 방치공간(폐공간, 나대지)을 활용한 마을 활성화를 추진함

• **추진전략**

1. 청년음악예술가, 신혼부부 유입으로 활기찬 동네 만들기
2. 지역 역사문화콘텐츠를 활용한 마을브랜드를 형성해 자부심 있는 동네 만들기
3. 쾌적하지 못한 거주환경을 개선해 머물고 싶은 동네 만들기

• **주요사업**

마중물사업: 사운드 레지던시 조성사업 등 14건/160억 원

공기업(민간)참여사업: 행복주택 건설사업 등 2건/31억 원

• **단위사업**

신나게 만들기(사운드 레지던시 조성사업): 청년음악예술가 임대주택 및 마을광장 조성, 파크렛, 야간 경관 및 사운드 상징조형물 설치

스스로 만들기(만석꾼 고택 상징경관 조성사업): 만석꾼 건축물 리모델링 및 진입로 정비사업, 커뮤니티센터 조성사업, DIY 주민공방사업

통하게 만들기(노인안전마을 환경개선사업): 주거 및 보행환경개선, 노인정, 주민공동관리소 설치(폐공간 활용), 행복주택 조성사업

• **기대효과**

1. 주거복지 실현: 행복임대주택 1호, 청년음악예술가 임대주택 30호, 주택정비 20호, DIY가구공방 6개소, 노인정 및 주민공동관리소, 커뮤니티센터 등 건립, 1,168m 보행환경개선
2. 도시경쟁력 강화: 청년층(음악예술가)을 포함한 40세대 유입 및 음악 관련업체 10여 호 입점
3. 일자리 창출: 음악스튜디오(교습소), 한옥스테이, 커뮤니티센터, DIY주민공방, 카페 관리 운영 등을 통한 사회적 경제 활성화로 지역주민 80여 명 고용

▎부산 사하구-고지대 생활환경개선 안녕한 천마마을

• **사업개요**

위치: 부산시 사하구 감천2동 13-1113번지 일원(112,000㎡)

사업비: 330억 원('18-'21)

유형: 광역 선정 주거지지원형

• **사업배경**

고지대 급경사지에 위치해 도시기반시설이 열악하고 내부 횡단도로가 없어 주민불편이 가중되는 등 자생력이 상실된 급경사 낙후 주거지역에 편의시설, 특화형 스마트시티 도입, 공공주택 건설로 고지대 생활환경을 개선하고 젊은 인재유입과 일자리 창출로 마을 자생력을 향상하고자 함

• **추진전략**

1. 소외지역의 삶의 질 향상 및 지역공동체 활성화를 통한 더불어 살기
2. 고지대 이동 편리성 제고 및 편의시설 확충을 통한 편하게 살기
3. 노후불량주거지 방재안전 인프라 확충을 통한 안전하게 살기

• **주요사업**

마중물사업: 공공임대주택, 생활안전가로 확충, 옥천하늘길 조성 및 계단길 정비, 스마트시티 조성 등 16건/250억 원

지자체사업: 주차장 및 전망대 조성 등 2건/61.6억 원

공기업참여: 전기차 충전소 인프라 구축 및 AMI(지능형환경) 구축 등 2건/102.9억 원

• **단위사업**

더불어 살기: 마을정비형 공공주택 60호, 마을텃밭, 천마 테마공간 조성 등

편하게 살기: 경사형 엘리베이터 235m, 순환형 임대주택 20호, 주민체육공원 등

안전하게 살기: 생활소방도로 700m 확충, 지역특화형 스마트 도시재생 등

공동체 활성화: 독거노인 나눔행사, 천마 하늘마켓, 주민해설사 양성, 천연허브교실 등

• **기대효과**

1. 일자리 창출 약 45명+α, 인구증대 총 150명, 마을소득 증대 2,476만 원/년
2. 스마트시티 4인 기준 70세대 에너지 공급 가능

▌인천 동구-다시, 꽃을 피우는 화수 정원마을

• 사업개요

위치: 인천시 동구 화수2동 7-36번지 (21,277㎡)

사업비: 193억 원('18-'20)

유형: 광역 선정 우리동네살리기

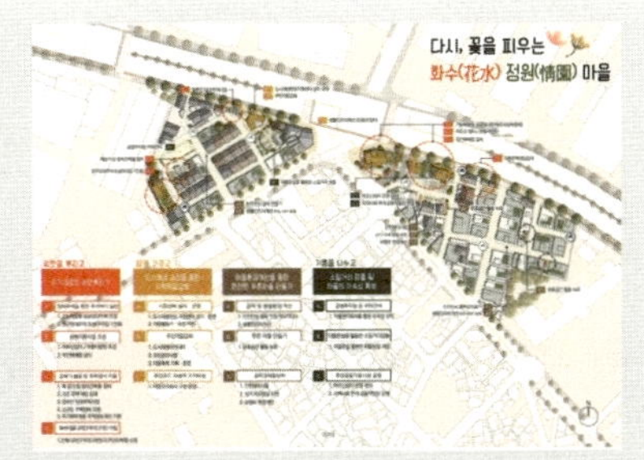

• 사업배경

개항 이후 항만부두 배후 주거지이자 근대산업의 산실이었으나 주변지역 개발에 따른 원도심 인구유출 및 고령화가 심각함. 사업대상지 내 국공유지(49.9%) 비율이 높아 주변 재개발에서 제외됐으나 화도진 등 역사문화자산의 잠재력을 보유하고 있는 화수동 지역을 대상으로 공기업 선투자 등 앵커사업을 통해 주거재생기반을 마련하고 지역역량강화, 자생적 조직 육성 및 일자리 창출을 통해 마을의 지속가능성을 확보하고자 함

• 추진전략

1. 주거재생의 씨뿌리기: 주거재생 기반의 마련
2. 도시재생과정을 통한 지역역량의 강화
3. 마을환경 개선을 통한 안전한 푸른마을만들기
4. 일거리 창출 및 마을지속성 확보

• 주요사업

마중물사업: 기능복합형 공공임대주택 등 9건/55.4억 원

부처협업사업: 분리배출 취약지역 배출환경 개선사업 등 5건/35억 원

지자체사업: 공공임대주택 건설(우리집1만호) 등 6건/40.8억 원

공기업(민간)투자사업: 돋움터 프로젝트 등 7건/61억 원

• 단위사업

씨앗을 뿌리고: 공공임대주택, 공공이용시설(쉼터, 사랑방, 무인택배함), 공폐가 정비

함께 가꾸고: 마을활동가 육성, 주민역량 강화를 통한 마을관리회사 조직 및 골목, 상가 정비, 유휴공간 녹화 등 생활인프라 개선

기쁨을 나누고: 공영주차장, 마을온실, 공동작업장 등 주민공동시설 조성 및 운영

• 기대효과

1. 생활환경개선: 공폐가 활용 주자창, 공동이용시설, 임대주택(78호) 공급 및 리모델링 등
2. 일자리 창출: 건설단계 252명, 운영관리단계 25명
3. 도시경쟁력 확보: 마을관리회사 운영

3. 도시재생뉴딜 주거재생사업의 진단

1) 획일화된 단위사업의 반복

도시재생은 주민 삶의 질적 향상을 최우선 목적으로 하는 사업이며 따라서 주민의 삶의 필요를 채우기 위해서는 계획의 수립부터 실행까지 오랜 시간에 걸쳐 공공이 주민의 의견을 수렴하고 설득해나가며 추진해나가야 하는 사업이다. 그런데 그동안 도시재생사업은 선정 후 활성화계획의 수립과 제출까지의 기간이 불과 몇 개월에 지나지 않는 촉박한 일정으로 진행됐다. 이러한 일정에서는 계획 수립부터 주민이 참여한다는 이야기는 무색해지며, 전문가 몇 명과 용역업체가 작성한 활성화계획에 의존할 수밖에 없다. 즉, 주어진 한두 달의 기간으로는 지자체가 지역의 문제점을 파악하고, 강점을 찾는 것은 물론 주민이 필요로 하는 생활밀착형 사업을 발굴하는 것이 불가능하며, 도시재생사업으로 인해 발생될 문제를 미리 예측하고 대비하는 것은 더더욱 불가능하다. 이와 같이 도시재생사업의 진행과정에서 노출되는 행정의 조급성으로 어쩔 수 없이 지자체는 졸속의 사업계획서를 작성하게 되고, 당장의 선정을 위해 흔히 성공사례, 선진사례라고 일컫는 타 지자체의 사업모델들을 따라하거나 국비지원에 유리하다고 판단되는 사업들을 물색해 서둘러 사업계획을 작성하게 된다. 도시재생사업의 공모와 관련한 이러한 관행으로 기존의 도시재생사업들은 지역의 이름을 밝히지 않으면 그 차이를 알 수 없을 만큼 하나같이 천편일률적이었다는 비판을 받아왔다.

따라서 이번 도시재생뉴딜에서는 지자체가 사업을 구상할 때 활용할 수 있는 개별 단위사업 모델들을 57개에 걸쳐 제시했고, 이를 참고로 지역 실정에 맞고 지역의 강점을 살릴 수 있는 사업계획들을 마련할 수 있도록 했다. 그런데 사회통합, 주거복지 실현, 일자리 창출, 도시경쟁력 회복의 측면에서 도시재생뉴딜이 제시하는 57개의 개별 단위사업들 중 주거복지 실현과 관련한 개별 단위사업들을 보면, 대부분 주택을 공급하거나 정비하고, 도로, 공원 · 녹지 하수도와 같은 기반시설과 공영주차장 등의 소규모 생활인프라를 건설하고, 주민공동이용시설 등의 거점공간을 조성하는 등 도시재생사업 이전 주거환경정비사업에서도 추진됐던 사업들과 별 다른 차이가 없다는 것을 알 수 있다.

물론 노후주거지의 특성상 지역의 낙후된 주거환경을 개선하기 위해서는 오래된 주택의 정비와 부족한 생활편의시설의 확충이 분명히 필요하고 그렇기 때문에 기존의 주거환경정비사업들이 도시재생사업을 통해 반복되는 것은 당연할 수 있다. 그런데 이러한 단위사업의 결과가 어떻게 주민의 삶의 질과 연계돼 주민이 체감할 수 있는 주거복지로 이어질 수 있을지는 명쾌한 설명이 힘들다. 물론 이러한 사업들이 주민의 주거복지에 기여하지 않는 것은 아니지만 한편으론 이전의 도시재생사업이 마을 담장에 벽화를 그리면서, 공영주차장을 건설하면서, 커뮤니티 거점공간을 조성하면서, 마을박물관을 세우면서 줄곧 주민 삶의 질적 향상을 목적했음에도 도시재생사업이 과연 무엇을 위한 것인지, 누구를 위한 것인지의 반문이 주민들로부터 쉼 없이 제기됐던 사실을 우리는 다시 생각해볼 필요가 있다.

도시재생의 태생에는 재개발 재건축 시대 주거환경정비사업이 사업자체를 목적으로 추구하는 과정에서 각종 사회문제를 발생시켜왔던 것에 대한 반성이 있다. 따라서 이제 도시재생사업은 개별 단위사업들을 목적이 아니라 주민 삶의 질적 향상을 실현하기 위한 '수단'으로 바라보는 시각을 가져야 한다. 그런데 삶의 질과 관련한 어떤 영역을, 어떤 지표를 향상시킬 것인지, 즉 목적에 대한 구체적인 기술 없이 획일적으로 나열되고 있는 현재 도시재생뉴딜 단위사업들의 면면을 살펴보면 이러한 사업들이 그곳에 사는 주민들의 삶의 필요를 채우기 위한 수단이지 목적은 아님을 여전히 간과하고 있다는 우려가 생기게 된다.

도시재생뉴딜은 재생사업이 추진돼도 정작 내 주변은 아무것도 바뀐 것이 없다는, 즉 주민들이 체감할 수 있는 재생이 이뤄지지 않았다는 점에 대한 반성으로 '내 삶을 바꾸는 도시재생뉴딜'을 전면에 내세웠다. 또 이를 위해 기존 도시재생사업의 예산과는 비교도 안 될 규모의 예산 투입 계획[8]을 밝혔고, 특히 주민들이 재생 효과를 빠르게 느낄 수 있도록 전체 사업의 절반 이상을 동네 단위의 주거재생사업으로 추진하고 있다. 하지만 현재 도시재생뉴딜 주거재생사업은 여전히 지역의 침체 혹은 낙후라는 부정적 인식을 해소하기 위해 물리적 환경을 개선하는 사업에 치중하고 있고, 이들 사업 대부분이 '주거복지' 또는 주민 삶의 질적 향상이라는 목적과 관련해 명확한 설득력을 가지지 못한다. 따라서 사업 결과가 어떻게 주민이 체감할 수 있는 주거복지로 이어질 수 있을지는 이전 도시재생

---

8) 전 정부에서는 국토교통부 소관의 국비만 지원하던 방식이었던 반면, 문재인 정부의 도시재생뉴딜사업은 국비지원을 연평균 1,500억 원에서 8,000억 원으로 확대하고, 지방비(연평균 5,000억 원)와 각 부처 사업을 연계해(연 평균 7,000억 원) 도시재생 효과를 극대화할 예정이다.

사업과 마찬가지로 여전히 모호한 상태이며, 이것은 아직까지 우리의 도시재생사업이 주민 삶의 질적 향상 또는 주거복지라는 개념을 너무나 포용적이고 대의적인 명분으로만 이해하는 수준에 머물고 있다고 할 수 있다.

사업만 있고 사람은 없는 도시재생, 사업이 목적이고 사람은 대상화되는 도시재생이라는 비판 역시 같은 맥락에서 살펴보아야 한다. 도시재생을 통해 향상시키고자 하는 삶의 질의 실체에 대한 정책적 합의와 삶의 질적 향상을 위해 내가 살고 있는 동네의 어떠한 분야, 어떠한 영역에서부터 도시재생사업이 접근해나가야 할지에 대한 논의가 지자체와 주민들 간의 소통을 통해 충분히 이루어져야 한다. 또 이를 통한 구체적인 목적의 합의를 통해 가장 효율적인 단위사업들이 지역별로 도출되고 실행돼야 한다. 물론 이러한 과정을 통해 도출된 단위사업도 현재와 마찬가지인 주택공급, 생활인프라 조성, 커뮤니티 공간 조성 등의 사업들로 계획될 수 있다. 하지만 계획 수립단계에서부터 주민과의 소통을 통해 해당 지역 주민의 삶의 질에 대한 논의, 우선시돼야 할 삶의 질의 지표에 대한 합의 등을 이루어내고 이에 근거한 목적과 전망을 가진 사업을 추진한다면 그 성과는 이러한 과정을 거치지 못한 이전 사업과 비교해보았을 때 도시재생뉴딜이 목적으로 하는 주민의 체감도 향상 측면에서 분명 큰 차이를 가질 수밖에 없을 것이다.

2) 인구감소 고령화에 대비한 계획의 부재

우리사회에 파급되고 있는 인구감소 고령화의 영향은 도시개발수요의 정체, 기존 도시 인프라의 미스매치와 유휴화, 증가하는 고령층의 요구에 부합하지 못하는 공간구조나 불편한 도시시설 등 도시정책 측면에서도 다양한 문제점을 일으키고 있다. 또 많은 도시들이 생산가능 인구가 감소하고 경제기반이 취약해지면서 재정 압박과 함께 노후도시공간이 방치된 채 쇠퇴가 심화되고 있고, 인구구조 변화로 인한 기존시설과 도시공간의 저이용 및 경기침체에 따른 상업, 공업시설의 유휴화 양상도 심각하다.

그런데 우리나라는 도시의 쇠퇴라는 개념에 상당한 반감을 갖고 있어 이상적인 도시의 상을 성장일변도의 도시, 인구가 많고 인프라가 풍족한 도시라는 고정된 기준으로 보는 경향이 크다. 따라서 애초의 지향과는 달리 도시재생사업 역시 일단 인구성장을 목표로 과도한 인구 및 세대수를 책정하고 이를 수용할 수 있는 인프라 및 공공시설, 신규주택 등의 개발 용량을 확대해서 개발하는 등 도시정책의 환경변화를 실효성 있게 반영하지 못하고 있다는 평가를 받아왔다. 또 현실적으로는 현재 도시재생의 성과지표가 인구사회, 산업경제, 물리환경의 거시적 지표로 구성된 상황에서 도시재생사업이 각각의 지표 값인 인구증가율, 산업체 수 증가율, 신규주택비율 등을 증가시키는 것에 집중할 수밖에 없었던 것도 이러한 시행착오의 원인을 제공했다고 할 수 있다.

우리보다 앞서 도시재생정책을 펼치기 시작한 유럽과 미국의 경우 이미 2000년대를 전후로 성장에 기반한 도시계획의 한계를 깨닫고 쇠퇴라는 용어를 축소로 대체해 긍정적인 이미지를 불어넣고 있으며, 인구와 경제기반이 줄어드는 도시축소 현상을 하나의 기회로 삼아 쇠퇴해가는 도시를 축소도시로 재구성하는 것을 도시재생의 방향으로 지향하고 있다. 그리고 이러한 방향성의 추구는 실현되지 않을 성장을 목표로 과잉개발하기보다는 인구감소 고령화라는 시대의 변화에 적절하게 대응할 수 있도록 도시정책 전반에 걸쳐 기존 도시공간 구조 및 생활환경을 재구성함으로써 궁극적으로는 도시의 지속가능성을 확보하는 것을 목적으로 한다. 하지만 현재 도시재생뉴딜 주거재생사업은 전국적으로 인구가 감소하고 고령화가 진전되는 인구구조 위기상황에서도 인구유입, 주택공급, 일자리 창출 등을 목적으로 하는 사업 계획들을 밝히고 있다. 거의 모든 지방 중소도시의 인구가 감소하고 있는 시점에서 새로운 인구유입은 결국 다른 도시의 인구유출에 지나지 않고 또, 새로운 인구유입을 전제로 신규주택을 공급하거나, 고령 인구가 대다수인 노후주거지에 새로운 일자리를 창출하겠다는 등의 목표는 여전히 지역의 물리환경, 인구사회, 산업경제 등의 거시적 지표를 성장형 도시의 수준으로 회복시키고자 하는 과거의 방식을 답습하는 것에 지나지 않는다고 할 수 있다.

도시재생뉴딜 주거재생사업이 목적하는 '주민이 계속 살고 싶은 동네'로 재생하는 것은 주민이 살던 곳을 이탈하지 않고 삶의 질에 대한 만족과 보람을 느끼며 계속 거주할 수 있도록 정주성을 향상시킴으로써, 결국 도시의 자생력과 지속가능성을 주민으로부터 확보하는 것을 의미한다. 이를 위해서는 인구가 감소하고 고령화가 심화돼도 주민이 기꺼이 계속 거주할 수 있도록 교통, 의료, 교육시설 등의 사각지대가 발생하지 않게 주거지의 물리적 환경을 정비, 개선해 주민의 정주성을 향상시키고, 증가하는 고령인구에 의한 주거, 여가, 문화, 사회복지의 수요변화에 대응할 수 있는 인프라와 시설이 적절히 공급될 수 있도록 마을을 재구성하는 주거재생사업이 필요하다. 하지만 현재까지의 도시재생사업 특히 주거재생사업의 활성화계획들은 인구감소라든지 고령인구 증가에 대비한 계획이 매우 부족하며 특히 고령인구가 집중돼 있는 쇠퇴도시의 특성을 고려했을 때, 고령자의 계속거주를 지원하는 주거환경, 고령자의 이동권을 보장하는 보행환경 및 교통환경, 고령자의 라이프스타일을 배려한 공공공간 조성 등의 단위사업들은 거의 눈에 띠지 않는다.

도시재생사업의 평균 사업기간이 2~3년에 불과하고, 이마저도 국비지원이 중단되는 사업의 종료 이후에는 도시의 재생, 도시의 지속가능성이 불투명한 상태에서 사업 종료 이후 도시의 지속가능성을 확보하는 것은 주민에 의한 도시의 재생, 즉 도시의 자생이다. 따라서 향후 주민의 대다수를 차지하게 될 고령인구 그리고 점차 고령화될 청장년층이 자신이 살던 곳에서 오랫동안 안전하고 안심하며 계속 거주할 수 있는 주거지재생사업으로서 도시재생뉴딜의 새로운 전략 수립과 사업 모델의 모색이 시급함을 인식할 필요가 있다.

Ⅳ. 고령친화 주거지재생의 이해와 정책 현황

Ⅳ. 고령친화 주거지재생의 이해와 정책 현황

1. 고령친화 주거지재생의 배경과 필요성

1) 에이징인플레이스와 에이징인커뮤니티

1960년대 이래 산업화, 도시화가 진전되면서 사회구조는 크게 변화했고 가족 구조의 기능 또한 많이 바뀌었다. 전통적 농촌사회는 해체돼 갔고, 노인을 부양해왔던 가족은 점차 핵가족화돼갔다. 노인인구의 증가와 함께 가족 돌봄의 전제가 돼온 노인 부양의식이 날로 저하되면서 점차 심각해지는 노인문제를 해결하기 위해 정부는 1970년대 초반부터 노인복지법의 입법화를 추진하기 시작했다. 1981년 노인복지정책에 대한 국가적 의지를 반영한 「노인복지법」이 제정된 이후 가족 대신 '시설요양'이 제도적 해법으로 등장했고, 주택정책 측면에서는 주거복지 향상과 계층 간, 지역 간 주거불평등 해소를 위해 10년 단위로 수립되는 「장기주택종합계획」과 2012년 제정된 「장애인 · 고령자 등 주거약자 지원에 관한 법률」 등을 통해 주거약자, 사회적 취약계층으로서의 노인을 위한 주거정책을 진행해왔다. 그런데 이와 같은 노인주거정책은 상당부분 요양병원과 양로원 등 '복지시설'을 설립하거나, 노인공동생활주택, 노인임대주택 등을 공급해 노인들을 재배치하고 전문적으로 관리하는 것에 치중했다. 하지만 공동생활을 해야 하는 복지시설이나 노인주택은 자신이 살았던 집에서의 자율성이 규칙과 관섭으로 침해되기 쉬웠고, 개인의 자립생활이나 사회적 지지를 보장받기 어려운 한계를 갖고 있었다. 따라서 우리보다 고령사회에 대한 준비가 앞서 있었던 서구 선진국에서는 시설에서의 '관리'가 아닌 자신이 살던 곳에서 '생활'하면서 노후를 보내는 '에이징인플레이스(Aging in Place)' 개념이 노인주거정책의 중요한 키워드로 부상하게 됐다[1].

에이징인플레이스는 자신이 '살던 곳에서 늙어가기'로 해석될 수 있다. 이는 은퇴 후 고령기에 접어들어 건강상태나 경제적 여건이 변화하더라도 시설입소보다는 자신이 살던 장소에서 지속적으로 거주하는 생활방식을 선택하는 것을 의미한다. 최근의 정책과 연구에서는 에이징인플레이스의 개념을 일반적으로 가능한 한 노인이 살아온 지역사회에서 익숙한 사람들과 관계를 맺으면서 계속 살아가는 것으로 정의한다. 이러한 정의는 시간적 개념과 공간적 개념, 그리고 사람 간의 관계의 개념을 포함하고 있는데 시간적 측면은 '가능한 한 오래'라는 범위, 공간적 측면은 '본인이 살던 익숙한 곳'의 범위, 관계적 측면은 '친숙한 관계'의 범위를 의미한다(한국보건사회연구원, 2017). 2000년대부터는 우리나라에서도 자신이 살던 장소에서 계속해서 늙기를 원하는 노인들의 요구를 반영해 보다 보편적이고 포괄적인 범주의 노인들이 평생 살아온 곳에서 계속 거주할

---

1) 1982년의 〈비엔나 국제고령화행동계획(Vienna International Plan of Action on Aging)〉, 1991년 〈노인을 위한 UN원칙(UN Principles for Older Persons)〉 2002년의 〈마드리드 국제고령화행동계획(Madrid International Plan of Action on Aging)〉 등 인구고령화에 대응한 국제적 논의가 진행되면서 노인주거정책의 패러다임에 변화가 나타나기 시작했다. 일련의 논의들은 노인에 대한 직접적 주거지원 뿐 아니라 노인들이 자신이 살던 친숙한 장소에서 계속 살 수 있는 주거환경, 노인들의 참여가 지속돼서 풍부하고 정상적이며 안정된 삶을 누릴 수 있는 지역사회 개념을 제시했고, 이는 곧 '에이징인플레이스(Aging in Place)' 개념으로 발전됐다.

수 있는 에이징인플레이스 정책이 시도됐는데, 에이징인플레이스의 공간적 측면에서의 개념 범위인 '본인이 살던 익숙한 곳' 즉, 장소(place)의 개념이 '집'과 동일하게 간주되는 현상이 나타났다. 이는 에이징인플레이스가 시설요양의 문제점에서 출발한 탓에 개별 주택 중심의 접근이 강했고, 또 우리나라의 노인주거정책이 워낙 시설이나 주택 공급에 집중됐던 까닭에 에이징인플레이스를 지원하는 정책 역시 여전히 주택공급 중심의 정책에 쏠릴 수밖에 없었던 것에도 기인한다(조아라, 2013).

「제2차 장기주택종합계획(2013~2022)」이 고령가구 비중의 증가를 진단하면서 고령자 등을 위한 무장애주택 보급과 재가복지서비스와 주택이 결합된 '서포티징 하우스'의 도입 등을 제시하고 있고, 2016년부터 시행 중인 「제3차 저출산고령사회기본계획」이 '고령친화적 주거 및 사회환경 조성'을 위해 공공임대주택 공급 확대 및 지원, 노후주택 리모델링 임대, 고령자 편의시설 설치 지원, 원스톱 주거지원 안내시스템 구축 등에 제시하고 있는 것은 현재 우리 노인주거정책의 경향을 보여주는 비교적 최근의 사례이다. 이러한 노인주거시설 공급 위주의 정책은 가장 직접적인 노인주거지원 정책이라고 할 수 있으나 이들이 포괄하는 정책 대상이 극히 한정적이기 때문에 초고령사회를 앞둔 우리나라의 노년층 규모와 다양성을 충분히 반영하지 못하는 문제를 갖는다. 특히 대다수의 노년층이 자가 또는 전 · 월세 등의 주거형태에서 삶을 영유하고 있는 점을 고려한다면 주택 개 · 보수 등 몇 가지 정책들을 제외하고는 보편적이고 포괄적인 범주의 노인들이 평생 살아온 곳에서 계속 거주할 수 있는 생활환경 구축을 위한 정책은 여전히 미흡한 실정이라고 할 수 있다(한국보건사회연구원, 2016).

노인들은 기존 삶의 터전인 주거지에서 크게 벗어나려 하지 않는다[2]. 현재의 주거지를 중심으로 수년간 형성된 다양한 주체들과의 사회적 관계를 유지하는 것이 자신의 복지와 생활안정에 도움이 된다고 여기기 때문이다. 따라서 전체 인구에서 차지하는 노인인구 비중이 현저히 증가할 초고령사회를 대비해서는 우리의 노인주거정책이 고령자 대상 시설과 주택을 공급하는 것뿐만 아니라, 보편적이고 포괄적인 노인계층이 오랜 기간 거주해온 주거지에서 지속적이고 안정적인 계속거주가 가능할 수 있는 정책으로 전환될 필요가 있다. 이를 위해서는 우선 지금까지 '집'으로 한정됐던 에이징인플레이스의 공간적 개념을 '주거지'로 확장하고 노년층의 특수성을 반영한 계속거주 주거환경을 조성하는 것으로 노인주거정책의 축을 옮기는 것이 선행돼야 한다. 그런데 에이징인플레이스의 공간적 개념 범위인 '장소'를 집이나 시설이 아닌 '주거지'로 확장시키기 위해서는 지난 2002년 WHO에서 제시한 '활기찬 노년(Active Aging)'이라는 개념에 주목할 필요가 있다. 활기찬 노년은 개별 국제기구마다, 그리고 연구자마다 개념을 정의함에 있어 강조점이 달라 국내에서는 '활기찬 노년' 외에도 '활동적 노화', '적극적 노년', '활기찬 노후', '활력 있는 고령화' 등 다양하게 번역되고 있다(양윤정, 2011). 활기찬 노년은 사람이 나이를 들어가면서도 삶의 질이 높아질 수 있도록 건강, 참여, 안전을 위

---

2) 보건복지부가 발표한 「2017년 노인실태조사」 결과에 따르면 우리나라 노인의 88.6%는 건강할 때에는 현재 집에서 살기를 원하고 있으며, 특히 질병 등으로 거동이 불편해진다고 해도 전체 응답자의 57.6%는 방문진료 등 재가 서비스를 받으면서 현재 살고 있는 곳에서 살기를 희망하는 것으로 나타났다.

한 기회를 최적화하려는 과정이다. 사회의 모든 영역에서 노인을 고립과 의존의 수동적 존재가 아닌 능동적으로 살아가는 존재로서 재발견해, 노인의 신체적 기능의 회복과 사회적 참여활동을 확대하는 능력을 부여하는 것을 강조하는 개념이라고 할 수 있다. 활기찬 노년은 사회보장비용을 감소시키고 삶의 질을 높일 뿐만 아니라, 사회적 지원(social support)에 대한 수요를 충족시키는 데 기여할 수 있다. 예를 들어 노인들은 다양한 자발적 조직(voluntary associations)에 자원봉사로 참여해 핵심적인 역할을 수행할 수 있는데, 자원봉사는 참여하는 노인 자신의 건강과 생활의 질 향상에도 도움이 되지만 사회에 존재하는 여러 요구를 충족시키는 데도 기여할 수 있다(Walker, 2003).

WHO는 활기찬 노년을 뒷받침하는 요소 중 하나로 물리적 환경을 강조한다. 다양한 물리적 제약이 있고 안전하지 못한 환경에서 생활하는 노인은 사회로 나오기 어려워 고립되기 쉽고, 자칫 신체적 손상을 입을 수 있기 때문이다. 활기찬 노년을 위해서는 주택을 포함 지역사회의 물리적 환경을 노인의 활동적인 삶을 보장할 수 있는 안전한 거리환경, 적절한 교통체계, 다양한 커뮤니티 프로그램 등을 통해 고령친화적으로 조성하는 노력이 요구된다. 이를 위해서는 필연적으로 에이징인플레이스의 공간적 개념을 고정된 장소인 주택 중심에서 마을 단위, 근린 단위의 주거지로 확장시키는 사고의 전환이 필요하다. 또 주목해야 할 것은 에이징인플레이스 개념에서 나타나는 '익숙한 사람들과의 관계'라는 관계적 측면에서의 주거환경이다. 에이징인플레이스는 물리적 환경의 익숙함뿐 아니라 사회적 환경에 대한 익숙함의 중요성을 강조한다. 이때 사회적 환경이

그림 4-1 고령화정책 패러다임의 변화

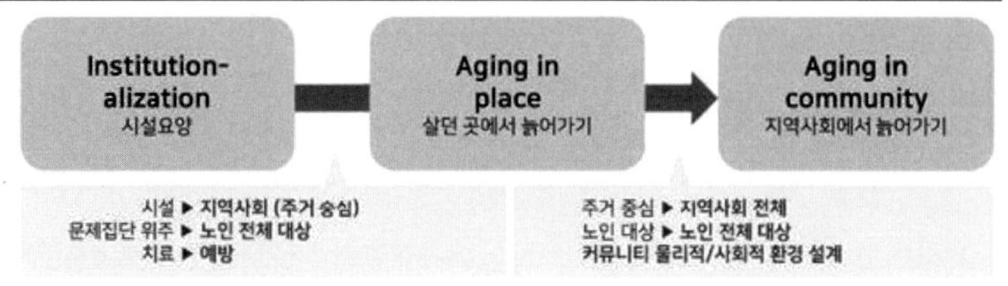

출처 : 안현찬(2017). "고령친화도시개념의 형성과 변화". 『걷고 싶은 도시』 제 90호 pp. 16-23.

란 서로 간에 신뢰가 형성돼 필요할 때 도움이나 서비스를 서로 주고받을 수 있는 친구나 이웃의 존재(Baily, 2007; Gardner, 2011), 이웃과의 네트워크(Oswald, Jopp, Rott, & Wahl, 2010), 도움이 필요할 때 적절한 서비스를 받을 수 있는 지역사회(Ivry, 1995) 등을 의미한다. 이와 관련해 미국 노인학자인 Thomas. W. & Blanchard. M.(2009)은 에이징인플레이스의 초점을 주거에서 사회적 관계로 옮길 것을 제안하면서 이를 에이징인커뮤니티(Aging in community) 즉, '지역사회에서 늙어가기'로 개념화했다. 특히 안현찬(2017)은 '지역사회에서 늙어가기'는 정부와 개인의 경제적 자본과 지역공동체의 사회적 자본을 적절히 혼합해서 활용하고, 실천과정에서 사회적 자본을 쓰기만 하는 게 아니라 생산도 함으로써 경제적 자본의 부족과 격차를 효과적으로 보충할 수 있기 때문에 이 개념이 이전 정책들보다 경제적이고 지속가능하다고 강조했다.

고령친화주거지는 이와 같이 기존의 에이징인플레이스 논의에서 등장했던 '살던 곳'의 개념이 정든 집에서 정든 동네로 확장되고 있는 시점에서 노인이 노후를 보내는 가장 적절하고 바람직한 장소로서 의미를 갖는다. 또 그동안 에이징인플레이스의 실천이 대부분 노인주택 혹은 요양시설 등 개별 건물단위 차원에서 고령친화적인 설계기법을 적용하는 데 집중됐던 한계를 가졌다면, 고령친화주거지는 주거공간뿐 아니라 공공공간, 교통, 건강과 사회서비스, 사회적 관계 프로그램 등 지역사회의 전체적인 구조를 새롭게 설계하는 방식으로 추진됨으로써 우리의 노인주거복지정책이 마을 단위, 근린 단위의 지역사회로 확장되는 에이징인커뮤니티의 실천으로서의 가치를 갖는다.

2) 노인의 삶의 질과 근린환경의 특성

노인이 자신이 살던 지역에서 계속 거주한다는 것은 노인의 삶의 질의 만족도를 높일 수 있는 적절한 거주환경이 조성됐다는 것을 의미한다. 그런데 기존의 노인주거정책은 복지시설과 주택을 얼마만큼 공급할 것인지 총량에 대한 고민이 지배적이었기 때문에, 자신이 살던 지역에 계속 거주하면서 노후를 보낼 수 있는 에이징인플레이스 관점에서 노인주거지는 과연 어떻게 만들 수 있을 것인지에 대한 논의는 미흡했다. 노년기에 접어들면 개인에 대한 주거지의 영향은 더욱 중요해지는데(Lawton, 1975), 그 이유는 첫째, 은퇴와 같은 생애사건을 경험하며 일터에서 보내는 시간이 줄어들고 주거지에 머무는 시간이 더 길어지기 때문이며 둘째, 신체기능이 약화되면서 활동이 주변 환경에 더욱 민감해지기 때문이라고 할 수 있다. 따라서 2000년대 중후반부터 도시계획과 사회복지 분야 등에서는 에이징인플레이스 관점의 노인주거지를 실현하기 위해서는 생애주기의 변화에 따라 노년기에 예측할 수 있는 활동범위의 감소, 신체적 · 인지적 건강 약화, 사회적 지지 감소 등을 고려한 새로운 주거지 계획이 필요함을 인식하고, 노인의 신체적 활동, 건강, 대인관계 등에 중요한 영향을 미치는 주거지의 다양한 환경요소와 영향관계를 특히 근린환경의 범주에서 밝혀냈다.

노인의 삶의 질에 영향을 미치는 물리적, 사회적 환경요소 연구에서 근린환경이 부각되고 있는 것은 직장에서의 은퇴로 노인은 집밖 외출이 줄고 신체기능 또한 약화되면서 자신이 활동할 수 있는 물리적 영역 또한 축소돼 근린환경에 국한된 생활에 의존하는 정도가 상대적으로 높아지기 때문이다. 또 집에서 걸어서 10분 정도의 거리가 독립적으로 활동할 수 있는 영역적 범위의 전부라고 인식할 만큼 이동성이 현저히 떨어지는 노인에게 근린환경은 물리적 영역의 의미일 뿐 아니라 소속감과 애착을 느끼며 삶의 만족감을 갖게 하는 정서적이며 사회적인 영역이라고 할 수 있다(이정남, 2008). 이밖에 근린환경은 고령자의 개인생활의 근거지이자 사회생활의 토대가 되며, 고령자의 심리적, 사회적 복지를 증진시킬 뿐만 아니라 그들의 생활을 확장시키고 건강을 증진시킨다(Carp, 1977). 김용진 · 안건혁(2011)의 연구는 근린의 보행환경이 양호한 곳에서 노인들의 경로당 및 복지관 이용과 같은 사회활동이 장려됐으며, 운동 및 취미생활 활동은 노인들의 신체건강과 정신건강 모두를 제고하는 것을 밝혀내었다. 이유진 · 김의준(2015)은 의료시설 접근성과 대중교통 접근성이 농촌과 도시에 거주하는 노인의 주관적 건강상태에 미치는 영향을 분석했고, 김동배 · 유병선(2013)의 연구는 노인 스스로 근린환경이 열악하다고 인식하는 경우 더 높은 수준의 우울 증세를 나타내고 있음을 밝혀내었다.

이와 같이 근린의 물리적 환경 정도가 노인의 정신적, 신체적 건강에 통계적으로 유의미한 영향을 미치는 것을 입증한 연구들과 함께 복지정책 차원에서도 근린환경의 중요성을 강조한 연구가 진행됐다. 이민아(2000)의 연구에서는 건강한 노년생활을 가능하게 하는 근린시설로서 목욕탕, 노인정, 정류장, 상가시설 등이, 서기영 · 이진혁(2002)의 연구에서는 병원, 약국, 정류장, 경로당, 공원과 같은 사교적인 모임 장소가 조사됐다. 일련의 연구결과들은 고령층으로 갈수록 생활반경이 좁아지는 노인들에게 교통, 상점, 공원, 도로 등 근린의 물리적 환경이 접근성이 높고 적절한 편의를 제공할 때, 신체적, 사회적 활동을 촉진시키고 결과적으로 신체적 건강뿐 아니라 정신적 건강을 모두 증진시키는 효과가 있음을 밝히고 있다.

또, 자녀의 노부모 부양의 책임이 약화되고 노인 스스로 자신의 인생을 책임져야 한다는 인식이 증가하고 있는 현실에서 성공적인 노후생활을 위해서 건강한 몸과 마음을 바탕으로 독립적으로 생활할 수 있는 능력 또한 중요해지고 있다. 신체적 건강능력에 기반해 타인에게 의존하지 않고 스스로 일상생활을 수행할 수 있는 능력은 기본적으로 스스로 자신을 돌보고, 도구를 사용하거나 어려운 동작을 하는 것을 포함해 매일을 살아가는 데 필요한 기능적인 수행을 통해 기초적인 일상생활을 유지할 수 있는 능력 정도를 말한다.(Mahoney & Bathel, 1965) 이를 측정하는 도구로는 일상생활능력(ADL; Activities of Daily Living)과 수단적 일상생활능력(IADL; Instrumental Activities of Daily Living)이 활용된다. 그런데 일상생활능력은 걷기, 목욕하기 등 주로 신체적 동작을 측정하는 것이기

표 4-1 노인의 일상생활능력(ADL)과 수단적 일상생활능력(IADL)

구분	내용
일상생활능력 ADL (Activities of Daily Living)	옷 갈아입기, 세수, 양치질 및 머리감기, 목욕하기, 식사하기, 이동하기 등의 기본적인 신체적 자립능력을 의미함(Katz and Akpom, 1987) K-ADL(2001)에서는 식사하기, 화장실 사용하기, 이동하기, 옷입기, 세수하기, 목욕하기, 대소변 조절하기 등의 7개 항목에 대한 능력을 측정함
수단적 일상생활능력 IADL (Instrumental Activities of Daily Living)	일상용품 사러가기, 근거리 외출하기, 장거리 외출하기 등의 신체적 자립능력보다 상위 수준의 일상생활 능력을 의미함(Lawton and Brody, 1969) K-ADL(2001)에서는 몸단장하기, 집안일하기, 식사 준비하기, 빨래하기, 물건사기(쇼핑), 금전 관리하기, 전화사용하기, 약 챙겨먹기, 근거리 외출하기, 원거리 외출하기(교통수단 이용하기) 등의 10개 항목에 대한 능력을 측정함

출처 : 김용진(2012), "도시노인의 삶의 질 증진을 위한 근린환경요소-자립적 생활능력과 사회적 지지를 중심으로", 서울대학교 대학원 박사학위논문.

때문에 노인의 자립에는 식사준비, 가사, 쇼핑 등 복잡한 능력을 측정하는 수단적 일상생활수행능력이 더 큰 영향을 미치게 된다(김주현 · 박연환 · 김희자, 2001). 따라서 다수의 연구들은 근린환경의 계획을 통해 노인의 수단적 일상생활능력을 증진시키기 위한 방안을 논의하고 있다. 특히 김용진(2012)의 연구는 근린의 보행환경, 대중교통환경, 상업환경 등에서 이루어지는 쇼핑, 외출, 대중교통 이용, 은행 업무 등 다양한 일상 활동이 노인의 자립적 생활능력을 증진시키는 데 영향관계가 있음을 밝혔다.

한편, 노년기에는 은퇴 후 경제적 결핍과 함께 사회적 역할상실 및 배우자를 비롯한 의미 있는 타인과의 사별로 고독, 상실 등의 부정적 감정을 경험하게 되고, 심신의 기능 저하로 건강문제를 초래하는 등 전반적인 삶의 만족도가 저하된다. 이 시기 노인의 사회적 관계망과 이를 통해 부여되는 사회적 지지는 심리적 안녕과 삶의 만족도를 제고시킬 뿐 아니라 활기찬 노년을 지향하며 인간의 존엄성을 유지하는 가운데 주체적 노년의 삶을 영위할 수 있는 토대로서 의미가 있다.

그동안 사회적 관계망과 사회적 지지가 노인의 건강에 미치는 영향에 초점을 둔 연구는 주로 사회복지와 보건 분야에서 활발하게 이루어졌다. 최은정(2000)은 노인의 사회적 관계망과 사회적 지지가 신체건강과 정신건강에 미치는 영향을 분석한 결과 친구 수가 많을수록 신체적 건강에 긍정적인 영향을 미치며, 가까운 친구와의 빈번한 전화연락이 정신건강에 긍정적인 영향을 미치는 것을 밝혀냈다. 또 사회적 지지에서는 정서적 지원이 노인의 정신건강에 긍정적인 영향을 미치는 것으로 나타나, 노년기에는 자녀나 친척보다는 친구와의 관계가 정신건강에 상당한 영향을 끼칠 수 있음을 보여줬다. 특히 Berkman(1995)과 Seeman(1996)의 연구는 사회적 관계망과 사회적 지지가 정신건강뿐만 아니라 심근경색과 같은 신체건강에도 영향을 줄 수 있다는 실증분석 결과를 보여줬다. 반면 도시건축 분야에서 근린환경과 노인의 사회적 관계망, 사회적 지지와의 관계에 대한 연구는 최근에서야 이루어지고 있기 때문에 많은 연구가 진행되진 않았다. 하지만 과거 가족에서 얻던 사회적 지지가 약화되고 은퇴 등으로 사회 활동의 장이 줄어든 노인들의 경우에는 근린에서 얻는 사회적 지지의 중요성이 크다는 인식이 점차 확대되고 있다. 김아름(2015)의 연구는 노인의 사회적 관계망이 공원, 광장, 커뮤니티센터, 노인정, 북 카페와 같은 근린의 물리적 환경에 따라 달라진다는 점을 제시해 노인들이 보다 건강하고 성공적인 노년기를 보낼 수 있는 사회적 활동과 사회적관계망 형성을 지원하는 근린환경의 조성을 강조했다. 김용진(2016)의 연구는 노인들의 사회적 활동이 사회적관계망의 구조적 특성에 미치는 영향을 분석해 경로당과 복지관의 이용이 노인들에게 더 많은 사회적 모임을 장려함으로써 사회적관계망 형성에 긍정적 영향을 미치고 있음을 밝혀냈다.

이제 우리는 선행연구들이 규명한 근린환경과 노인의 삶의 질의 영향관계를 통해 근린환경 내에서의 일상 활동과 사회적 접촉, 그리고 그 안에서 형성되는 사회적 관계망에 따라 노인의 건강이 달라질 수 있을 것을 예측할 수 있다. 노인이 자신이 살고 있는 주거지에서 건강하고 독립적으로 생활하는 것은 개인 차원의 삶의 질의 문제일 뿐 아니라 사회적으로도 중요한 문제이다. 노인들의 삶의 질 저하는 사회적, 경제적 손실로 이어질 수 있기 때문이다. 따라서 노인의 건강, 자립적 생활능력, 사회적 관계망 형성을 제고할 수 있는 근린환경, 보행환경, 대중교통환경, 노인시설환경 등 노인의 일상적, 사회적 활동이 장려되고 활기찬 노년을 장려할 수 있는 고령친화주거지를 조성하는 것은 향후 고령사회에서 발생할 수 있는 노인문제에 대한 국가적 대응 차원에서도 매우 중요한 과제이다.

3) 노후주거지 고령거주자의 삶

기존의 물리적 정비 위주의 도시정책이 한계에 다다르자 삶의 질 향상과 함께 도시의 사회적, 환경적, 경제적 차원의 재활성화를 위한 도시재생으로 도시계획의 패러다임은 변화했고, 전국의 쇠퇴지역을 중심으로 도시재생사업, 새뜰마을사업[3], 도시활력증진지역 개발사업 등 재생관련 국가지원사업이 확산되고 있다. 이러한 사업들이 추진되는 지역의 특징 중 하나는 청년인구의 유출로 65세 이상의 노인인구 비율이 빠르게 증가하고 있다는 것이다. 우리나라의 고령인구는 신시가지보다는 노후화된 주택이 많고 주거환경이 열악하지만 오랜 시간 공동체가 유지되고 있는 구도심지역에 거주하는 경우가 많다. 이 중 저층 단독주택지에 해당하는 노후주거지는 거주인구의 고령화뿐만 아니라 빈집의 증가, 주거환경의 악화 등으로 사회적 문제가 되고 있다. 그러나 그동안 우리나라의 고령인구에 대한 주거정책은 주로 주거약자로서 취약계층 노인들을 위한 주거시설, 복지시설 공급과 재정 지원에 치우쳐왔기에, 노후주거지의 고령거주자의 삶의 질을 고려한 주거지 차원에서의 대응은 미흡했다.

노인이 자신의 삶과 사회적관계가 지속된 장소에서 노화를 준비하는 것은 삶의 질을 결정하는 매우 중요한 요소로서 이때 내가 사는 동네는 가족, 추억, 위안, 보호 및 생의 역사를 비롯한 많은 의미가 담겨있는 장소이다. 하지만 고령기가 되면 안전하고 독립적이며 편안하게 생활할 수 있는 주거환경과 서비스가 제공돼야 하는 것도 노후를 보낼 수 있는 주거지의 필수적인 조건이 된다. 따라서 고령화 비율이 높은 노후주거지의 도시재생사업은 낙후된 물리적 · 사회적 여건을 변화시켜 주민의 다수를

3) 새뜰마을사업은 저소득층이 밀집한 주거취약지역을 대상으로 2015년도부터 지역발전위원회, 국토교통부, 농림부가 함께 추진하는 신규 사업이다. 재해위험, 위생환경, 주택상태 등 생활환경이 매우 취약한 지역의 열악한 기초생활인프라 정비 및 노후불량한 주택환경을 개선하고, 지역주민들의 능동적 참여를 바탕으로 일자리복지 등 마을공동체 활성화를 도모해 지역의 지속가능한 활력 창출 및 삶의 질 향상을 목표로 추진한다.

차지하는 고령자들이 지역에서 계속 살아갈 수 있는 근린환경으로 조성하는 것이 당면과제이지만, 현재 도시재생사업은 고령거주자의 삶의 질에 대한 이해가 높지 않은 것으로 나타나고 있다.

최근 서울의 주거지재생사업의 성과를 고령거주자의 관점에서 평가한 연구(김아름, 구자훈, 이주림, 2013; 김아름, 구자훈, 2014)에서는 고령거주자가 생각하는 주거지 정비요소의 중요도에서 보행환경 개선이 주택개량지원보다 높게 나타났으며, 중점적으로 개선돼야 한다고 생각하는 요소 역시 보행환경과 공공공간의 조성이 주택개량지원보다 우선으로 지적되고 있다. 이러한 연구결과는 특정 사업지에 한정된 조사결과라 성급히 일반화시킬 수 없지만 현재의 도시재생사업이 고령자의 주택 개량이나 개조를 통해 고령자가 생활하기에 적합한 주택을 공급하는 것에만 치중하고 있는 경향을 보여준다. 뿐만 아니라 공원 접근성과 같은 보행환경이 우수할수록 정신건강이 높고(김은정, 강민규, 2011), 보행활동에 따라 우울 수준의 차이가 나타나며 보행편의성이 남성 노인의 우울증상을 낮추는 것을 입증한 연구들(Berke, Gottlieb, Moudon, & Larson, 2007)은 노후주거지 재생사업에서 노후화된 주택개량 못지않게 노인이 안전하게 이용할 수 있는 보행환경 조성이 노인의 삶에 중요한 영향을 미칠 수 있음을 시사하고 있다.

물론 노후주거지를 재생하는 과정에서 거동이 불편한 노인을 위해 양질의 주택을 공급하는 것은 마땅한 일이나 집에서 혼자 무료하게 지내는 일상이 반복되다 보면 노인은 정신적 · 신체적으로 더 피폐해질 수밖에 없다. 특히 노인은 약화된 신체능력으로 이동성이 제약되기 때문에 활동

표 4-2 일주일간의 지역 내 평균 외출 횟수

(단위: %)

분류		매일	주 5~6회	주 3~4회	주 1~2회	거의 없음	무응답	주 3~4회 이하
일반인		32.5	46.7	17.5	3.3	0	0	20.8
고령자		13.9	37.5	42.2	6.4	0	0	48.6
장애인		32	40.7	19.1	7.1	0.3	0.8	26.5
장애인 특성별	지체 장애인	22.7	45.8	21.6	8.7	0	1.1	30.3
	시각 장애인	55.6	27.8	13	3.7	0	0	16.7
	청각 장애인	56.3	27.1	12.5	2.1	2.1	0	16.7
임산부		3.9	30	58.3	7.8	0	0	66.1
전체		24.5	41	28.7	5.5	0.1	0.2	34.3

자료: 국토교통부(2018), 『2017년 교통약자 이동편의 실태조사』

의 대부분이 보행의 행태로 나타나는데, 근린의 물리적 제약으로 걷는 것이 어려워지면 외부활동이 줄고 다양한 신체활동, 여가활동, 사회적 활동 또한 줄어들어 전체적인 삶의 질 또한 저하된다. 국토교통부가 2018년에 발표한 '2017년 교통약자 이동편의 실태조사'에 따르면 주(週)당 지역 내(동일 시 · 도) 평균 외출 횟수가 4회 이하인 만 65세 이상 고령자 비중은 48.6%로 나타났다. 주 1~2회 외출한다는 고령자도 6.4%에 달했다. 거꾸로 얘기하면 1주일에 3일 이상 바깥에 나가지 않는 고령자가 48.6%에 달한다는 것이다. 이러한 실태에서 노인이 집 안에만 갇혀있지 않고 자신이 살고 있는 동네 곳곳을 활보하며 익숙한 곳에서 익숙한 이웃과 사회적 유대를 지속할 수 있는 에이징인커뮤니티의 개념이 우리의 노후주거지 재생사업에서는 과연 어느 정도 적용되고 있는지 의문을 가질 수밖에 없다.

또, 교통, 상점, 공원, 도로 등과 같은 근린환경의 접근성이 떨어지고, 이로부터 적절한 편의를 제공받지 못할 때도 역시 노인의 삶의 질은 떨어지게 된다. 2017년 통계청의 「인구주택총조사 표본집계」에 따르면 '장보기나 병원 가기 등 기본적인 외부활동이 힘들다'고 대답한 인구는 2015년 기준 135만 3천 명으로 2010년 72만 6천 명에 비해 1.9배가 증가한 것으로 나타났고, 이들 중 78%는 60세 이상의 고령자였다. 특히 농어촌 지역에서는 의료기관이나 소매점의 수가 더욱 감소하고 있어 전통시장이 있는 행정구역은 2010년 1,855곳에서 2015년 1,131곳으로 줄었고, 병원의 경우도 일반 병원에 10분 안에 갈 수 있는 마을이 5년 사이 700여 곳이 감소했다. 이러한 마을에 사는 노인은 누가 대신 장을 보거나, 병원에 데려가 주기도 힘든 상황에 처해 있다는 것을 알 수 있다.

근린의 물리적 제약이 일으키는 이 같은 문제들은 노인들이 이용하는 각종 서비스 시설들을 보행거리 내에 구비하는 것이 노인의 일상적 신체활동의 증진뿐 아니라 생활의 질적 수준을 향상시키고 사회적 고립상태에서 탈피하게 하는 중요한 역할을 한다는 것을 보여준다. 따라서 고령거주자 비율이 높은 기성시가지에서 추진되고 있는 도시재생사업은 도보권 반경 내에 노인의 이동성을 높이는 보행 기반시설 공급, 노인의 외출을 위한 교통 접근성 향상, 고령자의 사회참여를 유도하고 사회적 유대감을 형성하는 물리적 환경의 조성 등 고령자의 건강한 삶을 위한 고령친화적 공공서비스 기반을 구축하는 것에 중점을 두어야 한다.

2. 국내 고령친화환경정책 현황과 한계

1) 「저출산고령사회기본계획」과 고령친화환경

합계출산율이 1.08명을 기록한 2005년, 정부는 저출산에 대한 공식적인 대응으로 「저출산고령사회기본법」을 제정하고, '저출산고령사회위원회'를 출범시켰다. 「저출산고령사회기본법」은 저출산과 인구고령화라는 사회변화에 대응하기 위한 청사진을 작성하고 이를 토대로 5년마다 중장기계획을 수립해 추진토록 하고 있고, 이 법에 따라 저출산고령사회에 대응하는 전반적 사회경제구조 개혁과 지속발전 가능한 사회의 실현을 위한 단계적, 전략적 목표와 계획이 수립, 추진되고 있다, 2006년 '제1차 저출산고령사회기본계획'이 수립된 이후 현재는 2016년부터 시작된 '제3차 저출산고령사회기본계획'이 추진 중이다.

제1차에서 3차에 이르기까지 「저출산고령사회기본계획」의 추진목표와 전략에서 다루고 있는 고령사회 대책분야의 주요 내용은 '노후소득보장', '건강보장', '사회참여 지원', '고령친화환경 조성'의 네 가지 영역으로 구분할 수 있다[4]. 이 중 고령친화환경정책과 관련이 있는 내용을 살펴보

4) '제3차 저출산고령사회기본계획'에서 '노후소득보장'이 '노후소득보장 강화'로, '건강보장', '사회참여 지원'과 '고령 친화 환경 조성'이 '활기차고 안전한 노후 실현'으로 통합됐지만, 추진과제의 주요 내용은 제1차, 제2차와 같은 영역 기준으로 구분할 수 있다.

표 4-3 고령사회 대책분야 중 고령친화환경정책 주요 내용

영역	제1차(2006~2010)	제2차(2011~2015)	제3차(2016~2020)
고령친화 환경조성	(주거)고령자용 국민임대주택 단계적 확대	(주거)고령자용 임대주택 지속 공급,농촌 건강장수 마을 조성	(주거)고령자를 위한 임대주택 공급 확대, 고령자가 안전하고 편리하게 살기 위한 주거 여건 마련, 원스톱 주거 지원 안내 시스템 구축
	(노인권익)독거노인 생활관리사 파견, 노인학대 예방 활동 강화	(노인권익)독거노인 보호 강화, 노인학대 예방 인프라 구축, 효행 장려 여건 마련	(노인권익 및 세대 통합) 노인학대 예방 체계 강화, 효행 장려 풍토 조성 및 확산, 세대 간 이해 증진 기회 확대
	(교통)노인보호구역 도입, 지하철역 엘리베이터 및 에스컬레이터 지속 설치	(교통)저상버스 보급 확대, 교통약자의 이동 편의 증진	(교통)고령운전자 안전관리 강화, 고령 보행자 교통사고 감소

자료: 변수정 · 황남희(2018). 저출산고령사회기본계획의 주요내용과 향후과제". 『보건복지포럼』. pp. 41-61.

면, 제1차와 2차의 '고령친화환경 조성' 영역에서 주거 부문에서는 고령자용 임대주택의 지속 공급, 농촌 건강장수마을의 조성, 교통 부문에서는 노인보호구역 도입, 저상버스 보급 확대와 같은 물리적 환경을 개선하는 정책과 노인 권익신장(독거노인 보호 강화, 노인학대 예방, 효행장려 여건 마련) 등 사회문화적 환경을 개선하는 정책을 실시했다. 제3차에서는 고령친화환경 조성을 위해 주거 부문에서는 고령자를 위한 임대주택 공급 확대, 고령자가 안전하고 편리하게 살기 위한 주거여건 마련, 원스톱 주거 지원 안내 시스템 구축 등의 내용을 담고 있다. 또 노인 권익 및 세대 통합 부문에서는 노인학대 예방체계 강화, 세대 간 이해 증진 기회 확대, 효행장려 풍토 조성 및 확산 등을 추진하고, 교통 부문에서는 고령 운전자

안전관리 강화, 고령 보행자 교통사고 감소 등의 내용을 포함하고 있다.

즉, 현재 「저출산고령사회기본계획」 상의 고령친화환경정책은 주로 노인이 지역사회에서 편안하게 살 수 있는 주택을 공급하고, 교통인프라를 개선하는 것, 노인의 권익이 보장되고 노인이 사회의 구성원으로서 존중받는 사회적 환경 정책에 집중하고 있다. 특히 주거 및 교통 분야에 관심이 증가하고 있는 배경에는 사람이 일상생활을 유지하는 데 가장 기본적인 욕구와 밀접하게 관련된 것이 주거와 교통이고, 고령인구의 경우 안전하고 편리한 주거환경과 이동권 보장이 전제돼야 노후의 삶의 질 향상을 기대할 수 있다는 인식이 자리하고 있다(황남희, 2014).

그러나 노후의 삶의 질과 갖는 관련성을 고려했을 때, 고령친화환경은 주거, 교통 등 지역사회의 물리적 환경뿐 아니라 노년기를 활기차게 보낼 수 있는 사회적 여건의 조성도 필요하다. 물론 「저출산고령사회기본계획」은 이미 노인복지관, 경로당 등 노인여가시설의 양적 확충, 고령자 대상 여가문화프로그램의 활성화, 노인욕구에 맞는 맞춤형 일자리 발굴과 사회공헌형 일자리사업 등 다양한 욕구 충족을 통해 노후의 삶의 질이 담보되는 사회적 여건 조성을 추진해 왔다. 그러나 이러한 노인복지 사회서비스 정책들은 대체로 해당 부처별로 산발적으로 전개됐고, 특히 고령친화환경정책 측면에서 구심점을 갖고 유기적으로 연계돼 추진된 것이 아니었다. 대다수 고령자들의 삶의 기반이 노후에는 자신이 살고 있는 주거지에 한정되는 점을 고려했을 때, 고령자의 건강관리, 여가문화, 사회참여 등의 복지정책은 주거정책과 합쳐져 마을, 동네라는 장소 중심으로 구현될 때 더 높은 시너지 효과를 얻을 수 있다는 점을 주목해야 한다. 즉, 주거보장과 더불어 건강, 일자리, 문화, 여가, 사회참여 등 주거와 사회복지 서비스를 접목하고 또 연동하는 정책적 시도로서 장소 중심의 고령친화 환경정책을 위한 새로운 대안들이 마련될 필요가 있다.

2)「국민건강증진종합계획」과 건강도시

국민 모두가 활기찬 건강과 장수를 누리는 사회의 구축을 지향하는 '국민건강증진종합계획'은 1996년에 제정된「국민건강증진법」제4조에 따라 5년마다 수립돼 실행되는 국가 차원의 건강증진 로드맵이다. 현재 2015년 수립된 '제4차 국민건강증진계획Health Plan 2020(2016-2020)'이 실행 중이며 주요 정책과제는 건강생활의 실천, 만성질환의 예방과 관리, 생애주기별 건강프로그램 확충, 건강환경 조성, 정신건강증진 및 자살예방, 건강정책 추진기반 강화 등이다.

그런데 국민건강증진계획은 계획 수립이나 실행과정에서 지나치게 보건소 위주의 사업이 주를 이루고 있고 질병 예방과 관리 차원의 의료서비스, 금연, 절주, 영양 등과 관련한 캠페인 및 홍보에 치중하는 경향이 지적돼 왔다. 이마저도 사업 대상자가 노인, 가정주부 등 평일 시간에 보건소를 방문할 수 있는 사람들로 제한적이어서 보건소에서 사업을 열심히 진행한다고 해도 실제로 참여하는 주민의 수가 매우 적기 때문에 효과를 내기가 어렵고, 제한된 지역사회 주민들에게만 서비스가 제공될 우려가 제기돼 왔다(김동진, 2017). 또 '건강생활 실천 확산' 분야의 사업은 금연, 절주, 영양과 관련한 건강 교육 프로그램과 걷기 동호회, 노인 체조교실 지원 등 소극적 사업에 치우쳤고, 특히 신체활동친화적인 환경 조성과 관련해서는 건강계단 조성사업[5]이나 기존 건강시설, 체육시설을 보수, 개량하는 수준에 그치고 있어, 최종 수혜자인 지역 주민들의 필요에 부합하는 건강증진사업으로서는 정책적으로 한계가 있었다.

한편, WHO의 주도로 1986년 시작된 '건강도시사업'은 지속가능한 도시로의 발전을 가로막고 시민의 삶의 질을 저해하는 건강문제를 근본적으로 해결하려는 지역사회기반의 종합적 건강증진 정책으로서 의미를 가진다. WHO에서는 건강도시를 '물리적 · 사회적 환경을 지속적으로 개선하고 창출하며, 시민들이 개인의 능력을 충분히 발휘하고 잠재능력을 최대한 개발할 수 있도록 지역사회의 자원을 증대시켜 나가는 도시'로 정의한다. 즉, 건강도시는 크게 도시환경적 여건과 사회기반의 구축이란 두 가지 틀에서 구현될 수 있으며 이때 도시환경여건이란 일상생활을 영위하는 데 기초가 되는 도시기반시설 등의 물리적 환경을 포괄적으로 포함한다. 우리나라에서는 1998년 과천시 건강도시시범사업을 시작으로 지자체에서 자율적으로 건강도시사업이 추진되고 있으나 대부분의 건강 관련 정책은 보건복지부를 중심으로 한 보건 · 의료분야에 초점이 맞추어져 있고, 약 70여 개 지자체에서 추진하고 있는 사업 역시 대부분 건강검진, 금연아파트 조성, 건강강좌, 건강클럽 운영, 건강축제 개최 등 캠페인성 활동사업에 한정돼 있다(김영현 · 성은영, 2013). 즉 도시의 물리적 환

---

5) 건강계단, 건강체중 벽화 등 인쇄 · 구조물, 포스터 등을 활용한 물리적 환경조성사업. 계단이용의 건강증진 효과, 계단 이용 시 칼로리 소비효과, 기타 건강정보 등을 부착해 주민들이 엘리베이터, 에스컬레이터 대신 계단을 이용하도록 관심을 유도함으로써 신체활동 활성화에 이바지하고자 함. 한국건강증진개발원은 건강계단 공공디자인 11종 및 보건소에서 자체 개발한 디자인을 활용해 건강계단 및 BMI 벽화 등을 보급했다.

경차원에서 건강생활을 실천할 수 있는 정책 및 사업이 상대적으로 부족한 실정이며, 특히 건강도시사업과 관련해 의욕적으로 추진됐던 서울시의 건강한 생활터 사업[6]과 건강친화마을만들기[7] 사업은 사람들의 일상공간을 시민들 스스로 건강에 좋은 생활환경으로 조성한다는 측면에서 긍정적 효과를 기대할 수 있는 사업이었으나 시 지원의 중단과 예산 부족 등으로 현재는 각각 보건소 지원사업, 복지관 지원사업으로 분류돼 명맥을 유지하고 있는 수준이다(문은숙, 2015). 따라서 '국민건강증진종합계획'과 '건강도시사업'의 한계점은 이들 정책들이 모두 건강생활의 실천, 건강환경의 조성을 정책의 주요 목표로 함에도 불구하고, 건강생활을 실천할 수 있는 구체적인 생활양식과 건강환경을 조성할 수 있는 일상환경 구축을 위한 사업들은 정작 제시하지 못하고 있는 점이라고 할 수 있다.

3) 고령친화도시(Aging-friendly cities)와 고령자가 살기 편한 환경

대부분의 사람은 노년기에 들어서도 오랫동안 살아왔던 거주지와 지

---

6) 건강한 생활터 사업은 2005년부터 서울시에서 사업비 일부를 지원하고 자치구 자율로 추진됐다. 이 사업은 자치구들이 건강도시사업 기반을 다지는 계기가 됐고, 서울시 지역기반 건강공동체 형성의 기초가 됐다. 건강한 생활터 사업은 건강한 마을터, 건강한 일터, 건강한 학교 등 다양한 형태로 추진되다가 서울시 보조가 중단된 2012년 이후에는 정체되기 시작했다.(문은숙, 2015)

7) 서울시는 시장공약인 '시민제안 공모를 통한 건강친화적인 마을 추진'을 위해 2012년부터 3년간 건강친화적 마을만들기 사업을 추진했다. '건강서울 36.5 프로젝트'를 통해 '건강마을, 건강도시 사업'계획이 발표되고, 건강도시 사업으로 건강친화마을과 복지건강마을 지원단이 운영됐다. 2013년 '건강서울 36.5 보완계획'에 따라 '복지건강공동체 지원사업'으로 변경됐고, 복지건강공동체 사업은 마을공동체 사업, 건강공동체 사업과 혼재된 채 시범사업으로 종료됐다.(문은숙, 2015)

역사회에서 계속 독립적이고 활동적으로 생활하기를 희망한다. 그러나 인구고령화가 급속히 진행되기 이전에 설계된 도시환경은 이러한 시민의 요구에 유연하게 대응하는 데 적절하지 않다는 문제가 있다. 일반적으로 사람은 노화가 진행됨에 따라 신체적, 사회적 취약성은 증가하지만 적절한 도움을 받으면서 익숙한 거주환경에서 삶의 계속성을 유지할 수 있다면 개인의 삶의 질을 향상시킬 뿐만 아니라 사회적인 비용 감소에도 크게 기여할 수 있다. 따라서 최근의 고령화정책에서는 '지역사회 계속거주'가 새로운 정책 패러다임으로 등장하고 있으며, 이를 실현하기 위한 다양한 형태의 고령친화적 지역사회 모델개발이 시도되고 있다(김선자, 2010). 이러한 시도의 하나로서 WHO에서 제시하고 있는 고령친화도시는 '나이가 드는 것이 불편하지 않은 도시, 연령에 상관없이 누구나 살기 좋은 도시, 평생을 살고 싶은 도시에서 활력 있고 건강한 노년기를 위해 고령자들이 능동적으로 사회에 참여할 수 있는 도시'를 의미한다. 기존의 노인복지정책은 노인을 위한 지역시설 및 서비스를 구축하는 것에 중점을 두었으나, WHO에서는 고령친화의 개념과 가치를 활기찬 노년(Active aging)과 에이징인플레이스(Aging in place)에 두고 노인이 삶의 질을 높일 수 있도록 건강(health), 참여(participation), 안전(security)을 위한 기회를 최적화할 수 있는 도시정책 및 프로그램을 시행함으로써 누구나 활기찬 노년이 가능한 도시환경과 구조를 갖추는 것에 주력한다.

WHO는 2006년부터 2007년까지 전 세계 33개국 노인과 노인 부양자, 서비스 제공자 약 2,000명을 대상으로 초점집단인터뷰(FGI)를 진행했고, 그 결과에 기초해 고령친화도시 구축을 위해 점검할 요소로 3개 관심분야 8대 영역, 총 84개의 세부 항목을 제시한 고령친화도시 가이드를 마련했다. 3개 관심분야는 물리적 환경, 사회 · 문화 · 경제적 환경, 정보화 · 지역사회보건 환경으로 구분되고, 8대 영역은 '외부환경 및 시설', '교통수단 및 편의성', '주거환경 및 안정성', '여가 및 사회활동', '존중 및 사회통합', '인적자원의 활용', '의사소통 및 정보', '의료 및 지역돌봄'으로 나뉘어져 있다. 고령친화도시 가이드에서 제시한 8대 영역은 특히 보건복지 중심의 기존 고령화 정책에는 부족했던 도시의 물리적 환경 개선을 중요하게 다뤄 야외공간과 건물, 교통, 주거를 8대 영역의 맨 앞에 세웠고, 해당 항목도 총 36개에 이른다. 또 여기에는 무장애 디자인의 적용, 공공시설과 대중교통 접근성 향상, 노인의 신체기능에 맞춘 주택 설계와 수리 등 당시에는 혁신적인 내용도 다수 포함돼 있다.

우리나라는 2013년 서울시에 이어 정읍시, 수원시, 부산시, 제주도, 광주 동구, 서울 강북구, 논산시, 부천시, 서울 양천구 등 2018년 현재 인구 고령화 문제에 선제적으로 대처하기 위한 고령친화도시 국제네트워크(Global Network of Age-friendly Cities and Communities) 회원으로 가입한 국내 도시가 모두 10개 도시에 이른다. 고령친화도시 국제네트워크는 전 세계적인 고령화와 도시화 추세에 더욱 효과적으로 대응해나가기 위해 WHO가 2007년부터 추진해온 프로젝트이다. 고령친화도시 국제네트워크의 회원이 된다는 것은 해당 도시가 고령화와 관련된 당면 문제의 대응 방안을 마련하고, 해결 노력을 지속해서 기울이고 있다는 점을 인정받는 것으로, 더 나아가서는 다른 도시들의 우수한 사례와 경험을 공유하는 등 국제적 정보 교류의 장에 참여할 수 있는 기회를 부여받는다는 의

표 4-4 고령친화도시 8대 영역 및 방향

주요 영역		기본방향
물리적 환경	① 외부환경 및 시설 Outdoor spaces and building	- 도시기반시설의 안전성 · 편리성 · 접근성 제고 - 야외 환경과 공공건물 등을 포괄
	② 교통수단 편의성 Transportation	- 이용이 쉽고 저렴한 대중교통 편의환경 구축 - 고령자의 사회참여 및 의료서비스 접근성 제고
	③ 주거환경 안정성 Housing	- 주거시설의 구조 · 디자인 · 위치 · 비용 및 공공 설계 - 고령자의 편안하고 안전한 삶을 실현
사회 · 문화 · 경제적 환경	④ 여가 및 사회활동 Social participation	- 고령자의 가족 · 사회 · 문화 · 종교 · 여가활동 접근성 - 행정 · 정보 지원체계를 통한 사회적 소속감 증대
	⑤ 존중 및 사회통합 Respect and social inclusion	- 고령자 이미지 향상을 위한 교육 및 매체 활용 - 지역사회 내 고령자 역할 강화를 통한 세대통합
	⑥ 인적 자원의 활용 Civic participation and employment	- 고령자 욕구에 따른 자원봉사 및 취업기회 확대 - 시민참여활동 독려 및 지역사회공헌 활성화
정보화 · 지역사회 보건 환경	⑦ 의사소통 및 정보 Communication and information	- 고령자 특성을 반영한 다양한 정보제공체계 구축 - 정보 접근성 강화로 사회활동 및 인간관계 활성화
	⑧ 의료 및 지역 돌봄 Community	- 고령자 의료서비스의 충분성 · 적절성 · 접근성 강화 - 고령자 건강생활 유지 및 자립생활 가능성 증대

자료: WHO(2007), 『Global Age-friendly Cities: A Guide』.

미로 받아들이는 것이 적절하다(정은하 외, 2015). 따라서 회원이 됐다고 해당 도시의 노인문제가 해결됐다고 할 수 없으며, 고령친화도시 조성 노력에 대한 '실행'이 중요하다고 할 수 있다.

그런데 2013년에서 2015년까지 서울시에서 추진된 고령친화도시 제1기 실행계획에 대한 평가는 서울시가 노인을 바라보는 관점이나 관련 정책을 마련하는 방식이 여전히 시설제공 관리중심의 과거 노인정책 패

그림 4-2 서울시 고령친화도시 구성 영역

자료: 고령친화서울(https://afc.welfare.seoul.kr/).

러다임에서 벗어나지 못하고 있음을 지적하고 있다. 서울시 고령친화도시 6대 영역 중 '건강한 노후'를 위한 실행계획 대부분은 독거노인이나 저소득층 취약계층을 대상으로 한 직접적이고 금전적인 서비스 제공에 그쳐 여전히 노인을 자립적인 활동의 주체가 아닌 수동적인 관리와 통제의 대상으로 바라보고 있는 것을 알 수 있다. 또 '건강한 노후'가 이와 같이 취약계층 노인들을 주 대상으로 하다 보니 도시 노인 전반의 건강수준 향상을 위한 노력이나 지역사회를 대상으로 한 응급체계 및 안전관리 체계, 돌봄체계 구축 등에 대한 노력이 상대적으로 부족하게 나타나고 있다. 또 고령친화적 환경조성을 위한 '살기편한 환경'의 실행계획은 고령친화도시 가이드에서 제시한 교통, 주거, 외부환경 및 시설 등의 3개 영역을 포괄해야 함에도 불구하고, 그 내용이 고령자 주택공급과 노인복지시설에 치우쳐 여전히 일방적인 공급방식 정책에 머물러 있음을 알 수 있다. 이밖에 '활기찬 여가문화'의 실행계획도 다양한 여가프로그램의 개발과 노인의 참여확대 방안보다는 경로당과 같은 시설 중심의 서비스 제공 방식만 제시하는 것도 마찬가지의 한계이다(정은하, 2014).

그런데 한계보다 더욱 우려되는 것은 현재 고령친화도시사업이 노인의 일상생활 범위인 근린의 구조를 어떻게 개선할지, 시설공급에서 벗어나 계속 거주를 위한 어떠한 서비스를 고령자들의 생활환경에 제공할 수 있을지에 대한 전망을 충분히 밝히지 못하고 있는 점이다. 고령친화도시의 실행계획은 물리적 환경 측면에서는 지역사회보다 도시 전체를 겨냥한 보편적인 원칙 위주였고, 사회적 환경 측면에서는 '지역 공동체의 도움과 서비스망'과 같은 다소 추상적인 제안에 머물러 있어(안현찬, 2017) 지역사회 즉 커뮤니티를 중심으로 하는 마을 단위 동네 단위에 직접적으로 적용할 수 있는 세부적이고 실천적인 과제로서는 미흡하다. 실제 사업도 고령자의 생활영역인 근린생활권 즉 마을이나 동네를 중심으로 추진되기보다는 시 또는 자치구를 중심으로 추진되고 있어 고령자의 생활환경 특성이 제대로 반영된 사업이라고 하기 어렵다. 대부분 고령자의 생활영역은 주거 또는 근린을 중심으로 한 도보권으로 축소되고, 또 고령자들은 긴 노후를 마을, 동네에서 보내며 그곳에서 생활하는 일상이 삶의 질을 좌우한다. 따라서 고령인구가 체감할 수 있는 고령친화환경 조성을 위해서는 현재 고령친화도시사업이 담아내지 못하는, 집보다는 크고 도시보다는 작은 지역사회 단위, 근린과 도보권을 중심으로 하는 마을, 동네 단위의 고령친화환경 구상과 실행에 대한 정책적 관심이 필요하다.

3. 일본 고령친화환경정책 현황과 시사점

일본이 고령화 현상에 대해 본격적으로 대응하기 시작한 것은 1970년대부터이다. 1960년대부터 '국민과제'로 떠오른 고령화 현상이 1970년대 들어 눈에 띄게 빠른 속도로 진행되자 일본은 1973년 정부 내 각 부처 사무차관을 중심으로 '노인대책본부'를 설치했고, 이후 복지 · 취업 · 의료 및 개호(介護)[8] 분야를 중심으로 고령화에 대응해왔다. 1990년대까지 고령화 현상에 대한 일본 정부의 대응은 각 부처별로 이루어졌으나, 1995년 「고령사회대책기본법(高齢社会対策基本法)」을 제정하고, 이듬해 「고령사회대책대강(高齢社会対策大綱)」을 마련하고 난 뒤부터는 고령화 문제에 대한 중장기적인 지침을 기반으로 보다 포괄적이고 종합적인 방식의 고령화정책을 전개해왔다(김미진, 2017). 본 장에서는 고령사회에 대비하기 위한 일본 정부의 고령친화환경 정책을 후생노동성 복지정책인 「건강일본 21」과 범정부적 정책인 「고령사회대책대강」 그리고 우리의 도시재생과 유사한 「지역창생」 정책을 중심으로 살펴보고, 우리나라가 고령친화 주거지재생 구상과 실행을 추진하는 데 있어 주목할 만한 시사점을 도출한다.

1) 「건강일본 21」과 개인의 건강 만들기를 지원하는 사회환경 만들기

일본은 전후 생활환경 개선과 의학의 발전으로 평균수명이 크게 증가

---

8) 일본어 개호(介護)는 장기요양보호, 요양, 돌봄, 간호, 간병, 케어 등의 의미이다.

해 세계 최고의 장수국이 됐다. 그런데 인구의 고령화와 함께 식생활, 운동 습관 등을 원인으로 하는 생활습관병으로 치매와 거동 불편 등 자립적인 생활이 불가능해 요개호(要介護)[9] 상태가 된 사람들이 증가하면서 이들의 치료와 지원에 대한 부담이 심각한 사회문제가 됐다. 이에 일본 후생노동성에서는 1978년부터 모든 국민이 건강하고 여유 있게 생활할 수 있는 활력 있는 사회를 위한 대책인 '국민건강만들기 대책'을 추진하게 된다. '국민건강만들기 대책'은 1978년 제1차, 1988년 제2차를 거치는 동안 노인건강 검진체제의 확립, 시군 보건소 정비, 건강운동지도사 양성 등 국민건강 만들기를 위한 기반정비 등을 추진했다. 이후 2000년에 수립된 국민건강만들기 대책은 「건강일본 21」이라는 명칭으로 암, 심장병, 뇌졸중, 당뇨병과 같은 생활습관병의 일차예방 및 그 요인이 되는 생활습관 개선 등 21세기의 건강수명 연장을 위한 계획을 추진하고 있다. 질병의 일차예방이란 적절한 식사와 운동 부족 해소, 금연과 절주, 스트레스 컨트롤 등의 건강한 생활 습관 만들기 및 예방 접종과 환경 개선을 통해 질병의 발생 자체를 예방하는 것을 말한다. 현재 일본인의 사망 원인 1위부터 3위를 차지하는 암, 심장 질환, 뇌졸중이나 최근 현저히 증가하는 당뇨병과 같은 생활습관병의 발병과 진행에는 식습관, 운동 습관, 음주, 흡연, 스트레스 등이 깊이 관련돼 있음이 밝혀지면서 생활 습관을 개선해 위험 요소를 줄이는 일차 예방을 추진하는 것이 「건강일본 21」의 목적이다.

건강일본 21은 질병의 일차예방과 건강증진사업의 추진에 '개인의 건

9) 목욕, 배변, 식사 등 일상생활 활동에 항상 개호가 필요한 상태의 사람을 일컫는다.

강만들기를 지원하는 사회환경 만들기'를 기본 개념으로 새롭게 추가한 점이 주목할 만하다. 이는 개인의 건강에 바람직하지 않은 생활 습관을 고치는 여부는 궁극적으로 개인의 이해와 선택에 달려있지만, 생활 습관을 개선하고 건강증진을 노력하는 개인을 사회 전체가 지원할 수 있는 환경의 정비는 국가적 정책이어야 한다는 인식에서 비롯된다. 질병의 일차 예방과 건강증진을 위한 사회환경의 구축은 고령친화환경정책의 일환으로 검토될 수 있다. 인구고령화와 기대수명의 증가에 대응할 수 있는 건강수명 연장의 기반이 될 뿐만 아니라 고령기에 접어들 모든 세대의 건강한 생활을 지지함으로써 지역이나 사회경제 상황의 차이에 의한 집단 간 건강 격차 축소를 실현시키면서 지속가능한 사회를 위한 건강형평성의 과제도 수행할 수 있기 때문이다.

한편 건강일본 21은 국가뿐 아니라 도도부현(都道府県), 시정촌(市町村)의 생활권 계획영역에까지 건강을 지지하고 지키기 위한 사회환경 정비의 실행계획을 제시하고 있다. 건강일본 21의 지방계획 수립은 모두가 건강한 마을만들기를 그 시작으로 하고 있다. 이를 위해 각 도도부현과 시정촌은 자치 수준에 맞는 건강 과제와 목표를 명확히 한 후 건강증진을 위한 사회환경 정비를 추진하고 있는데 이 중 대표적인 지자체 정비사업으로는 〈스마트웰니스시티(smart wellness city)〉가 있다. 스마트웰니스시티는 일상생활을 통해 주민 전체의 신체활동량을 증가시킬 수 있는 마을만들기를 의미하며, 주민의 건강증진을 위해서는 주거환경과 교통수단 등 종합적 관점의 솔루션을 구축해나가야 한다는 것에 의견을 모은 일본 지자체 장들을 중심으로 현재 37개 도도부현과 78개 시정촌을 통해 전국적으로 확산되고 있다.

개인의 건강 만들기를 지원하는 사회환경을 조성하고자 하는 각 지자체들은 인구 동태 통계와 환자 조사, 국민 건강 보험, 의료비 등의 통계자료 수집 및 분석뿐만 아니라 주민영양조사나 주민건강실태조사 등 고유의 결과를 활용해 도도부현 수준에서 건강 과제를 분명히 파악한다. 또 시정촌은 주민의 연령구성과 주거환경 · 노동 형태 등 생활 스타일을 반영해 도도부현의 도시계획과 생활권 계획의 정합성 속에서 주민 생활에 밀착한 건강 환경을 마을만들기의 관점에서 지속적으로 추진해나가고 있다. 따라서 건강일본 21은 생활습관병의 일차예방을 위한 건강지식의 제공, 건강증진에 필요한 다양한 복지서비스 프로그램의 구상과 같은 보건복지 영역뿐 아니라 자연스럽게 사람들의 신체활동을 촉진시키고 건강수준을 개선할 수 있는 생활환경에 대한 구상을 근린생활권, 주거지 단위와 연계해 마을만들기의 구체적인 실행방안으로까지 제시하고 있는 것을 알 수 있다.

2) 「고령사회대책대강」과 고령사회에 적합한 마을만들기

일본은 1995년 고령화사회에 대비하기 위해 「고령사회대책기본법」을 제정하고 1996년 동 법을 중장기적으로 실현하기 위한 「고령사회대책대강(高齡社會對策大綱)」을 마련했다. 「고령사회대책기본법」은 제2조에 '바람직한 고령화사회상'을 제시하고, 구체적으로 4개 분야에 대한 기본방향을 제시하고 있다. 첫째, 취업 · 소득 분야에서는 고령자의 고용기회 확보, 가정생활과 직업생활 양립 지원, 노동시간 단축, 공적 연금제도 안정의 필요성을 제시했다. 둘째, 보건 · 의료 · 복지서비스의 종합화, 건강유지, 의료공급체제 정비, 간병환경 정비, 인재확보, 복지도구 등의 개발 및 보급, 민간 복지서비스의 건전한 육성, 복지에 관련된 교육충실을 제시했다. 셋째, 학습 · 사회 참가 분야에서는 생애학습 기회 확보, 지역에서 사회참가 촉진 등이 필요하다고 밝히고 있다. 마지막으로 생활환경분야에서는 복지마을만들기, 고령자에 적합한 주택정비, 고령자에 대응한 방재 · 방법 체제 정비 등이 필요하다고 규정하고 있다.

한편 「고령사회대책기본법」에 근거해 수립된 「고령사회대책대강」은 고령화로 인한 사회 변화에 대한 대응보다는 고령인구 증가에 따른 고령자의 삶에 초점을 둔 특징을 갖는다.[10] 고령사회대책대강은 고령자가 안심하고 생활할 수 있는 지역커뮤니티의 강화를 강조하고 있는데, 이는 인생의 어떤 단계에서든지 고령기의 삶을 구체적으로 구상할 수 있는 지역사회의 형성을 의미한다. 이를 위해 고령사회대책대강은 고령자의 사회적 고립, 고독사 문제, 고령자 부부거주세대 증가, 개호문제 등 사회적 과제에 대응해 모든 세대가 충분히 만족할 수 있는 인생을 보내기 위한 환경 정비를 목적으로 역모기지 보급, 임대주택 공급 등 풍요롭고 안정된 주거생활 확보와 고령사회에 맞는 종합적 도시 구축을 주요 시책으로 제시한다. 특히 고령사회에 맞는 종합적 도시의 개념으로 인구감소 고령화가 진행돼도 지역의 활력을 유지할 수 있는 의료 · 복지 · 경제 등의 생활기능이 확보되고, 지역 대중교통과의 연계를 통해 고령자들이 안심하고

10) 이윤경(2017). "고령사회 도래에 따른 대응방향 모색: 일본 사례의 시사점 검토". 『보건복지포럼』(2017.12). pp. 9-17.

생활할 수 있는 도시를 제시하고 있는 것은 일본 정부가 노인복지를 위한 사회서비스 정책들이 종합적으로 전개될 수 있는 지역적 기반 마련의 차원에서 고령친화환경 조성을 추진하고 있는 것을 시사한다.

또 고령사회대책대강은 이러한 시책들이 추상적인 제안에 그치지 않도록 행정 각 부처별로 각종 시책에 대한 기본 자세를 요구하는 동시에 '고령사회에 적합한 마을만들기'라는 항목 아래 지역사회에 직접적으로 적용할 수 있는 실천적인 과제를 제시하고 있다. 이는 국토교통성의 〈건강의료복지 마을만들기〉를 통해 확인할 수 있는데 건강의료복지 마을만들기는 고령사회에 대한 대응정책은 개별 분야의 노력만으로는 해결이 곤란하며 가능한 한 행정 각 부처의 체제와 정책들이 서로 맞물려 통합적인 대응책을 마련하고 추진하는 것이 바람직하다는 인식에 기반한다. 고령자가 안전하게 안심하고 외출할 수 있는 교통환경, 병원, 극장, 공원 등 공공시설과 의료, 복지 등 다양한 생활서비스 지원이 주거지를 중심으로 하는 일상생활권역에서 적절히 제공될 수 있는 마을만들기인 건강의료복지 마을만들기는 일반적으로 다른 연령층에 비해 지역 밀착도가 높은 고령자가 삶의 보람을 추진하는 데 있어 시정촌이 가지는 역할을 강조하며 고령친화적인 마을만들기를 위한 세부적인 실천과제를 제시하고 있어 고령친화환경을 위한 중앙의 계획 및 정책이 주거지 단위까지 적용되지 못하는 우리의 정책과는 차이를 갖는다. 뿐만 아니라 고령친화환경정책이 지역사회의 물리적 환경뿐 아니라 노후의 삶의 질과 관련을 갖는 의료, 복지 부문과 연계된 통합적 시책으로 추진되고 있는 점은 행정 각 부처 간의 협업을 강조하면서도 정작 이를 구체적으로 실현할 수 있는 횡단적 노력이 미흡했던 우리의 도시재생정책이 앞으로 이 한계를 어떻게 극복할 수 있는지 시사점을 준다.

3) 「지방창생정책」과 시대에 부합하는 마을만들기

일본은 지속적인 인구감소와 고령화 현상으로 2040년에 지자체의 절반 가까이가 사라지는 지방소멸시대가 도래할 것으로 예측하고 있다[11]. 이러한 문제를 해소하기 위해 일본정부는 2014년부터 지방창생정책을 추진하기 시작했다. 지방창생은 일본이 직면하고 있는 인구의 급격한 감소와 초고령화라는 국가적 과제를 정부차원에서 대응하면서 각 지역이 각각의 특징을 살려 자율적이고 지속적인 사회를 만들어 나가는 것을 말한다. 일본정부는 지방창생정책을 추진하기 위해 2014년 9월 '마을 · 사람 · 일자리 창생본부(まち · ひと · しごと創生本部)'라는 전담조직을 신설했고 2014년 11월에는 저출산 고령화 및 지방도시의 과소화, 대도시의 과밀화를 지역 활성화와 연계해 해결하는 것을 목적으로 하는 「마을 · 사람 · 일자리 창생법(まち · ひと · しごと創生法)」을 제정했다. 지방창생전략의 추진 방향은 마을 · 사람 · 일자리의 창생과 선순환의 확립으로 즉 '일자리'가 '사람'을 불러 모으고, '사람'이 '일자리'를 창출하는 선순환 구조를 통해 '마을'에 활력을 불러일으킨다는 의미를 내포하고 있다. 이와

---

11) 2014년 5월 일본의 전 총무장관 마스다 히로야(増田寛也)의 주도로 작성된 '마스다보고서'는 2040년까지 일본 지자체(시 · 구 · 정 · 촌) 1,799곳 중 절반인 896개가 사라지는 등 고령화가 급속도로 진행되면서 지방인구는 소멸하고 수도인 도쿄 한 곳으로만 인구가 집중될 것을 경고했다.

같은 관점에서 지방창생전략의 기본 목표는 첫째, 지방의 안정된 고용창출, 둘째, 지방의 새로운 인구유입 촉진, 셋째, 젊은 세대의 결혼, 출산, 자녀교육 지원, 넷째, 시대에 맞는 지역 만들기이며, 이 4가지 기본목표 중 지방에 새로운 사람의 흐름을 만드는 목표와 시대에 맞는 지역을 만드는 목표는 고령화 사회에 대응하기 위한 고령친화환경정책으로 연결된다.

먼저 지방에 새로운 인구의 흐름을 만들기 위한 지방이주 촉진 시책인 '평생 활약 마을'은 도쿄권을 비롯한 대도시의 고령자가 본인이 희망하는 지방으로 이주해, 다세대와 교류하면서 건강하고 활동적인 생활을 보내고, 필요에 따라 의료 서비스와 돌봄을 받을 수 있는 지역을 만들기 위한 정책이다. 이 정책은 고령자의 이주희망 실현, 지방으로의 인구흐름 촉진, 도쿄권의 고령화 문제 대응이라는 세 가지 의의와 함께 정부가 주도하는 일본판 CCRC구상[12]의 측면에서도 의미를 갖는다. 즉 고령자들이 사회활동을 통해 보람도 찾고 건강수명도 늘리며, 과거의 수동적 노인이 아니라 일, 봉사, 평생학습 등에 적극적으로 참여하는 자주적 존재로 활기찬 노후를 보낼 수 있는 고령친화커뮤니티의 구상이라고 할 수 있기 때문이다. 더욱이 이러한 고령친화커뮤니티에 대한 구상이 지역창생과 같이 침체된 노후지역의 재생을 위한 수단으로 실행되고 있는 점은 우리 사회가 고령사회 구조로 급진전하고 있는 현재 도시재생사업이 고령화에 대응한 실질적인 고령친화환경, 고령친화주거지의 대안을 아직 제시하지

12) 미국의 CCRC(Continuing Care Retirement Communities)는 은퇴인구 집적지역을 말하며 그 안에서 노인질환 등에 대한 연속적인 돌봄이 제공되는 커뮤니티로 일종의 노인동네라고 할 수 있다. 평생 활약 마을은 이를 중앙정부 차원에서 진행한다는 것이 차별적이며 따라서 '일본판 CCRC'라고 할 수 있다.

못하고 현실에서 주목할 만한 가치가 있다.

4) 일본 고령친화환경정책의 시사점

일본의 건강일본 21, 고령사회대책대강, 지방창생정책에서 나타나는 고령친화환경정책의 시사점은 첫째, 고령친화환경의 구축을 보건복지 프로그램을 제공하는 수단이 아닌 건강을 증진시키고 활기찬 노후를 보낼 수 있는 하나의 복지서비스로 인식하고 있다는 점이다. 고령친화환경을 노인에게 적절한 주택이나 의료복지서비스를 제공하는 시설 공급 차원이 아닌, 개인의 건강 만들기를 지원하는 공간복지로 계획해 추진하는 사례로는 거주하는 것만으로도 건강해지는 근린환경을 조성하는 '스마트웰니스시티'가 있다. 노인뿐 아니라 어린이부터 모든 세대가 걸어서 생활하는 것이 자연스럽고, 자연스럽게 걷게 되면서 건강해지고 행복하게 살 수 있는 것을 삶의 질의 최우선으로 삼고 있는 스마트웰니스시티는 우리의 도시재생뉴딜 정책이 목적하는 주민 삶의 질적 향상 그리고 이를 위한 고령친화 주거지재생 개념의 정책적 합의에 대한 시사점을 줄 수 있다.

둘째, 우리의 고령친화환경정책이 지역사회보다 도시 전체를 겨냥한 보편적 원칙 위주여서 실질적으로 거주하는 생활반경 수준에서 구체적인 실행수단이 부재했던 것에 반해, 일본의 정책은 지역 커뮤니티의 관점에서 실제 주거단위에 기반한 마을만들기 차원의 주요시책들을 제시함으로써 주민 생활에 밀착한 건강복지정책으로서 역할하고 있다는 점이다. 또 우리의 고령친화환경정책이 다른 고령사회 대응 정책에 비해 다소 소극적이며, 여가문화, 사회참여 등 정책 간 연계성을 강화해 시너지효과를 발생시킬 수 있는 정책들을 종합적으로 제시하지 못하고 있는 것에 비해 일본의 정책들은 지역사회의 물리적 환경뿐 아니라 노후의 삶의 질과 관련을 갖는 의료, 복지, 경제 부문에서의 연계를 마을 중심의 시책을 통해 적극 실현하고 있다는 점이 차별성을 갖는다. 이와 같이 일본의 고령친화환경정책이 마을 단위로 또, 다양한 사회복지서비스가 연계돼 제공되는 종합적 근린환경계획으로 제시된 사례로는 건강의료복지 마을만들기가 있다. 건강의료복지 마을만들기는 지역포괄케어시스템, 입지적정화계획, 건강일본 21을 중심으로 한 건강 만들기, 의료비 적정화 시책 등 기존의 건강의료복지정책을 마을만들기와 적극적으로 연계해 국토교통성이 2014년 발표한 주거지재생 마스터플랜을 말한다. 물론 우리나라에도 고령친화 마을만들기와 같은 사례가 있지만 마을의 공간 및 건축계획과 관련한 가이드라인이 부재해 주민 커뮤니티 활동과 같은 소프트웨어적 측면에 집중됐고 대부분 일회성 사업, 이벤트 형식에 끝나는 경우가 많았다. 따라서 일본의 도시부국과 건강 · 의료 · 복지부국이 공동으로 수립하고 추진하는 마을 단위, 주거지 단위 건강의료복지 마을만들기는 한국형 고령친화주거지계획의 적용가능성 측면에서 충분한 시의성을 가지며 검토해볼 필요가 있다.

마지막으로 일본은 고령화와 인구감소로 소멸위기에 놓여있는 지역의 재생 측면에서도 고령친화환경정책을 반영하고 있다는 점이다. 우리의 도시재생사업, 도시재생뉴딜과 유사한 일본의 지역창생사업은 시대의 변화에 부합하는 마을만들기 차원에서 은퇴를 앞둔 대도시 지역의 중장년층이 다세대 지역주민과 교류하면서 건강하고 활동적인 노후생활을 보내고 필요한 경우에는 의료 · 개호를 받을 수 있는 '평생 활약 마을'을 추진하고 있다. 노후화된 인근 교외나 지방도시의 재생을 통해 고령자의 이주 희망을 실현하고 새로운 인구유입을 통해 지역의 활력도 되살림으로써 기존 주민의 정주성 또한 확보하는 '평생 활약 마을' 사업은 산업과 관광을 중심으로 하는 대규모 경제기반형, 중심시가지형 도시재생사업과는 달리 주민이 체감하는 삶의 질적 향상을 실현할 수 있는 근린 규모의 주거지 재생사업의 사례로서 가치가 있다.

인구감소 고령화에 대응하기 위한 노인주거복지정책이 고령친화 주거지재생 정책으로 발전적 전환을 하기 위해서는 고령친화주거지에 대한 정책적 합의, 고령친화주거지를 조성하기 위한 구체적인 마스터플랜, 그리고 현재 진행되고 있는 도시재생뉴딜을 통해 실현할 수 있는 지속가능한 주거지로서 고령친화 주거지재생의 모델이 필요하다. 따라서 이 책에서는 일본 고령친화환경정책의 현황 고찰로 도출한 이상의 시사점에 근거해 스마트웰니스시티, 건강의료복지 마을만들기, 평생 활약 마을에 대한 사례연구를 진행하고, 고령친화적 도시재생뉴딜 추진을 위한 시사점과 정책적 함의를 밝히고자 한다.

V. 스마트웰니스시티

V. 스마트웰니스시티

1. 고령화에 따른 마을의 문제

세계 제일의 장수국가인 일본은 평균수명이 연장된 만큼 노후에 만성질환이나 신체장애 등으로 고통을 겪거나 남의 도움을 필요로 하는 노쇠기간을 어떻게 단축시킬 수 있을지 즉, 건강수명을 어떻게 연장할 수 있을지에 대한 해법을 찾는 것이 당면 과제가 됐다. 이와 같은 관점에서 스마트웰니스시티(smart wellness city)는 일상생활을 통해 자연스럽게 사람들의 신체활동을 촉진시키고 건강수준을 개선할 수 있는 마을환경을 조성함으로써, 건강수명 연장에 의한 노후의 삶의 질적 향상뿐 아니라 의료비, 사회보장비용 등을 감소시키고 지역사회의 활력도 증진시킬 수 있는 마을만들기를 목표로 한다. 스마트웰니스시티는 건강한 사람을 늘리려면 마을이 변해야한다는 생각에서 출발하며, 건강한 사람을 늘리기 위해선 왜 마을을 바꿔야하는지에 대한 물음에 현재 고령화로 일본의 각 지자체에서 발생하고 있는 문제점들을 다음과 같이 제시하고 있다.

1) 쇼핑난민의 발생

자동차 이용자의 확대로 차가 없으면 이용할 수 없는 다양한 생활편의시설들이 근린을 벗어난 도시 외곽에 입지하면서 일본의 동네상점들의

폐점이 속출하고 있다. 지역상권의 소멸은 노인이 걸어서 쇼핑을 갈 수 있는 가게들의 폐점으로 이어졌고, 대신 인터넷이나 편의점을 활용한 택배 쇼핑에 의존하는 고령자들이 늘어났지만, 이조차도 여의치 않는 사람들은 '쇼핑난민(買物難民)'의 처지가 됐다. 쇼핑난민이라는 말은 2008년 출간된 '쇼핑난민-또 하나의 노인 문제(買物難民-もうひとつの高齢者問題)'라는 제목의 책에서 처음 등장했다. 저자인 오비히로(帯広) 축산대학의 스기타 사토시(杉田聡) 교수는 책에서 "두부 한 모 조차 사기에도 힘겨운" 자신의 어머니 체험을 묘사하며 이를 쇼핑난민이라 명명했다. 이와 같이 쇼핑난민은 거동이 어려워 생필품을 사거나 장보기가 어려운 고령인구를 말하며, 쇼핑난민 외에 쇼핑약자(買物弱者) 또는 쇼핑빈곤자(買物困難者)라는 말로도 쓰이고 있다.

일본 농림수산성의 농림수산정책연구소가 2014년에 실시한 〈식료품 접근이 곤란한 인구 추계(食料品アクセス困難人口の推計)〉에서는 가장 가까운 신선식료품 상점까지 직선 거리로 500미터 이상 떨어져 있는 곳에 살고, 자동차를 이용할 수 없는 65세 이상의 사람이 2010년 382만 명이었으나 2025년에는 598만 명에 이를 것으로 추산하고 있으며, 가장 가까운 식료품 소매점일 경우에는 2010년 644만 명에서 2025년 814만 명으로 증가할 것을 예측하고 있다. 또 농림수산성 식료산업국 조사에서, 2018년 3월 현재 조사에 응한 1,175개 시정촌 중 964곳에 해당하는 82%가 장보기 약자 대책이 필요하다고 대답했으며, 대책을 필요로 하는 이유는 97.9%가 '주민의 고령화'를 들었고, '지역소매업의 폐업'(75.7%), '중심시가지, 기존상점가 쇠퇴'(58.4%)가 그 뒤를 이었다.

그림 5-1 점포까지 500m 이상 떨어져 있고, 자동차를 사용할 수 없는 65세 이상 인구

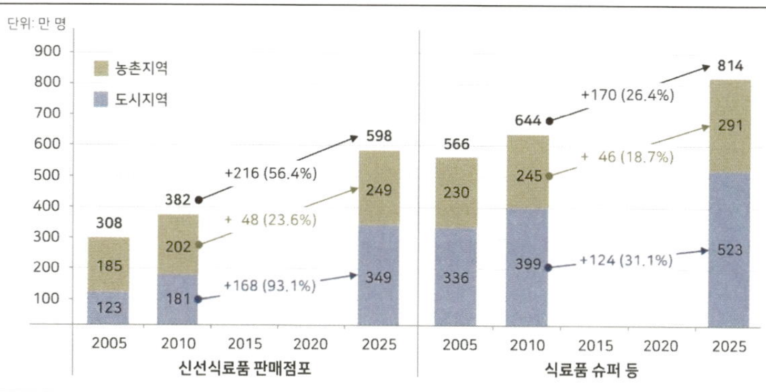

출처: 농림수산성 농림수산정책연구소(2014), 「식료품 접근이 곤란한 인구 추계」.

그런데 쇼핑과 같은 구매행위에서 소외된다는 것은 노인들이 생존을 위한 신선식료품을 확보할 수 있는 기회의 상실이기도 하지만, 노인이 밖으로 외출해 걷는다거나 구매할 물건을 스스로 선택하고, 즐겨 찾아가는 가게에서 대화를 나누는 일 등 신체적, 정신건강을 유지하는 관점에서도 큰 손실이라고 할 수 있다. 그동안 쇼핑난민의 문제를 해결하는 일본 지자체의 정책은 집까지 식료품 배달하기[1], 유통매장까지 무료 버스 운행, 이동판매 서비스[2], 쇼핑대행 서비스 등 구매대책의 측면에서만 발휘됐다

1) 주식회사 패밀리네트워크시스템즈(FAMILY NETWORK SYSTEMS CO.,LTD.)의 고요키키(御用聞き, 필요한 물건이나 서비스를 주문 받아 해결해준다) 서비스인 「완마이루(わんまいる)」가 대표적이다. 이 회사는 1988년 고령자 대상으로 맛있는 것을 배달하고 싶다는 생각으로 고요키키 서비스를 실시했다. 1999년에는 프랜차이즈 사업으로 확대해 현재에는 16개 도도부현 129개 영업소가 가입해 매일 18,000세대에게 택배를 실시하고 있다.

2) 일본의 세븐일레븐(セブンイレブン)사는 집 근처 소규모 점포가 감소하고 그 결과 쇼핑할 수 있는 가게도 줄어들어 매일의 식사를 위한 장보기조차 힘든 사람이 늘어나게 됨에

그림 5-2 도보 · 자전거로 갈 수 있는 범위 내 필요시설

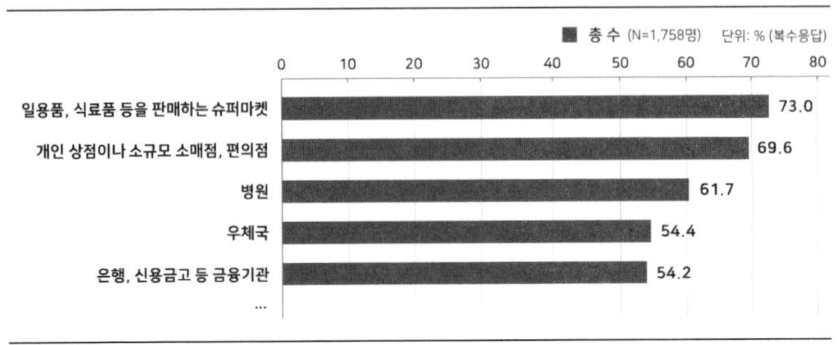

자료: 내각부(2015), 『국토 형성 계획의 추진에 관한 여론 조사』.

(김찬훈, 2018). 하지만 75세 이상의 고령인구가 계속 증가하고 있는 시점에서 곧 자동차를 운전할 수 없는 사람 역시 상당히 증가할 것을 고려하면, 고령자 구매서비스가 지속가능하기 위해 필요한 비용부터 서비스 품질의 확보 비용까지 재정이 제한된 각 지자체로서는 큰 부담이 될 수밖에 없다.

한편, 2015년 내각부가 실시한 『국토형성계획의 추진에 관한 여론 조사』에 따르면, 일상생활을 영위하는 데 있어서 집에서 도보나 자전거로 도달할 수 있는 범위에 최소한 필요로 하는 시설로, '일용품, 식료품 등을 판매하는 슈퍼마켓'을 꼽은 사람의 비율이 73.0%로 가장 높았고, '개인 상점 등 소규모 소매점, 편의점'이 69.6%, '병원(61.7%), 우체국(54.4%) 은행, 신용금고 등의 금융기관(54.2%)' 등이 이어서 나타났다. 따라서 노인이

따라, 독자적으로 개발한 소형 트럭에 물건을 싣고 점포 주변의 공공시설과 사무실 등을 돌며 판매하는 '세븐안심배달(セブンあんしんお届け便)'을 실시하고 있다. 2011년 5월 이바라키현을 시작으로 2018년 2월 현재, 전국 1도 28현에서 56대를 운영하고 있다.

집밖으로 나오지 않고 집 안에서만 생활하게 만들 수 있는 구매대책 중심의 서비스에 한정되기보다는 자신이 거주하는 생활기반에 가게를 만들고, 집에서 노인이 나가는 것이 쉬운 물리적 환경, 즉 노인이 밖으로 나와 걸어서 상점을 이용하는 것이 가능하고, 이를 통해 지속적으로 지역사회와 관련을 맺어감으로써 활력을 유지할 수 있는 마을의 물리적, 사회적 환경에 대한 변화를 모색하는 것이 필요하다고 할 수 있다.

2) 노인의 사회참여 악화

사회참여(social participation)는 어떤 단체나 일자리 같은 곳에서의 공식적 사회활동이나, 친목 등 사회적 유대를 위한 친구, 친족 간의 상호작용, 종교활동 및 자원봉사 같은 비공식적 사회활동의 의미로 다양하게 사용된다. 노인의 사회참여 개념은 노인 소외의 개념과 연결돼 있기 때문에 적극적인 사회활동의 개념과 혼용돼 사용되며, 일자리사업 참여, 여가, 교육 및 자원봉사 등의 사회활동의 의미를 포함하고 있다(변루나 외, 2011). 어떤 의미에서든 노인이 퇴직 후 주류사회로부터의 소외감을 극복하고, 상실한 사회적 지위와 역할을 보상받으며 의미 있는 사회활동을 한다는 것은 삶의 질을 향상시키고, 행복하고 활기찬 노년을 보내는 데 중요한 역할을 한다.

그런데 현재 일본에서는 노인의 사회참여, 사회활동이 날로 악화되고 있고 이로 인해 발생하는 고령자의 사회적 고립이 큰 문제가 되고 있다. 사회적 고립은 가족이나 친구, 지역사회와의 관계가 희박하고, 다른 사람과의 접촉이 거의 없는 상태를 말하며, 노인의 사회적 고립은 신체활동량

그림 5-3 살고 있는 지역에서의 고령자의 사회적 활동 상황

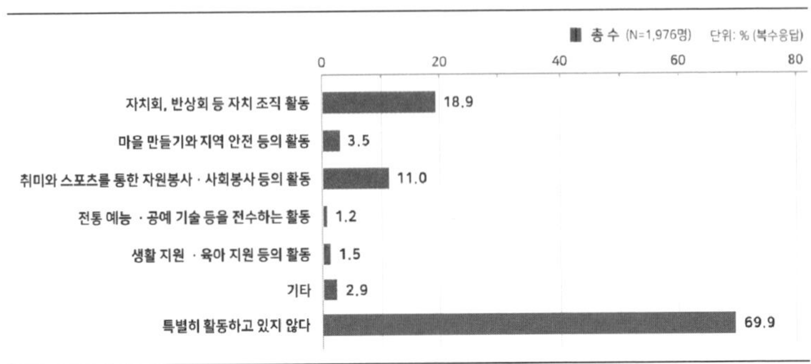

자료: 내각부(2016), 『고령자의 경제생활 환경조사』.

부족으로 질병의 발생을 유발시키고, 자기효능감과 자존감의 저하 등으로 생활의 보람을 상실하게 하는 원인이 된다. 또 사회적으로 고립된 노인은 생활기능이 저하돼 쉽게 노쇠하는 경향이 있는데 노쇠는 스트레스에 대한 저항 능력을 감소시켜 생활기능 장애는 물론, 요개호(要介護) 상태, 우울증 등에 빠지기 쉽다(藤原 佳典, 2017). 이 같이 노인의 신체에 미치는 영향 외에도 사회적 고립은 대부분 비 간병인에 의한 개호가 가족이나 친구의 도움에 의해 실시되고 있는 것을 감안하면, 개호부담을 증가시킬 수 있고 이마저도 인적네트워크가 부재한 경우 노인을 고립사(孤立死)[3]에 이르게 할 수도 있다.

또 은퇴 후 직장을 중심으로 한 사회적 관계가 단절돼 주거지로 활동중심을 옮겨야 하는 고령자 대부분은 자신이 참여하고 활동할 수 있는 커

3) 일본사회에서는 고독사(孤獨死)가 생존 중 사회적 고립 상태가 죽음으로 표면화한 것이라는 의미에서 고립사(孤立死)라고 표현한다.

그림 5-4 고령자의 지역 내 사회적 활동의 역할

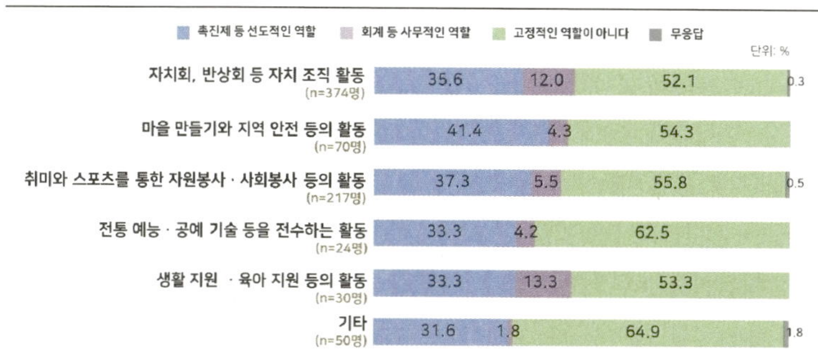

자료: 내각부(2016), 『고령자의 경제생활 환경조사』.

뮤니티가 없어 집밖으로 나오지 않는 고립된 생활에 빠지는 경우가 많다. 따라서 노인의 사회참여 증진을 위해서는 지역사회의 역할도 중요한데, 다양한 커뮤니티, 동아리 활동 등을 지역사회가 제공해도 실제로 요구되는 활동과 일치하지 않아 제대로 정책적 효과가 나타나지 않고 있다. 실제로 지자체에서는 고령자들을 위한 단체 식사, 레크리에이션 등의 프로그램을 제공하고 있지만 노인을 보편적 정책 대상이라기보다 소수의 소외계층으로 인식하는 한계로 참여한 노인이 단순하게 손님이 돼버림에 따라 자발적 참여가 미진한 것으로 나타난다.

2016년 내각부가 실시한 『고령자의 경제생활 환경조사』에 따르면 현재 살고 있는 지역에서 '특별히 사회적 활동에 참여하고 있지 않다'는 응답이 69.6%였고, 자치회, 반상회 등의 자치조직 활동(18.9%), 취미와 스포츠를 통한 자원봉사 · 사회봉사 등(11.0%) 외에는 사회적 활동참여가 극히 저조한 것으로 나타났다. 또 현재 참여하고 있는 사회적 활동에서 자신의 역할에 대한 문항에는 과반 이상이 '고정적인 역할이 아니다'라고 응답함으로써 지차제가 제공하는 사회참여서비스가 사회적 활동의 유발 장치로서는 역부족임을 말해주고 있다.

따라서 날로 저하되는 노인의 사회참여를 촉진시키고, 노인이 고립되지 않고 사회적 활동을 계속하면서 건강하고 활기찬 노년을 보낼 수 있게 하기 위해서는 노인이 구체적인 역할을 가지는 사회적 활동의 장과 커뮤니티를 각 지자체에서 재구축할 필요가 있다. 또 이때 쇼핑난민과 마찬가지로 사회참여를 원하나 외출이 쉽지 않은 물리적 환경에 노인이 처해있을 경우 기꺼이 사회적 활동에 나서기가 힘들다는 것을 인식하고, 사회적 활동 참여를 위한 외출이 쉬운 마을환경, 노인이 걸어서 도달할 수 있는 거리에 사회적 활동의 장을 조성하는 것 또한 중요하게 고려돼야 한다.

3) 마을단위 돌봄 서비스의 필요

현재 일본의 많은 고령자들은 병원에서 죽을 수 없다고 말하지만 일본의 사망자 수를 보면 대부분의 환자들이 병원에서 사망하고 있다. 2012년 내각부가 실시한 『고령자의 건강에 관한 의식조사』에서는 55%의 사람들이 '최후를 맞고 싶은 장소'로 자택을 꼽았다. 그러나 후생노동성 『인구동태 통계』에 따르면 2016년에 사망한 131만 명 가운데 의료기관에서 사망한 사람이 75.8%, 노인 보건시설과 양로원 등 복지시설에서 사망한 사람이 9.2%, 집에서 사망한 사람이 13.0%로 나타나 개인의 희망과는 상반된 결과를 보여준다. 그런데 지금 세대가 직면할 미래의 더 큰 문제는 앞으로는 이들이 병원에서 죽는 것조차도 불가능할지 모른다는 것이다. 일본의 베이비붐 세대에 해당하는 단카이(団塊)세대[4]가 모두 75세 이상의 고령자가 되는 2025년이 되면 의료와 간병시스템이 이를 따라갈 수 없는 상태가 될 것이며[5], 사망자 또한 160만 명을 넘어서 응급실에 실려 가도 병상이 없고 재택임종을 하려해도 왕진할 의사가 없을 가능성이 크다. 이와 관련해 후생노동성은 2030년이 되면 연간 약 47만 명이 죽을 곳을 선택하기는커녕 최후의 장소를 확보조차 할 수 없는 임종난민이 될 수도 있다는 보고서를 내놓기도 했다. 따라서 병원에만 가면 어떻게든 되던 시대를 지나 이제는 지역이나 가정에서 고령자를 돌봐줄 수 있는 구조를 지역사회나 마을 단위에서 재구성하는 것이 필요하다고 할 수 있다.

이와 관련해 후생노동성은 2025년을 목표로 고령자의 존엄한 생존과 자립적인 생활을 목적으로, 가능한 한 본인이 살아온 지역에서 생의 말기까지 자연스럽게 삶을 영위할 수 있도록 지역별로 포괄적인 지원과 서비스를 제공하는 지역포괄케어시스템을 구축하고 있다. 지역포괄케어시스템은 그동안 병원 등의 시설을 중심으로 이루어지던 고령자 돌봄의 역할을 재택과 지역으로 옮겨 고령자가 자신이 살던 집이나 지역에서 여생을 보낼 수 있도록 하는 것이다. 긴 시간동안 고령자의 삶의 터전이었던 주택과 지역에 머무르며, 잔존 능력에 맞춰 자립된 일상생활을 영위할 수 있도록 주거, 의료, 개호 예방, 생활지원 등의 서비스를 사각지대 없이 효

---

4) 단카이(団塊)세대는 2차 세계대전 전후 1947년부터 1949년까지 3년 동안 집중적으로 태어난 세대로서, 단카이세대의 연간 인구는 단카이세대 이전과 그 이후 세대보다 30% 가량 출생자 수가 많다.

5) 일본에서는 단카이세대가 모두 75세 이상이 돼 발생할 의료비와 사회보장비의 팽창, 의료 및 간병 인력의 부족 등을 '2025년 문제(問題)'라고 정의한다.

율적으로 연계 · 제공하는 것을 목적으로 한다. 또 지역포괄케어시스템은 고령자를 돌봄의 대상으로만 처우해오던 모델에서 벗어나, 고령자가 존엄 및 자립심을 지키며 사회적 역할을 담당함으로써 삶의 의미를 찾을 수 있는 의료와 돌봄의 종합적인 확보라는 점에서 의미가 있다.

그런데 국민 한 사람 한 사람이 의료와 돌봄이 필요한 상태가 돼도 가능한 한 살아온 익숙한 지역에서 안심하고 생활을 계속하며 인생을 마무리할 수 있기 위해서는 지역의 물리적, 사회적 환경의 정비가 최대 과제이다. 2015년 후생노동성은 「보건의료 2035」 정책비전을 통해 이러한 과제를 달성하기 위해서는 공공 부문의 제도만이 아닌 민간 부문이나 NPO(Non-profit organization) 등의 지원서비스와 상품, 노동환경, 주거 및 사회적, 경제적 활동, 사람들의 가치관 등 다양한 요소를 고려한 새로운 '사회시스템'으로 보건의료가 재구축돼야 함을 강조했다(김춘남, 2018). 특히 보건의료의 패러다임이 질병치유와 생명유지를 주목적으로 했던 '치료중심'에서, 생활의 질을 유지하고 향상시키면서 신체뿐 아니라 정신적, 사회적 건강유지를 목표로 하는 '관리중심'으로 변화하는 속에서 이 새로운 사회시스템을 구축하기 위해서는, 개인을 둘러싼 건강의 사회적 결정요인 중 하나인 마을환경을 테스트베드로 개인 스스로 건강을 유지, 증진하고 관리하는 데 필요한 서비스를 제공받을 수 있는 마을만들기가 필요하게 됐다.

2. 걷기를 통한 건강증진의 마을 실험

스마트웰니스시티는 자동차 유입을 제한하는 지역을 만들어 주민이 걸을 기회가 증가되고, 이로써 많이 걷게 되면 일상적인 신체 활동량은 물론 사회적 자본이 증가해, 건강이 향상되고 의료비가 억제된다는 가설에 대한 일종의 마을 실험이라고 할 수 있다. 2019년 현재 일본의 37개 도도부현과 78개 시정촌을 통해 전국적으로 검증되고 있는 이 마을 실험의 전개에는 쓰쿠바웰니스리서치(つくばウエルネスリサーチ)와 SWC 자치단체장 연구회(smart wellness city 首長研究会)의 노력이 있다. 본 장에서는 주민 전체의 일상 신체활동량을 증가시키기 위한 종합적 시책으로서의 마을만들기를 제시한 쓰쿠바웰니스리서치와 주민의 건강증진을 위해서는 주거환경과 교통수단 등 종합적 관점의 솔루션을 구축해나가야 한다는 것에 의견을 모은 SWC 자치단체장 연구회의 활동을 중심으로 스마트웰니스시티의 전개를 살펴본다.

1) 무관심 그대로 신체활동이 증진될 수 있는 마을만들기의 제안

2016년『간이생명표(簡易生命表)』에 따르면 일본은 남성과 여성의 평균수명이 2013년보다 각각, 0.8년, 0.5년 증가한 81세, 87.1세가 돼 사상 최고를 기록했다. 또 2016년 기준 일본 남성의 건강수명은 72.14세, 여성은 74.79세로 추정됐으며, 평균수명과의 차이는 남성이 8.84년, 여성이 12.35년의 차이가 난다. 후생노동성은 건강수명의 정의를 건강문제로 일상생활에 지장 없이 생활하는 기간으로 밝히고 있으며, 따라서 평균수명

그림 5-5 일본 남성과 여성의 평균수명과 건강수명 연도별 추이

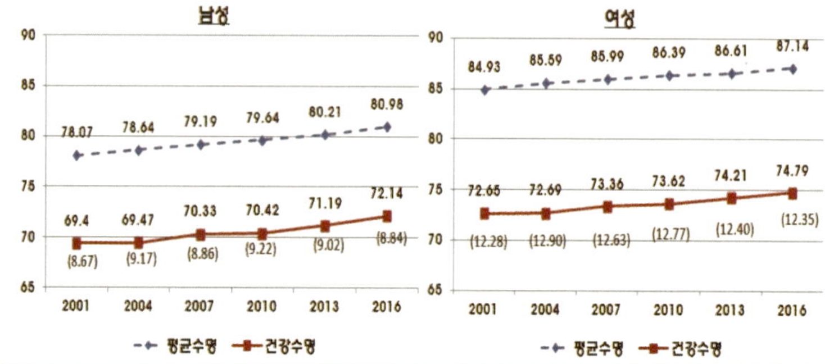

출처: 보험연구원(2013), "일본, 평균수명과 건강수명 격차", 『고령화리뷰』 제15호 pp. 39-41.
주: ( )는 평균수명과 건강수명의 격차.

과 건강수명의 격차는 건강문제로 일상생활에 지장을 초래한 기간 즉, 건강하지 못한 기간을 의미한다. 『간이생명표』의 통계에 따르면 일본 남성은 죽기 전 9년, 여성은 12년 동안 온전히 건강하게 살지 못하고 병이나 부상으로 고통을 겪거나 남의 도움을 필요로 하면서 여생을 고통스럽게 보내게 된다.

현재 일본에서는 이와 같은 평균수명과 건강수명의 격차를 줄이기 위한 여러 노력 중 생활습관병(Life-style related diseases) 예방의 중요성이 특히 커지고 있다. 생활습관병은 원래 관련 질환인 암, 뇌졸중, 심장병 등이 40~60세 정도에 많이 나타나는 속성에 근거해 종전에는 성인병으로 불렸다. 그러나 90년대를 거쳐 오면서 이러한 병이 유전적, 체질적 요인과 같은 외부적 요인도 작용하지만, 생활습관이 상당히 큰 영향을 끼친다는 사실이 밝혀지고 또, 중장년층뿐만 아니라 젊은이나 어린이에게도 같은 질병이 나타나는 것이 확인되면서 1997년 생활습관병이라는 새로운

명칭이 도입됐다(후생노동성 공중위생심의회, 1996). 주요한 생활습관병의 질환군에는 암, 심근경색, 뇌졸중, 당뇨병, 고혈압, 고지혈증, 비만, 골다공증 등이 있다. 그런데 현재 일본의 사망 원인 중 생활습관병에 의한 사망은 전체 사망의 60%를 차지하며, 전체 의료비의 30%를 상회하고 있다. 따라서 건강수명 연장과 삶의 질 향상 관점에서 또, 의료비 적정화를 위해서도 생활습관병 대책이 필요했으며, 특히 노인의 와병생활이나 치매 등에 의한 요개호 상태를 초래할 수 있는 생활습관병이 급속한 고령화와 함께 추가적으로 증가할 것을 대비하기 위해서는 노인뿐 아니라 청장년층도 포함하는 생활습관병 예방 정책의 추진이 더욱 필요해졌다.

하지만 후생노동성이 2010년부터 생활습관병 예방을 위해 신체활동 증진과 운동습관 개선을 중심으로 하는 중장기적 국민건강증진대책으로 추진한 「건강일본 21」은 뇌졸중, 허혈성 심질환의 연령보정 사망률의 개선 외에는 별다른 성과를 거두지 못했다. 특히 중고령 남성의 경우 고혈압, 당뇨병 환자 수, 비만자의 비율, 일상생활에서의 일일 보행 수 등 「건강일본 21」의 책정 시 목표했던 기준치보다 개선되지 않거나 오히려 악화하고 있는 항목이 보이는 등 전체적으로 모든 면에서 충분한 성과를 거두고 있다고 평가하기는 어려운 상황이다(이정수 외, 2008). 이에 대해서는 「건강일본 21」이 포괄적으로 너무 많은 목표를 설정했기 때문에 목표가 명확하지 않았고, 목표달성에 효과적인 프로그램과 도구의 적용이 충분하지 않았던 점, 사회 전체의 참여가 충분하지 않았다는 점 등이 지적됐다.

한편, 쓰쿠바 대학원(筑波大学大学院)의 인간종합과학연구과 쿠노(久

野譜也) 교수는 1996년 이바라키현의 호코타시와 쓰쿠바 대학원이 공동으로 실시한 노인건강증진 프로젝트인 「태양마을 프로젝트」[6]를 통해 신체활동을 통한 건강증진 효과가 생활습관병이나 와병생활을 예방함으로써 의료비를 포함한 다양한 사회보장비용을 절감시킬 수 있다는 점을 밝혀냈지만, 그 성과가 각 지자체 현장에서 활용되지 못하고 있었다. 쿠노 교수는 노인의 노쇠 예방과 의료비 절감을 가능하게 하는 자신의 건강증진시스템 연구가 일정 성과를 달성하고도 현장에서 적용되지 못한 원인을 정부의 건강정책이 의과학적 관점의 건강증진 차원에서만 접근해왔던 것에 기인한다고 보았다. 일상생활에서의 행동변화를 통한 신체활동과 운동습관의 증진은 도시환경, 사회적 관계, 교육, 교통 등 지역의 사회적, 물리적 여건에 영향을 받기 때문에 현재와 같은 좁은 의미의 의과학적 건강정책만으로는 개인의 행동변화를 촉진하는 데 한계가 있다는 것이다.

이와 함께 쿠노 교수는 정부의 건강정책은 건강지식이 부재한 계층, 즉 건강무관심층을 포섭하지 못하고 있는 점도 지적했다. 건강지식은 개인이 건강과제에 대한 적절한 판단을 수행하기 위해 필요한 건강정보와 서비스를 획득, 처리, 이해하는 능력을 말한다. 쿠노 교수는 조사를 통해 7:3 법칙을 발견했는데, 이는 일본 성인인구의 약 70%가 운동부족 인구이며, 이 중 다시 70%가 앞으로도 운동을 할 의사가 없는 건강무관심층

---

6) 태양마을 프로젝트는 쿠노 교수 연구팀이 개발한 과학적 근거의 건강증진 프로그램을 약 2년에 걸쳐 호코타시의 고령자들에게 적용한 결과, 고령자의 생활기능과 정신건강의 향상은 물론 의료비 절감의 효과를 입증하는 데 성공했다.

표 5-1 운동부족층과 운동충족층의 7:3 법칙

	운동부족(67.5%)				운동충족 (32.5%)
	운동실시 의사 없음 (71.0%)		운동실시 의사 있음 (29.0%)		
인구(구성비)	대사증후군 위험군 (20.4%)	대사증후군 비위험군 (27.4%)	대사증후군 위험군 (8.0%)	대사증후군 비위험군 (11.7%)	대사증후군 비위험군 (32.5%)
건강생활을 위한 정보 수집 및 시도	하지 않는다	하지 않는다	하고 있다	하고 있다	하고 있다
건강진단 및 병원에서 건강유지가 가능	그렇게 생각한다	그렇게 생각한다	그렇게 생각하지 않는다	그렇게 생각하지 않는다	그렇게 생각하지 않는다
정신건강 정도	약화 추세	약화 추세	-	양호	양호
사회적 자본	낮음	낮음	-	-	높음

출처 : 쓰쿠바대학쿠노연구실(2010), 『총무성 지역ICT활용 광역연계사업』.

으로 밝혀진 것을 의미한다. 건강무관심층의 특징은 건강을 위한 건강정보를 획득하지 않으려는 태도인 것으로 밝혀지고 있는데, 이로 인해 아무리 국가와 지자체가 건강정책을 추진하고 홍보해도 건강무관심층에는 그 정보가 거의 도착하지 않으며, 건강증진을 위한 행동변화도 촉진되지 않는다고 했다. 따라서 현재와 같은 문제해결을 위해서는 앞으로의 건강정책이 운동할 의사가 없는 50%의 주민을 대상으로 접근해야 한다고 강조했다.

또 쿠노 교수는 건강무관심층인 이들에게 건강정보를 전략적으로 제공하는 노력과 함께 궁극적으로 그들의 행동변화를 촉진하기 위해서는 무관심 그대로 살아도 일상적인 신체활동 증가 및 건강능력 향상을 기대할 수 있는 마을환경의 변화가 필요하다고 보았다. 이러한 주장의 배경에

그림 5-6 근린환경과 생활습관병과의 영향관계

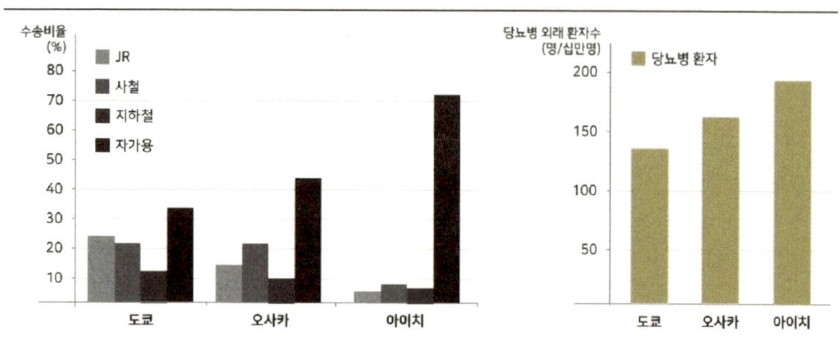

자료: 지치의과대학 테마모토연구실(2009).

는 2009년 지치의과대학(自治医科大学) 테마모토(為本浩至) 교수의 조사결과가 있다. 도쿄, 오사카, 아이치현 시민을 대상으로 한 일상생활의 주요이동수단 조사에서 자동차 비율이 가장 높았던 아이치현이 당뇨병 환자 외래수도 가장 많은 것으로 나타났다. 자동차에 의존하는 편리한 생활이 당뇨병을 유발할 수 있다는 전문적 견해를 고려한다면, 이 조사결과는 보행을 억제하는 대중교통환경이 생활습관병의 발병에 영향을 미치고 있는 것을 보여주며, 또 근린환경을 바꾸지 않으면 아무리 건강지식을 공급하고 행동변화를 촉구해도 건강한 사람을 늘릴 수 없는 구조가 고착화될 것임을 알려준다. 특히 도쿄, 오사카, 아이치현 지역 거주자의 건강지식 정도가 서로 차이가 없다는 데이터도 있어 이에 근거한다면, 아이치현 주민의 생활습관병의 발생은 개인의 생활습관보다는 사실 도시의 환경에 문제가 있는 것으로 간주하고 이를 바꾸어나가는 노력이 필요하다고 할 수 있는 것이다.

이에 쿠노 교수는 "일본 전국을 건강하게"를 목표로 하는 쓰쿠바웰니스리서치를 2002년에 설립하고, '과학적 근거에 기초한 건강증진'이라는 기본개념을 바탕으로 한 IT 기반의 일상 건강프로그램인 'e-wellness 시스템'을 개발해, 다수의 지방자치단체 등과 함께 그 효과를 검증하는 가운데, 의료, 복지, 교통, 환경, 건축 등을 아우르는 종합적 시책과 사업으로서 주민의 건강을 만들 수 있는 마을만들기인 스마트웰니스시티 구상의 전국적 확산을 모색하게 됐다.

2) 걷기를 통한 건강증진 및 의료비 절감의 효과 입증

2009년 WHO가 발표한 보고서[7]에서는 대표적인 사망원인 20개 중 1위는 고혈압, 2위 담배, 3위 고지혈증(당뇨 포함), 4위 운동부족, 5위가 비만으로 나타난다. 운동부족이 대표적인 사망원인이 되고 있다는 것은 놀라운 사실이지만 운동부족이 해소되면 나머지 고혈압, 고지혈증, 비만 등의 사망원인이 개선될 수 있다는 것 역시 놀라운 사실이라고 할 수 있다. 이 같은 현대인의 운동부족 현상과 관련해 새삼 주목을 받고 있는 것은 걷기에 의한 건강증진의 효과이다. 자동차 의존도가 높은 지역에서 나타나는 당뇨와 같은 생활습관병 환자의 높은 비율은 생활습관병의 예방과 건강증진의 측면에서 걷기가 갖는 효용을 입증하고 있다. 뿐만 아니라 걷기를 기본으로 하는 라이프스타일의 변화는 사회적 자본의 향상과 커뮤니티의 활성화, 주민의 사회참여도 촉진할 가능성이 높기 때문에 고령

---

7) WHO(2009), 『Global Health Risks Mortality and burden of disease attributable to selected major risks』.

그림 5-7 걷기와 사회적 관계망의 영향

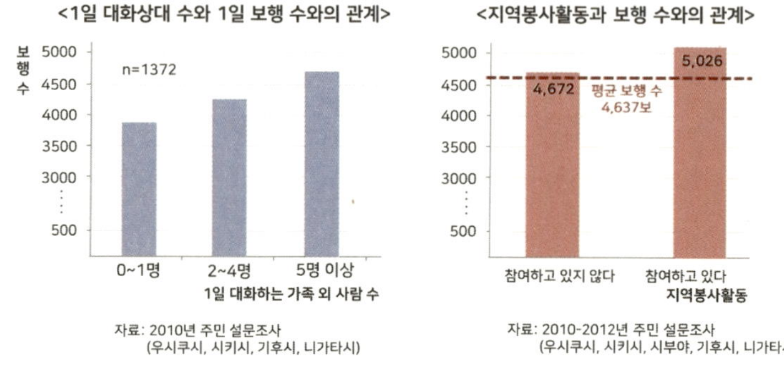

출처: 국토교통성(2016). 『건강의료복지 마을만들기 가이드라인』.

자의 건강수명 연장 측면에서도, 지역 활력의 회복 측면에서도 그 가치가 높게 평가되고 있다. 특히 노인은 약화된 신체능력으로 이동성이 제약돼 활동의 대부분이 걷기의 행태로 나타나는데, 근린의 물리적 제약으로 걷는 것이 어려워지면 외부활동이 줄고 다양한 신체활동, 여가활동, 사회적 활동 또한 줄어들어 전체적인 삶의 질이 저하된다. 따라서 노인이 집밖을 더 자주 나와서 다양한 장소에서 사람들을 만나 교류하고, 이를 통해 더 많이 걷게 돼 자연스럽게 건강해질 수 있는 환경 조성은 노인이 현재의 거주환경에서 지속적으로 살 수 있는 물리적 여건뿐 아니라 사회적 관계망의 형성 기회를 마련한다는 점에서도 매우 중요하다.

또 걷기는 신체활동 증가에 의한 건강증진을 통해 생활습관병을 미리 예방할 수 있게 함으로써, 질환 발생으로 인한 의료비 및 제반 사회보장 비용의 부담을 감소시키는 역할도 한다. 쓰쿠바웰니스리서치는 생활습관병이 어떤 신체활동과 운동으로 예방과 개선이 가능한지 각각의 원인을

그림 5-8 걷기 등의 신체활동에 의한 건강증진과 의료비 억제 효과

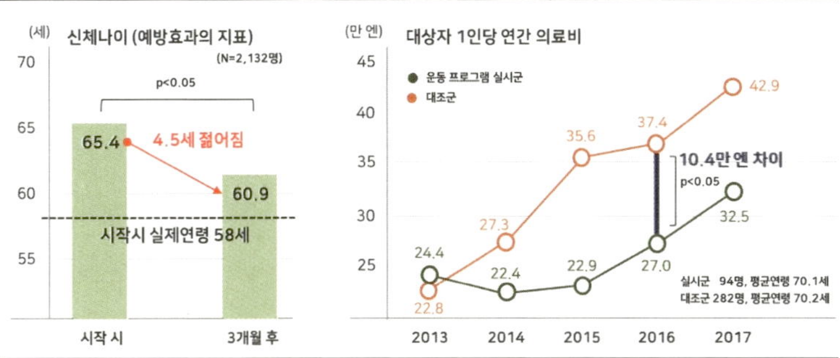

출처: 츠쿠바대학 쿠노연구실(2008).

규명했고, 이를 통해 성과를 낼 수 있는 건강증진 프로그램인 e-wellness 시스템[8]을 개발했다. e-wellness 시스템은 기존의 건강증진 프로그램이 특정 건강집단, 이를테면 대사증후군 위험군과 같은 고위험 계층에 한정된 접근이었던 것과 달리, 집단 전체의 위험평균을 낮추고 건강한 사람의 절대 수를 늘려가기 위한 노력인 '파퓰레이션 접근법(population approach)'을 지향했다. 따라서 과학적 근거에 기초한 증거기반 프로그램이면서 지역 주민 전체의 일상 신체활동량을 증가시키는 프로그램이라고 할 수 있다. 쓰쿠바웰니스리서치는 이 프로그램을 다수의 지자체에 제공해 건강증진의 효과뿐 아니라 대사증후군의 예방, 개호 예방 등에 의한 의료비

---

8) e-wellness 시스템은 과학적 근거에 기초한 개별 운동 · 영양 프로그램을 자동 생성하고, IT를 활용해 전국 어디에서나 개별지도 및 계속지원까지 가능하게 하는 건강관리 시스템이다. 이 시스템에서 제시한 프로그램에 기초한 운동교실 참여나 가정 · 직장 등 일상생활에서의 신체활동 상황, 신체조성 데이터 등을 IT를 활용해 모니터링 함으로써 일상에서의 건강증진 활동 실시 상황을 평가하고 가시화할 수 있다. e-wellness 시스템은 현재 일본의 지자체 · 민간기업 등 약 5만 명의 참가자들에게 이용되고 있으며, 생활습관병 예방, 개호 예방과 의료비 억제 효과를 실증하고 있다.

절감 효과를 입증했다. 2008년 e-wellness 시스템을 사용하고 있는 니가타현 미스케시의 프로그램 참여자 2천여 명을 대상으로 한 신체나이 조사에서 실제 연령 58.0세의 참여자들은 프로그램 시작 시 신체나이가 65.4세였으나 3개월 후 60.9세 즉, 4.5세 신체나이가 젊어진 것으로 나타났다. 또 프로그램 참여자 중 5년 연속 국민건강보험 피보험자였던 평균 연령 70세의 고령자를 대상으로 한 연간의료비 지출 조사에서는 통계적으로 유의한 결과를 인정받게 되는 3년경과 시점에서 운동 프로그램 실시군이 대조군에 비해 1인당 약 10.4만 엔을 적게 지출하고 있는 것으로 나타나 의료비 감소효과 또한 입증됐다.

한편, 쓰쿠바웰니스리서치는 매일 30분씩 계속 걷는 집단군, 아침, 점심, 저녁 1일 3회에 걸쳐 1회당 10분을 걷는 집단군을 대상으로 3개월에 걸친 조사 결과 운동효과에 차이가 없는 것을 입증함으로써 과거의 1회 20분 이상 지속해야 운동효과가 있다는 정설이 이제는 유효하지 않음을 밝혔다. 따라서 조금씩만 걸어도 총 걷는 시간이 중요하다는 점에서 일상생활 중 거리에 나와 가게에서 쇼핑을 하고, 다시 다른 가게에 가거나 혹은 공원을 들려 집으로 들어가는 짧은 걷기만으로도 건강이 증진될 수 있다는 사실을 강조하면서 기존의 건강정책이 워킹로드 조성이나 정비에 치중했던 것에서 탈피해, 잠깐씩이라도 걷는 기회를 자주 만들 수 있는 마을, 자가용을 이용하지 않고 걷기와 연계한 대중교통을 쉽게 이용할 수 있는 마을의 관점에서 스마트웰니스시티 구상을 더욱 구체적으로 제시했다.

3) 주민의 '웰니스(wellness)'를 핵심으로 하는 마을만들기의 추진

마을의 고령화에 따른 사회적, 경제적 활력 저하와 날로 증가하는 의료비와 사회보장비용을 예방하기 위해서는 주민이 나이를 먹어도 질병에 시달리지 않고 활기차게 노년을 보낼 수 있는 건강증진이 우선 필요하다. SWC 자치단체장 연구회는 2009년 지역의 건강증진은 개인 차원이 아닌 경제적 관점을 포함해 지역 활력, 주거 환경, 교통환경 등 종합적 관점에서 해결책을 구축해나가는 것이 중요하다는 데 의견을 모은 각 자치단체장과 대학 연구자들이 중심이 돼 발족했다. 연구회는 초고령 인구감소 사회에서 직면하게 될 사회문제에 대한 위기감을 공유했고, 각각의 지자체들이 앞으로 지역민의 「웰니스健幸」[9]를 마을만들기 정책의 핵심으로 삼되 건강에 관심 있는 계층만 참여하는 지금까지의 정책에서 탈피해 시민 모두가 참여해 생활습관병과 질병을 예방할 수 있는 마을만들기를 추진할 것을 밝혔다(이준, 2013).

매년 2회의 연구회를 정기적으로 개최하고 있는 SWC 자치단체장 연구회에서는 마을의 구조와 건강과의 관계에 대한 과학적 증거가 밝혀지고 있는 시점에서 주민들이 자연스럽게 건강해질 수 있는 마을을 실현하기 위해서 각 지자체들은 과연 무엇을 해야 하는지 지속적인 논의를 나누었다. 그리고 이러한 논의를 구체화시켜 건강이라는 키워드를 바탕으로 주민의식과 행동을 변화시켜 결과적으로 웰니스를 구현해낼 수 있는 마

---

9) 개개인이 건강하고 보람을 가지고 안심하고 안전하며 풍요로운 생활을 영위할 수 있는 것.

을의 구체적 상을 (1) 걸어서 생활하는 것을 기본으로 하며 대중교통이 지원되는 마을, (2) 고령자가 사회적 역할을 가질 수 있고 또. 건강하게 보내는 기간이 자연스럽게 길어지는 마을, (3) 신뢰할 수 있는 건강의료정보 데이터를 바탕으로 정확한 건강증진 정책이 전개되는 마을, (4) 주민의 행동변화를 촉진할 수 있는 적합한 건강지식을 제공하는 마을로 제시했다.

첫째, 걸어서 생활하는 것을 기본으로 하며 대중교통이 지원되는 마을은 동네 안에서 노인뿐 아니라 어린이부터 모든 세대가 걸어서 생활하는 것이 자연스럽고, 자연스럽게 걷게 되면서 건강해지는 마을을 말한다. 둘째, 고령자가 사회적 역할을 가질 수 있고 건강하게 보내는 기간이 자연스럽게 길어지는 마을은 과거 전통사회에서의 노인의 역할이 붕괴되고 있는 초고령사회에서 노인이 의미 있는 역할을 찾고 또 수행할 수 있도록 활동적이고 능동적인 노화를 지원하는 폭넓은 바깥활동과 사회적 활동 기회를 제공하는 마을을 말한다. 특히 노인을 일방적인 약자로 대하지 않고 적극적이고 독립적인 존재로 인식하고자 하며, 새롭고 생산적인 지역 구성원으로서 거듭날 수 있도록 교육, 여가, 문화 등 다방면의 지원을 모색해 궁극적으로는 연령대나 성별, 문화 등의 차이를 넘어 주민 모두가 사는 보람을 가지고 삶의 질을 향상시킬 수 있는 지역커뮤니티가 활성화된 마을을 조성하는 것이다.

셋째, 주민의 행동변화를 촉진할 수 있는 적합한 건강지식을 제공하는 마을은 건강지식을 가지고 있지 않는 층은 자신의 생활습관을 바꾸는 것이 건강에 이익이 있음을 알 리가 없다는 아주 간단한 문제의식에서 출발했다. 따라서 그동안 정부 건강증진 정책에서 포섭하지 못했던 건강무관심층에 건강지식과 정보를 전략적으로 제공하고, 결과적으로 그들의 실질적인 행동 변화를 촉진함으로써 일상적인 신체활동의 증가 및 건강능력의 향상을 기대할 수 있는 마을을 만들 것을 제시하고 있다. 넷째, SWC 자치단체장 연구회는 신뢰할 수 있는 건강의료정보 데이터를 바탕으로 정확한 건강증진 정책이 전개되는 마을을 구상했다. 현재까지 일본의 지자체들은 건강증진 상황을 지역차원에서 종합적으로 평가할 수 있는 지표와 평가방법이 없었기 때문에 현재 및 미래의 상황을 객관적으로 파악하지 못하고 있었다. 대부분의 건강증진 정책은 이론과 경험에 따라 기획되고 실행됐고, 정책 효과에 대한 상세한 분석도 이루어지지 않아 지속적인 성과를 낼 수가 없었다. 이에 대해 연구회는 주민의 건강의료정보 데이터에 근거한 평가시스템을 통해 지자체의 건강증진 정책의 입안, 실시, 평가과정이 과학적으로 지원되고 이를 통해 유효한 정책이 지속적으로 전개되는 마을의 구상을 제시하고 있다.

연구회가 제시한 스마트웰니스시티의 구상과 실현은 2012년 일본정부의 종합특구(総合特区)[10]제도에 따른 〈지역활성화 종합특구사업〉에서 구체화됐다. SWC 자치단체장 연구회 참여단체인 미쓰케시, 다테시, 니가타시, 산조시, 기후시, 다카이시시, 토요오카시 그리고 쓰쿠바웰니스리서치 등은 〈健幸장수사회를 창조하는 스마트웰니스시티 종합특구〉 사업을 공동으로 제안했고 선정과 함께 사업이 본격화됐다. 이 사업은 2012년

10) 종합특구제도는 일본정부가 산업구조와 국제 경쟁조건의 변화, 급속한 저출산 고령화의 진전 등 경제, 사회정세의 변화에 대응해, 지역의 책임 있는 전략, 민간의 지혜와 자금, 국가시책의 선택과 집중의 관점을 최대한 활용해 규제의 특례 조치나 세제 · 재정 · 금융상의 지원 조치 등을 패키지화해 실시하는 제도를 말한다.

부터 2016년까지 자율적으로 '걷기'를 기본으로 하는 '건강하고 행복한(健幸)' 마을을 구축해 건강증진에 무관심한 층을 포함한 주민의 행동 변화를 촉구하고, 고령화가 진행되고 인구가 감소해도 지속가능한 예방 사회의 전국적 모델을 만드는 것을 목표로 했다. 2016년까지 진행된 사업의 성과를 바탕으로 2019년 현재는 연구회 참여 지자체 37개 도도부현과 78개 시정촌 등 전국적으로 스마트웰니스시티에 기반한 마을만들기가 자체적으로 확산되고 있다.

3. 스마트웰니스시티의 실현 수법과 사례

스마트웰니스시티를 실현하는 것은 삶의 편리와 수월을 추구해왔던 기존의 가치관이 불편과 자율에 순응하는 가치관으로 변화해야하는 것을 의미한다. 스마트웰니스시티는 건강하고 행복해지기 위해서는 주민과 지자체 모두의 가치관의 개혁이 필요하다는 공동의 인식을 바탕으로 사회를 바꾸는 노력 즉, 사회시스템의 혁신을 요구한다[11]. 이와 같은 사회혁신을 전국적으로 전개하기 위해 SWC 자치단체장 연구회에서는 스마트웰니스시티의 실현에 대한 구체적인 이정표 역할을 할 '조례의 제정', 보행을 촉진시키고 커뮤니티를 활성화시키는 유무형의 환경조성을 위한 '마을의 재구성' 그리고 증거기반의 객관적 정책 평가를 위한 '지자체 공

11) 이준(2013), "건강의료복지를 지향하는 마을만들기 사업(1)–인구감소고령화사회의 스마트웰니스시티", 『월간교통』(2013.7).

공형 건행(健幸)클라우드 시스템'의 3가지 실현 수법을 제시하고 있다.

1) 스마트웰니스시티의 실현수법

(1) 조례의 제정

일본 지자체의 조례는 크게 나누어 기본조례와 일반조례로 구분되는데 기본조례는 이념이나 슬로건과 같은 조례이기 때문에 스마트웰니스시티에서는 기본적으로 일반조례를 통해 구체적인 정책 내용을 명시하고 있다. 스마트웰니스시티의 구체적 지침이면서 사업의 지속성을 확보하기 위한 제도적 장치인 조례는 기본적으로 주민의 원활한 보행이동 확보를 조례 제정의 목적으로 하고 있으며, 자동차 중심의 마을이 아닌 '걷기'가 중심인 마을만들기의 추진을 공통적으로 강조해 조례의 내용 안에 넣고 있다. 또 지역마다 차이는 있으나 대체로 조례의 구성은 조례의 제정 목적과 기본이념, 시민, 지역사회, 사업자, 지자체 등 스마트웰니스시

그림 5-9 『대중교통이나 자전거로 이동하기 쉽고 편안하게 걸을 수 있는 마을만들기 조례』 제정에 관한 언론 보도

티 추진 각 주체에 대한 정의와 책무, 시책의 추진방침, 기본계획 수립 등의 내용을 유사하게 담고 있다.

각 지자체 조례의 제1조는 해당 조례의 제정 목적이 웰니스(健幸) 마을만들기를 위한 시민, 지역사회 또는 지역단체, 사업자, 도시의 역할을 명시함으로써 시민 한 사람 한 사람이 건강하며 삶의 보람을 가지고 여유있게 살 수 있는 마을을 만들기 위한 시책을 규정하는 것에 있음을 밝힌다. 2012년에 제정된 니가타시의 『대중교통이나 자전거로 이동하기 쉽고 편안하게 걸을 수 있는 마을만들기 조례』[12]에서는 니가타시의 새로운 마을만들기를 위한 도시, 시민, 사업자 그리고 대중교통 사업자의 책무를 분명히 명시하고, 기본사항을 효과적으로 추진함으로써 과도한 자동차 이용에서 전환해 건강하고 살기 좋은 사회를 실현하는 것을 조례 목표로 명시하고 있다. 한편, 조례에서 사용되는 용어들은 주로 조례 제2조에서 정의되고 있는데, '웰니스健幸'는 생애에 걸쳐 건강하고 행복한 생활을 할 수 있는 상태, '시민'은 시내에 주소를 가진 사람 및 시내에서 일하거나 공부하는 개인, '지역단체'는 시내에서 활동하는 영리를 목적으로 하지 않는 단체, '사업자'는 시내에서 사업을 운영하는 법인, 기타 단체 및 개인, '대중교통'은 시민의 일상생활 또는 사회생활에서 이동을 위한 교통수단으로 이용되는 교통 등으로 정의하고 있다.

조례 제3조를 통해 명시되는 웰니스(健幸) 마을만들기의 기본 이념은 지자체마다 조금씩 차이는 있으나 도보, 자전거 및 대중교통이 일상생활

---

12) 『新潟市公共交通及び自転車で移動しやすく快適に歩けるまちづくり条例』.

그림 5-10 니가타시 조례에 따른 시책과 주요 사업

기본계획	
기본계획의 책정 (제9조) : 조례의 이념에 기반한 계획책정 및 추진관리	
시책의 체계와 조례의 대응	**주요 사업**
교통환경의 정비 (제10,13,15,17조) 보행환경의 정비, 자전거환경의 정비, 대중교통환경의 정비, 자동차, 대중교통의 연계	- 보행공간 네트워크화, 생활가로의 통행속도억제 - 자전거 주행공간, 자전거 주차공간의 정비, 자전거 대여 - 새로운 교통시스템, 버스노선 재구축, 철도 및 버스의 편리성 향상, 공원과 자전거 주행
이용 촉진 등 (제11,18,19,21조) 마을 걷기의 추진, 의식의 개선 등, 친환경 교통의 정비	- 친환경 교통계획 (자전거 대여, 차에서 대중교통이나 도보로의 연계 지원) - 이동성 관리
이동가능한 마을만들기의 추진 (제12,14,16조) 마을 걷기 단체, 자전거 이용 추진 단체, 지역교통계획 등	- 지역의 특성을 살리는 마을걷기 로드 조성 - 단체, 지역 간의 협력에 의한 도로 미화 활동 - 자전거 이용의 추진 - 주민버스 지원
이용자 관점에서의 교통시책 추진 (제20조) 시민의견의 취합	- 교통 모니터링
관계자 간의 제휴, 협력, 요청 조언 (제23조) 국가 등에 대한 요청	**협정체결에 따른 시책의 실현과 지속가능성 확보** 체결: 마을걷기계획의 제안과 시책, 자전거이용 추진, 주민버스 지원, 친환경 교통 계획 등

및 사회생활에 밀접하게 관련되는 것이라는 인식하에, 시민들이 도보로 편안하게 이동할 수 있는 보행환경의 향상, 자전거나 대중교통 등 다른 이동수단과 적절한 역할분담을 위한 교통환경의 정비, 시민의 보행, 자전거, 대중교통의 자발적인 선택 및 이용의 촉진 등을 기본이념으로 한다는 내용들을 유사하게 담고 있다. 또 지자체의 조례들은 스마트웰니스시티의 각 주체별 책무에 대해 ① 시민은 걷기를 기본으로 하는 마을만들기에 대한 이해와 관심을 높이고, 스스로 건강하고 충실한 생활을 영위할 수 있도록 시가 추진하는 시책에 적극적으로 참여하도록 노력한다. ② 지역사회는 지역의 연계와 유대를 도모하고 지역 주민이 걷기를 기본으로 생활할 수 있도록 시가 실시하는 시책에 협력한다. ③ 사업자는 지역사회의 일원

임을 인식하고 걷기를 기본으로 하는 마을만들기에 관한 활동에 적극적으로 종사한다. ④ 지자체는 시책의 수립에 시민, 지역사회, 사업자의 의견을 반영하고 상호이해를 통해 협력 한다 등의 내용들을 명시했다.

이 밖에 조례는 스마트웰니스시티 추진을 위한 기본계획의 수립, 다양한 사업의 독자적인 예산조치와 조세, 재정, 금융상의 지원을 위한 조치도 함께 명시하고 있는데, 니가타시의 경우 조례에 근거해 대중교통이나 자전거로 이동하기 쉽고 편안하게 걸을 수 있는 마을만들기를 위한 기본계획을 수립하는 것에 대한 조항에 이어(제9조), 보행자, 자전거 이용자들이 편안한 환경, 대중교통이 편리한 환경 및 이들의 이용을 촉진시킬 수 있는 관련 시책과 조례의 대응까지 명시하고 있다. 시책의 체계는 교통환경의 정비, 이용의 촉진, 이동이 쉬운 마을만들기, 이용자 관점의 교통시책 추진, 협정체결에 따른 시책의 실현과 지속가능성 확보 등으로 구성돼 있다. 각 시책별 주요사업들에는 보행을 활성화하기 위한 대중교통환경 정비, 친환경 교통계획, 대중교통의 연계를 목적으로 하는 보행공간 네트워크화, 지역의 특색을 살리는 마을걷기 길 조성, 안전지도의 제작, 교통 모니터링 등이 있다. 니가타시의 조례는 다른 지자체의 조례와는 달리 시책과 시책에 따른 주요 사업까지 명시하고 있는 점에서 차이를 가지며, 특히 조례에 근거해 마을걷기계획, 자전거 이용의 추진, 주민버스 지원, 친환경교통계획 등은 관계자 간의 협정 체결로 추진하고, 시책의 실현과 지속가능성도 확보할 것을 명시하고 있는 점도 주목할 만하다.

(2) 마을의 재구성

스마트웰니스시티를 추구하는 지자체들은 지역 환경이 주민 건강에 미치는 영향을 인식해, 주민의 신체활동과 건강이 증진되도록 과도한 자동차 의존성을 억제하고 걷기를 기본으로 하는 라이프스타일을 정착시킬 수 있는 마을환경을 조성한다. 이러한 노력에는 걷고 싶어지는 쾌적한 보행환경의 조성, 지역 곳곳을 연결하는 공공교통망의 정비, 중심시가지를 중심으로 하는 마을의 활력 되찾기, 교류거점의 정비를 통한 사회참여의 장소 확대 등이 있다.

첫째, 자연스럽게 걷게 되고 그로 인해 건강해지는 마을을 만들기 위해서는 우선 걷고 싶어지는 쾌적한 보행환경의 정비가 필요하다. 스마트웰니스시티는 보행로 주변에 공원, 녹지 등 아름다운 경관을 조성해 보행환경의 매력을 더한다. 자동차 유입 억제와 안전한 자전거 이용 등을 촉진하기 위해서는 광역 간선도로를 정비해 시가지에 자동차가 유입되는 것을 억제하고, 시가지 간선도로에는 자전거 통행로를 조성해 보행자가 친근하게 걷고 자전거 타기를 즐길 수 있는 환경을 마련한다. 또 보행자의 안전 확보를 위한 수단으로는 라이징볼라드(rising bollard)[13], 가로등의 설치, 단차의 해소 등 모든 사람이 걷고 싶어지는 안전하고 쾌적한 보행환경을 만든다.

둘째, 지역 곳곳을 연결하는 공공교통망 정비는 도시의 확장으로 자가용 중심의 라이프스타일이 진행되고 대중교통 이용자가 크게 감소하면

13) 도로에 설치된 자동승강식 기둥. 자동차의 통행을 물리적으로 제한해 보행자가 안전하고 안심하게 걸을 수 있는 도로공간을 창출한다.

서 버스노선이 폐지됨에 따라 지역의 이동수단을 버스에 의존하는 주민들의 불편이 증가하고 있는 것에 기인한다. 이러한 불편을 해소하기 위해 시가지 곳곳을 연결하는 커뮤니티 버스 운행 등으로 생활교통을 재구축하고, 버스 고급화, 저상버스 도입 등 대중교통의 매력을 높이는 환경을 조성하며, 공공교통망의 안정적 지속을 위해 노선버스의 수익성과 노선 유지 보조, 대중교통 이용을 촉진하는 홍보 등도 진행한다. 이와 같이 공공교통망의 정비를 통해 다양한 교통수단이 상호 보완되는 교통체계가 구축되면 자동차에서 대중교통수단으로 이동수단의 전환이 증가되고 보행이 유발되는 외출 또한 촉진하는 효과를 얻을 수 있다.

셋째. 일본의 지방도시 대부분의 중심시가지는 자동차 이용 증가에 의한 상권의 외곽 입지에 따라 빈 상점들이 속출하고, 상권 침체와 쇠퇴에 따라 미관이나 안전 측면에서도 적합하지 않은 보행환경이 방치돼 지역 주민의 보행을 촉진시킬 수 있는 매력적인 시가지로서 역할을 하지 못하고 있다. 중심시가지에서의 체류시간 증가는 보행에 의한 신체활동량을 증가시키고, 방문하는 주민이 늘어나면 시가지 또한 활성화돼 지역의 활력을 되찾는 구심점으로서 역할한다. 따라서 스마트웰니스시티를 추구하는 지자체에서는 기존시설을 활용해 운동시설, 의료기관, 복지시설, 상점가, 공공시설 등 도시의 다양한 기능과 역할을 집적시키고, 상가 활성화와 흥미로운 이벤트 등을 통해 외출 목적지로서 중심시가지에 대한 매력을 향상시키고자 하며, 공공교통망을 통한 접근성의 향상, 사람들이 모일 수 있는 교류거점의 조성 등도 함께 모색하고 있다.

넷째, 나이를 먹어도 즐겁게 잘 살 수 있기 위해서는 다양한 사람들과 교류하고 재미와 기쁨을 공유할 수 있는 기회와 이를 통해 서로 지지하고 돕는 사회적 자본이 필요하다. 특히 사회적 고립이 우려되는 고령자의 경우 고령자의 지식과 경험을 살린 지역 활동 등을 통해 사회적 역할을 찾고 다양한 세대와 교류함으로써 신체적, 정신적 건강을 유지할 수 있다. 따라서 노인이 집 밖을 나올 수 있는 사회활동 참여와 외출의 목적이 되는 장소, 활발한 교류가 안정적으로 지속될 수 있는 장소 조성이 필요하다. 이에 스마트웰니스시티를 추진하는 각 지자체는 중심시가지의 빈 점포, 빈 공터 등 유휴시설을 활용해 모두가 이용하기 쉽게 모일 수 있는 장소, 세대를 불문하고 교류할 수 있는 장소를 마련하고, 이러한 교류거점의 조성과 정비를 통해 다양한 학습과 취미, 봉사 활동 등 사회참여 기회를 제공함으로써 건강증진은 물론 마을의 활력 창출도 함께 도모한다.

스마트웰니스시티의 구체적 상을 실현하고자 새롭게 마을을 재구성하는 이러한 노력들은 각 지자체의 조례에 근거한 기본계획의 수립을 통해 구체화되며, 물리적 환경은 물론 건강의식, 신체활동, 사회적 자본 등 인문사회적 환경의 차원으로까지 그 범위가 확장돼 전개된다.

(3) 지자체 공공형 건행(健幸)클라우드 시스템

일본의 지자체들이 추진하고 있는 건강증진 정책은 대부분 이론과 경험에 따라 기획되어 실행됐고, 정책의 효과에 대한 상세한 평가가 이루어지지 않아 정책 개선을 통한 지속적인 성과를 낼 수 없었다는 지적을 받아왔다. 특히 건강증진 상황을 지역차원에서 종합적으로 평가할 수 있는 객관적인 지표가 없어 다른 지자체와의 비교도 불가능했다. 이러한 한계

그림 5-11 지자체 공공형 건행(健幸)클라우드 시스템의 작동구조

를 극복하기 위해 SWC 자치단체장 연구회에서는 '건행(健幸)클라우드 시스템'과 '건행(健幸)도시 인덱스'를 개발했다.

'건행(健幸)클라우드 시스템'은 그동안 지자체에서 파악할 수 있었던 주민의 건강 관련 정보가 주민의 약 30%에 불과한 국민건강보험 가입자의 건강진단 데이터 및 의료비 청구서 데이터에 국한됐던 것과 달리, 개호보험 데이터 및 사회보험 데이터(기업건강보험이나 각 도도부현에 지부를 가진 전국건강보험협회의 데이터 등)를 통합해 확보함으로써 주민의 약 70%까지 확대된 건강 데이터를 관리 분석할 수 있다. 수집된 건강 관련 정보는 안전하고 강력한 보안 시스템을 가진 데이터센터에서 보관

표 5-1 건행(健幸)도시 인덱스 평가항목

No.	항목	설명
1	몸 상태와 라이프스타일	건강하고 행복한 생활을 할 수 있는 기반이 되는 몸과 마음의 건강상태 및 이들의 건강상태를 좌우하는 생활방식
1-1	노쇠위험	요개호의 원인이 되는 생활습관병의 발병 운동기질 악화 및 사루코빼니아 비만 위험보유 상황
1-2	심신의 상황	신체의 건강도(체력)와 마음의 건강도(정신건강) 상태
1-3	라이프스타일	노쇠위험을 감소시키고 몸과 마음의 건강상태를 강화하는 라이스프타일의 상황(운동, 식습관, 흡연 등)
2	사회적 활동	개인이 활동적으로 사회적 관계를 유지하면서 건강을 지속하려고 하는 생각이나 행동의 상태
2-1	건강지식과 사회의식	건강의 유지 및 증진에 힘쓰고, 걷기의 사회적 가치를 인식하고 건강행동을 하기 위해 필요한 개인의 능력
2-2	사회적 자본	사람과 사람의 연결 능력. 사람들과 협력을 활발히 해 사회의 효율성을 높일 수 있는 '신뢰', '규범', '네트워크' 등의 사회 조직적 특징
2-3	거리의 활기	중심시가지 등 거리의 중심에 걷는 사람이 많이 있고 활기가 있는 상태. 마을의 중심에 사람을 모으는 연구의 유무, 또는 사람을 모으는 이벤트의 빈도도 포함해 평가
2-4	파퓰레이션전략과 커뮤니티의 추진	많은 시민이 목적을 가지고 거리로 나가고, 외출 시 걷기에 의해 건강을 유지, 증진할 수 있는 파퓰레이션 접근법의 활용과 커뮤니티의 형성
3	SWC 인프라	시민이 생활수준과 사회활동을 향상시킬 수 있는 환경의 정비. 마을만들기나 대중교통 같은 물리적 환경의 정비뿐만 아니라 소프트웨어 환경의 정비 및 하드 & 소프트의 활용을 혁신할 수 있는 인재 육성도 포함
3-1	건강에 영향을 주는 도시환경	일상생활 속에서 자연스럽게 걸을 수 있는 물리적 환경 및 건강하게 살 수 있는 주택의 정비. 자동차 통행을 걱정하지 않고 안심하고 사용할 수 있는 산책로와 자전거 도로 또는 걷기 편하고 쾌적한 산책로의 정비를 포함
3-2	대중교통	중심시가지 외출을 촉진할 수 있는 대중교통의 정비와 활용촉진 방안
3-3	SWC 추진체제와 무관심층 대책	자연과 함께 걸을 수 있는 마을만들기를 위한 소프트웨어 환경의 정비와 SWC를 추진하는 인재의 육성

하고, 지자체와 건행(健幸)클라우드를 연결하는 네트워크에 미리 등록된 사용자만이 통신할 수 있는 VPN(Virtual Private Network) 회선을 이용해 지자체는 안심하고 데이터의 등록 및 분석 · 평가 결과를 열람할 수 있다. 또한 빅데이터의 분석 및 예측에 최적화된 데이터마이닝 기술을 개발함으로써 지역주민의 건강상태의 경향뿐만 아니라 그 원인까지 분석하고 적절한 조치를 제안하는 것이 가능하다. 따라서 스마트웰니스시티를 추진하고 있는 각 지자체는 지자체 공공형 건행(健幸)클라우드 시스템이라는 증거기반의 새로운 평가체계를 통해 주민의 건강상태와 미래의 건강위험 등을 파악하고, 의료비 억제 등의 정책 입안을 연결할 수 있다.

한편, 스마트웰니스시티는 주민의 건강의료정보데이터뿐 아니라 도시의 물리적 환경, 커뮤니티 활성도, 사회적 자본 등 건강에 영향을 미치는 각종 요인들에 대한 정보를 취득, 분석하고 이들을 종합적으로 평가한 결과를 가시화 한 '건행(健幸)도시 인덱스'를 통해서 지역의 건강증진 정책의 진척 상태 및 상황을 도시환경적 관점에서도 검증할 수 있다. 건행(健幸)도시 인덱스는 스마트웰니스시티를 추진하고 있는 각 지자체의 건강증진 정책의 실시효과를 평가하고 점수화한 결과를 보여줌으로써 다른 지자체와의 비교는 물론 객관적인 지표에 따라 정책의 진행 상황이 가시화돼 정책의 기획, 실시, 검증, 개선의 PDCA[14] 사이클을 통한 보다 효과

14) PDCA란 생산관리 또는 품질관리를 하기 위한 방법 중의 하나로, Plan, Do, Check, Act의 약자. 즉, 이전의 실적 및 예측 등을 기초로 앞으로의 업무계획을 작성하는 Plan, 앞에서 작성된 계획에 따라 업무를 행하는 Do, 그리고 업무가 계획한대로 원활히 진행되고 있는지 확인하는 Check, 계획에 의한 것이 아닌 부분을 찾아 처리하는 Act의 순으로 업무를 계속적으로 개선하는 방법을 말함.

적이고 연속적인 정책수립을 가능하게 한다.

2) 스마트웰니스시티의 사례

(1) 니가타시(新潟市)

니가타시는 지역의 자동차 의존도 증가와 대중교통 이용자의 감소, 전국 평균을 밑도는 1일 평균 보행 수 등 주민건강을 가늠할 수 있는 다양한 지표값의 심각성을 인지하면서 주민건강에 영향을 미치는 지역환경에 대한 경각심을 갖게 됐다. 급속히 고령화되고 있는 사회환경의 변화에 대응하기 위해서는 마을의 변화를 통해 주민의 건강증진, 교류확대, 지역활성화를 이루어내는 것이 필요했고 이에 니가타시는 교통환경의 정비와 걷기, 자전거, 대중교통의 자발적 이용이 일체가 된 마을만들기로서 스마트웰니스시티 사업을 시작했다. 니가타시는 2012년 7월 제정된 〈대중교통이나 자전거로 이동하기 쉽고 편안하게 걸을 수 있는 마을만들기 조례〉에 근거해 스마트웰니스시티 추진을 위한 기본계획을 수립했고, 특히 '대중교통의 강화', '보행공간의 정비', '자전거 이용환경의 개선'을 중심으로 마을을 재구성하는 다양한 시책과 사업을 수행해오고 있다.

대도시에 비해 대중교통의 편리성이 낮고 강설기를 갖는 니가타시의 주민들은 자동차를 대표 교통수단으로 하는 비율이 약 70%를 차지하는 과도한 자동차 의존에 빠져 있었다. 니가타시는 자동차 의존을 탈피하고 걷는 기회를 증가시킬 수 있는 주민의 이동스타일로서 3가지의 대중교통 네트워크를 구축했다. 첫째, 커뮤니티 버스와 같은 지역 내 생활교통을 확보했다. 구(區) 버스, 주민버스 등으로 운영되는 지역생활교통은 지역

그림 5-12 니가타시 대중교통 네트워크의 구축

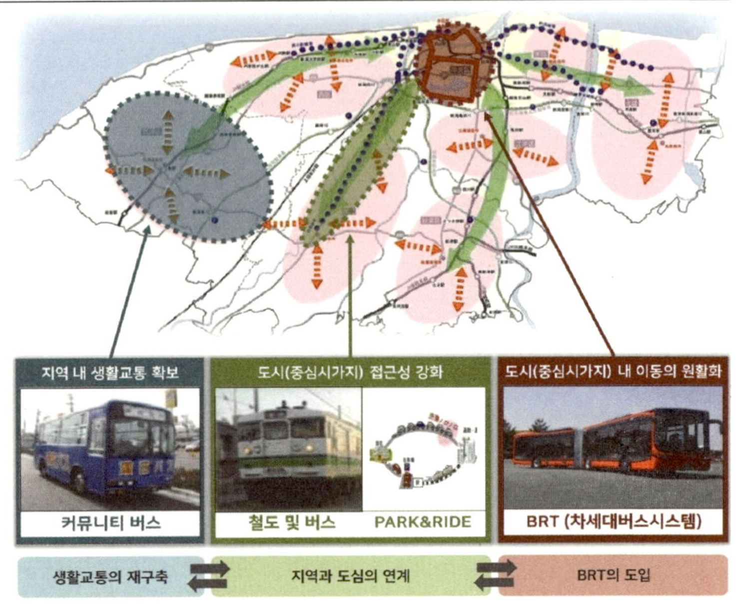

출처: 니가타시 홈페이지(http://www.city.niigata.jp/).

내 일상생활의 수단일 뿐 아니라 중심시가지로 외출할 수 있는 철도역까지의 접근성을 개선하는 역할을 한다. 둘째, 중심시가지의 거점성 강화와 활성화를 위해 지역주민의 중심시가지 접근을 촉진할 수 있는 JR선의 운행 빈도를 늘리고, 철도가 없는 곳은 대중교통 이용의 편의성을 높일 수 있는 파크 & 라이드를 확충했다. 셋째, 사람의 이동이 많은 중심시가지에는 BRT(차세대 버스시스템)와 LRT(차세대 노면전차 시스템) 등 새로운 교통시스템을 도입해 중심시가지를 방문하는 모든 사람들이 부담 없이 편안하게 이동할 수 있는 환경을 창출할 계획이다.

▎니가타시 사례

- **엔데코(えんでこ)_니가타시 중앙구(中央区)**

  니가타시 중앙구 구내의 명소를 안전하고 편하게 걸어 다니면서 지역의 역사, 문화에 대한 관심과 이해를 높일 수 있는 마을산책 프로그램인 '엔데코'를 운영한다. 시티가이드의 안내에 따라 '지역코스' 4영역 18코스와 '테마코스' 3코스 중 선택해 약 2시간의 산책과 탐방을 즐길 수 있다.

- **라이징볼라드_후루마치 상점가**

  후루마치 상점가 입구에 라이징볼라드를 설치해 통행규제 시간의 차량 진입을 물리적으로 제한할 수 있다. 통행규제 시간은 정오부터 다음날 오전 8시까지이며 이 시간에는 볼라드가 상승해 물리적으로 차량의 진입이 억제된다. 예외적으로 진입이 허용된 차량의 경우 리모콘 조작으로 볼라드를 하강시켜 통행이 가능하다.

한편 연속성이 있는 쾌적한 보행공간을 위한 환경정비로는 시의 오랜 역사가 살아 있는 중앙구의 명소들과 생활거점 등을 유기적으로 연결해 고령자나 방문자의 회유성이 높은 보행공간인 엔데코(えんでこ)[15]를 조성했고, 가이드의 안내에 따라 탐방하는 마을산책 프로그램을 제공함으로써 걷기를 통한 새로운 마을의 발견과 즐거움이 건강증진으로 연결될 수 있도록 했다. 활기를 잃어가고 있는 중심상점가인 후루마치가(市ふるまち)에는 라이징볼라드를 활용해 보도를 정비하고 편의시설을 확보해 쇼핑 등의 외출 활동으로 걷기를 증진할 수 있도록 했다. 또 자전거환경 조성 차원에서는 시내의 자전거 주차공간과 대여장소를 정비했으며 니가타섬을 일주하는 자전거도로를 신설해 자전거를 이용한 건강증진을 촉진하고 있다.

(2) 기후시(岐阜市)

기후시는 고령화와 평균 수명 증가에 따라 건강수명 연장에 대한 주민의 바람이 확산되고 있는 것을 반영해 '기후시에서 살고 있는 것만으로' 모두가 건강해질 수 있도록 마을만들기와 건강 만들기를 일체적으로 추진하는 '스마트웰니스 기후(岐阜)' 사업을 시작했다. 2011년 12월에는 같은 시책을 구상하고 있는 니가타시, 미쓰케시, 다테시, 산조시, 다카이시시, 토요오카시와 연계해 내각부의 '健幸 장수사회를 창조하는 스마트웰니스시티 종합 특구' 지정을 받음으로써 국가의 중점적인 지원으로 보다

15) 'えんでこ'는 니가타 사투리로 '걸어가자'의 뜻이다.

그림 5-13 기후시 스마트웰니스시티 사업의 2개 중점정비구역과 사업계획

출처: 기후시 홈페이지(https://www.city.gifu.lg.jp/).

강력하게 스마트웰니스시티 구축을 위한 각종 시책을 추진할 수 있었다. 스마트웰니스 기후는 일상생활을 하는 것만으로도 건강해지는 마을의 구축을 목표로 시민의 건강을 지키기 위한 다양한 시책을 전개하고 특히, '걷기'를 활용한 마을의 활성화에 집중했다. 또 지금까지 건강수명을 연장하기 위해 걷기를 장려하는 대책이 각 부처 개별사업으로 진행되고 있었던 관행을 탈피해 특구 지정을 계기로 스마트웰니스시티 기후 추진본부를 조직하고 관계 부서가 협력해 누구나 부담 없이 실행할 수 있는 운동으로서 걷기를 촉구하는 마을만들기를 적극 진행하고 있다.

기후시는 일상생활에서 도보가 중심이 되는 도시를 조성하기 위한 중점정비구역으로 기후시 전 지역을 2개의 웰니스 영역으로 나누었는데,

보행을 촉진시킬 수 있는 우수한 자연경관을 가진 나가라강(長良川)을 중심으로 한 '자연경관구역'과 기후시의 오래된 번화가인 야마가세(柳ケ瀬) 상점가를 중심으로 쇼핑 등에 의한 거리보행을 촉진시킬 수 있는 '중심시가지 구역'이다. 기후시는 이 2개의 웰니스 영역을 중심으로 각 구역이 필요로 하는 보행환경 개선과 대중교통 네트워크 확립, 자전거 이용환경 개선 등의 주요 정책들을 광범위하게 추진함으로써 보행자가 걷고 싶어지는 보행공간을 조성했다.

나가라강 웰니스 구역(자연경관구역)은 긴카산(金華山)과 나가라강을 바라보면서 걸을 수 있는 하천으로 정비하고 양안을 교량으로 연결해 원활하게 이동할 수 있게 함으로써, 신호와 교차로가 없는 약 3㎞의 산책로를 마련했다. 이 구역은 건강증진에 관심이 있어 산책에 적극적으로 참여하고자 하는 사람들을 대상으로 하는 '제대로 걷기(しっかり歩き)'를 실행하고 있다. 반면 JR 기후역에서 나가라강으로 향하는 보행로가 넓은 간선도로를 중심으로 하는 야마가세(柳ケ瀬) 웰니스 영역(중심시가지 구역)은 통근, 통학이나 쇼핑을 목적으로 하는 사람들이 자주 찾아오는 곳으로 "좀 더 걸어보자(もう少し歩いてみよう)"는 생각으로 '이어걷기(ついで歩き)'가 자연스럽게 이루어질 수 있는 환경 정비와 사업들을 실시하고 있다. 또, 각각의 웰니스 구역에는 공통적으로 건강만들기 교실, 운동, 건강 체크, 건강관련 정보 등 다양한 건강증진 프로그램이 제공되는 '건강 스테이션'을 마련해 주민의 일상 속 건강관리가 자연스럽게 이루어지는 환경을 조성했다.

이밖에 기후시는 걷기를 보완하는 자전거 주행환경 개선사업의 일환

▌기후시 사례(1)

• **나가라강(長良川) 웰니스 영역의 건강스테이션**

강의 범람과 같은 재해 시에는 방재 스테이션의 역할을 하며 평상시는 누구나 사용할 수 있는 건강 만들기의 거점으로서 역할한다. 시설 내에는 운동교실 공간, 건강 측정 코너, 탈의실과 샤워 룸이 있다. 운동 지도자가 상주하고 있어 간단한 스트레칭과 건강에 대한 정보를 제공받을 수 있고 요가와 공 운동 등 누구나 무료로 참가할 수 있는 〈건강 만들기 교실〉이 정기적으로 열린다.

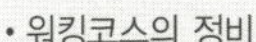

• **워킹코스의 정비**

야마가세(柳ケ瀬) 웰니스 영역의 중심부에 위치한 야마가세(柳ケ瀬) 상점가를 따라 햇볕이나 우천 등 날씨에 상관없이 보행이 가능하도록 아케이드를 정비하고, 걷기에 의한 건강증진과 활기 창출을 위해 각 교차로에 보행거리와 차선의 방향을 나타내는 노면 표시와 안전을 위한 미끄럼 방지 포장을 실시했다.

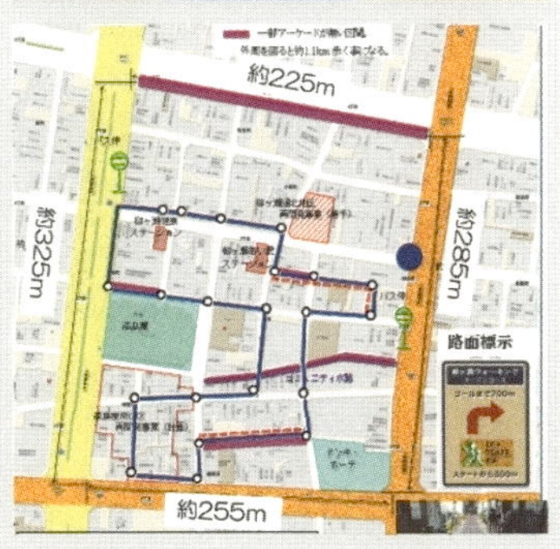

기후시 사례(2)

- **대중교통 네트워크의 구축**

대중교통의 중심을 버스로 해 간선, 지선버스와 커뮤니티 버스가 유기적으로 연계된 대중교통 네트워크를 구축했다. 특히 간선버스 노선의 버스전용차로 도입 등으로 주행환경 향상을 도모함과 동시에 굴절버스 등 차량의 고도화와 함께 편리성, 쾌적성을 높인 차세대 버스 시스템인 BRT(Bus Rapid Transit)를 2010년부터 도입해 현재 주요 2개 간선에 4량이 운행 중이다.

- **자전거 이용의 촉진**

보행자와 자전거의 사고를 방지해 안심하고 걸을 수 있는 공간을 확보하기 위해 보행자를 위한 공간과 자전거 주행공간을 시각적으로 분리했다. 또 주민과 방문객들이 시가지 주변부에 위치한 매력적인 관광지를 탐방할 때나 쇼핑이나 시가지 산책을 할 때 편리하게 대여할 수 있는 사이클 포트를 설치해 주민의 건강증진과 마을의 활기, 관광의 촉진 효과까지 도모하고 있다. 현재 사이클 포트는 JR 기후역과 2개의 웰니스 구역에 7곳을 설치해 어린이용 자전거를 포함 총 115대를 갖추고 있다.

으로 연속된 자전거 주행공간의 확보, 보행자와 자전거가 모두 안전한 통행환경 조성 등을 추진했고, 누구든지 자유롭게 이동할 수 있는 교통 환경의 실현을 위해 대중교통 중심수단으로서 간선, 지선버스와 커뮤니티버스가 유기적으로 연계된 대중교통 네트워크를 구축했다. 스마트웰니스시티 기후 사업은 사업의 효과를 검증하기 위해 2012년과 2014년 기후시 주민 중 40~70세의 성인 남녀 1,000명에게 설문 조사를 실시한 결과, '1일 평균 9,000보 이상 걷는 사람'의 비율은 21%에서 36.2%, '주요 이동 수단이 도보 또는 대중교통인 사람의 비율은 30.6%에서 40.3% 증가한 것으로 나타나 지금까지 실시해온 시책의 효과를 입증했다.

(3) 미스케시(見附市)

미스케시는 2002년부터 일본 제일의 건강한 도시를 목표로 특히 주민의 운동습관 배양에 힘을 쏟아왔다. 2002년부터 쓰쿠바대학교 쿠노 교수 연구팀이 개발한 증거기반의 건강증진 프로그램인 '건강운동교실'을 실시해 신체연령의 회춘과 주민의 의료비 절감 등의 성과를 이루었으나 시민의 65%를 차지하는 건강행동의 무관심층으로 그 효과는 제한적이었다. 이에 미스케시는 건강시책에 관심이 없는 무관심층을 포함 주민 모두가 웰니스(健幸)를 실현할 수 있는 대책으로 스마트웰니스시티 사업을 추진했고, 2011년 전국 최초로 『미스케시 健幸기본조례(見附市 健幸基本条例)』와 『걷자 조례(歩こう条)』를 제정하고 이에 근거해 2014년 스마트웰니스시티 추진계획을 수립했다. 미스케시의 스마트웰니스시티는 첫째, 보행을 통해 건강해지는 마을만들기, 둘째, 사람과 사람의 교류와 연결이

그림 5-14 미스케시 스마트웰니스시티 사업계획

출처: 미스케시 홈페이지(http://www.city.mitsuke.niigata.jp/).

강해 지역이 활기찬 마을만들기를 목표로 하며, 이를 위한 주요 시책은 사회참여(외출)할 수 있는 장소 만들기, 중심시가지를 중심으로 한 활기 만들기, 걷고 싶어지는 쾌적한 보행공간 정비, 과도한 자동차 의존 탈피를 가능하게 하는 대중교통의 재정비이다.

사회참여(외출)가 가능한 마을을 만들기 위해 미스케시는 시내의 유휴화된 시설이나 공간들을 고령자의 외출의 목적이 되는 교류장소 및 시설로 조성했다. 중심시가지에서 철수한 슈퍼시설을 활용한 시민 교류센터 「네부루 미쓰케(ネーブル 見附)」는 마을정보 제공, 행정서비스, 특산품 등의 상품 판매, 다양한 이벤트 등 시민의 휴식과 활동의 장으로서 연간 50만 명의 방문객들이 이용하고 있다. 또 노후한 복지시설을 커뮤니티 목욕탕으로 활용한 '미스케 커뮤니티 목욕탕(ほっとぴあ)'은 중심시가지의 유도거점 및 활력 창출, 노인의 교류를 통한 건강증진 등 스마트웰니스시

▍미스케시 사례(1)

• **미스케 커뮤니티 목욕탕(ほっとぴあ)**

노후화된 복지시설을 활용해 조성한 시민교류거점이다. 중심시가지의 방문자를 늘릴 수 있으며, 상가와의 연계를 통한 회유성 보행을 촉진시킴으로써 시가지의 활력을 창출할 수 있다. 목욕과 교류를 통해 건강을 증진하고, 젊은이부터 노인에 이르기까지 여러 세대가 교류하는 장소로 역할한다. 1층에는 레스토랑, 다목적 휴게실, 노래방 시설 등이 있고, 2층과 3층에는 목욕탕과 함께 휴식공간이 있다.

• **해피 리타이어먼트 프로젝트 (ハッピーリタイアメントプロジェクト)**

정년 등 다양한 고비를 계기로 생활의 중심을 미스케시로 옮겨야 하는 고령자들을 대상으로 지역에서 즐겁게 사회적 활동을 하며 살 수 있는 프로그램을 제공하는 프로젝트이다. 즐기면서 보람을 찾고 새로운 친구를 만들 수 있는 선택활동들이 매월 기획되며 시민교류센터, 공민관, 체육시설 등의 활동장소를 제공한다.

▍미스케시 사례(2)

• **미스케시 健幸 워킹로드 코스 맵**

집 주변의 가까운 곳에서 걷기를 실천할 수 있도록 미스케시 시내 9지구에 2개씩 웰니스 코스를 설정해(총 18코스) 코스 맵을 제작했다. 각각의 웰니스 코스는 각 지역의 커뮤니티 센터를 출발점으로 해 30분~1시간 정도 소요되는 산책로이며, 특히 자동차 통행량이 적은 도로로 구성돼 있다. 지도에는 워킹로드 코스와 쉴 수 있는 장소 등이 안내돼 있고, 걷기의 효과나 健幸포인트 등을 기재한 정보도 제공된다.

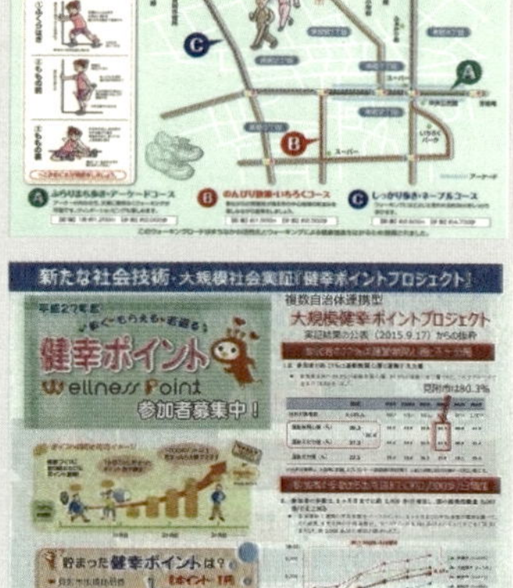

• **健幸포인트(健幸ポイント)**

자전거 타기나 산책 등 건강 만들기에 참여하는 주민에게 지역상품권과 교환하거나 기부금으로 사용할 수 있는 포인트를 주는 제도이다. 건강 무관심층의 운동 습관을 촉진시키기 위해 2014년 국가위탁사업으로 처음 실시했고 2017년부터는 도시 자체의 건강증진 사업으로 운영하고 있다. 1포인트당 1엔으로 환산할 수 있는 健幸포인트는 가입 시 최대 3천 포인트, 보행수에 따라 연간 최대 9천 6백 포인트, 체중감소에 성공할 경우 연간 최대 4천 포인트, 건강진단을 받을 경우 연 1회 1천 포인트, 건강진단의 수치가 기준범위에 도달했을 경우 연간 최대 3천 포인트까지 지급되며, 도합 연간 2만 4천 포인트까지 적립 가능하다. 특히 참여자의 78%가 지역상품권으로 교환을 선택함으로써 운동무관심층의 행동변화뿐 아니라 지역경제 활성화에도 기여하는 바가 크다.

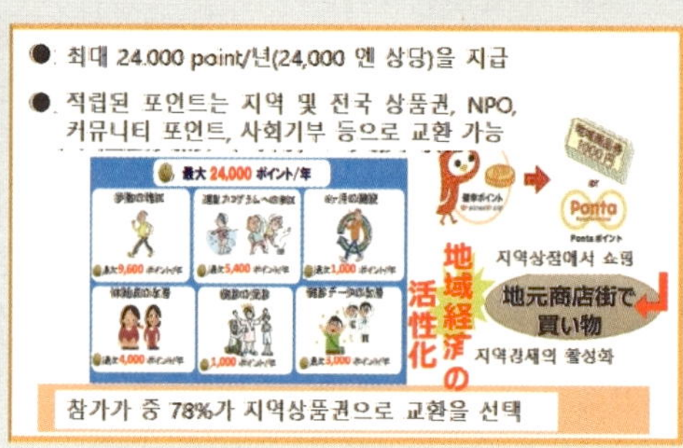

티 사업의 중심적 역할을 담당하고 있다. 한편 미쓰케시는 노인의 외출을 가능하게 하는 물리적 환경의 정비뿐 아니라 소프트 시책으로서 은퇴한 고령자들이 일상의 중심을 미스케시로 옮기는 것이 가능하도록 다양한 사회참여와 세대 간 교류의 기회를 매달 기획해 제공하는 「해피 리타이어먼트 프로젝트(ハッピーリタイアメントプロジェクト)」도 진행한다.

걷고 싶어지는 쾌적한 보행 공간 정비를 위해서 보도의 단차 해소, 베리어프리 적용, 가로변 경관의 미화, 가로등을 설치했고, 자동차 의존에서 도보, 자전거로의 전환을 촉진하기 위해 보행자와 자전거 이용자의 안전을 확보한 보행환경을 조성했다. 지역사회와 협력해 '健幸 워킹로드', '健幸 자전거길', '健幸 놀이기구, '健幸 벤치' 등을 설치해 주민이 보다 친근하게 걷거나 자전거를 탈 수 있는 환경을 가꾸었다. 또 자동차 의존적인 라이프스타일이 고착화되면서 대중교통 이용자가 크게 감소하고 이로 인해 발생하는 버스 노선의 폐지, 운행 서비스 축소 등으로 이동수단을 버스에 의존하는 학생, 노인의 편의가 감소되는 문제를 해소하기 위해 중심시가지의 교류거점과 공공시설, 상업시설, 병원시설 등을 연계하는 커뮤니티 버스와 버스 운행이 불가능한 지역의 대중교통 공백을 해소하기 위한 노선버스 대체 수단인 디맨드 승합택시, 그리고 지역 커뮤니티가 주축이 돼 자발적으로 운행하는 커뮤니티 왜건 등의 교통수단을 확충함으로써 주민 모두가 자유롭게 안심하고 이동할 수 있는 대중교통망을 재구축했다.

미스케시는 이러한 노력의 결과로 현재 요개호 인정비율이 전국 평균 및 니가타현 전체보다 낮고, 후기 고령자 1인당 의료비 역시 전국 평균보다 20만 엔 정도 적게 나타나는 성과를 나타내고 있다. 또 미스케시의 스마트웰니스시티 계획은 2015년 지역재생법에 따른 지역활성화계획으로 인정을 받아 지역창생 지방판종합전략 차원에서 국가로부터 교부금을 받고 고령친화 주거지재생의 전국적 모델로서 도약하고 있다.

4. 스마트웰니스시티의 시사점

1) 주민 삶의 질에 대한 정책적 합의

삶의 질을 무엇으로 볼 것인지에 대한 논의는 삶의 질을 측정하는 지표에 대한 여러 연구들의 존재가 입증하듯 다양한 의견이 분분하다. 이를 도시재생사업에 한정해 본다면 우선 도시재생사업의 필요조건인 도시쇠퇴지표를 먼저 검토해볼 필요가 있다. 우리나라의 국가도시재생기본방침에서는 도시쇠퇴진단지표를 크게 물리환경 부문(노후주택비율, 신규주택비율, 공가율 등), 인구사회 부문(인구증가율, 노령화지수, 독거노인가구비율 등), 산업경제 부문(인구 천 명 당 종사자 수, 사업체당 종사자 수, 제조업 종사자 비율 등)으로 나누어 제시한다. 기존의 물리적 정비사업과 차별화되는 도시재생사업의 성격으로 물리적 환경지표 외 인구사회, 산업경제 등 지역의 잠재력을 평가할 수 있는 지표가 추가됐다. 그러나 도시재생사업의 목표 달성 즉, 주민 삶의 질적 향상을 이러한 도시쇠퇴지표의 회복으로 가늠할 수 있는지는 여전히 의문이다. 물론, 인구사회, 산업경제, 물리환경 등을 총체적으로 고려한 현행 지표들이 도시경쟁력 제고 및 국민 삶의 질 향상에 기여하지 않는 것은 아니다. 하지만 인구증가율, 사업체당 종사자수, 노후주택비율 등이 주요한 항목으로 구성된 이러한 지표들이 어떻게 주민의 삶의 질과 연계될 수 있는지는 모호한 부분으로 남아 있기 때문이다(임보영 외, 2016).

우리나라는 도시의 쇠퇴라든지 축소라는 개념에 대해서 상당한 반감을 갖고 있어 이상적인 도시의 상을 성장일변도의 도시, 인구가 많고 인프라가 풍족한 도시라는 고정된 기준으로 보는 경향이 있다. 따라서 기존의 도시재생사업 역시 일단 인구성장을 목표로 과도한 인구 및 세대수를 책정하고 인프라 및 공공시설, 신규주택 등의 개발용량을 확대해서 개발하는 등 단순히 인구사회, 산업경제, 물리환경의 거시적 지표 값을 증가시키는데 집중해왔고, 주민이 체감할 수 있는 삶의 질, 건강, 환경, 복지, 공동체 생활 등의 향상을 위한 실질적인 사업들은 미진했다.

특히 노후주거지 재생사업은 대부분 주택개량 및 건축지원으로 노후주택을 개량하고 도로, 하수관 등의 기반시설을 정비하며, 주민공동이용시설 또는 거점시설을 확충하는 주거환경개선사업을 중심으로 추진되고 있다. 이러한 사업들은 사실 현재 그 곳에 사는 주민의 삶의 필요를 채우기 위한 수단이지 목적이라고는 할 수 없다. 그럼에도 불구하고 이 모든 사업들이 도시재생사업 기간 내내 구체적인 실증 없이 주민 삶의 질적 향상이라는 주장과 함께 맹목적으로 추진되다보니 사업이 가속화될수록 도시재생사업이 과연 무엇을 위한 것인지, 누구를 위한 도시재생인지에 대한 반문이 주민들 사이에서 터져 나왔고, 사업 종료 후에는 결국 주민들로부터 "내 삶이 달라진 것은 한 개도 없다"와 같은 비판을 받기도 했다.

지역의 물리적, 사회적, 경제적 재생이라는 거대명분에 치우쳐 쇠퇴도시, 노후도시의 물리환경, 인구사회, 산업경제 등의 거시적 지표를 성장형 도시의 수준으로 회복시키는데 급급한 도시재생사업은 직면한 저출산 고령사회 그리고 저성장 시대의 흐름을 읽어내지 못한 채 과거의 개발방식을 답습하는 것에 지나지 않는다. 현재와 같은 시대의 흐름 속에서 지역의 침체, 마을의 소멸을 막을 수 있는 즉, 인구가 감소돼도 고령화가 심화돼도 지역이, 마을이 지속될 수 있는 방안에 대한 근본적인 성찰이 필요하다. 일본의 스마트웰니스시티는 그 방안을 주민이 건강한 상태로 활기찬 노년을 보내며 계속 거주할 수 있는 마을의 조성으로 보았다. 노후화되고 비어있는 지역의 인프라나 시설의 정비를 포함하는 마을의 물리적 환경 개선은 주민의 신체활동과 건강증진을 촉진하는 것을 목표로 하며, 사업 성과로 주민 한 사람 한 사람의 건강수명이 연장되고 활기찬 노년을 보내게 됨으로써 인구가 감소되고 고령화가 진행돼도 지역이 침체되지 않고 활력을 가질 수 있는 마을을 만드는 것이 스마트웰니스시티의 구상이다.

과거 주택의 양적 공급을 확대하고, 기반시설을 조성해 주택이 없거나 주거환경이 열악한 사람들의 주거 빈곤 상태를 벗어나게 하는 것에 치중했던 재개발사업은 이제 인구감소 고령화 시대를 예측하고 지역의 소멸에 대비해 도시의 자생력과 지속가능성을 확보하기 위해 주민이 살던 곳을 이탈하지 않고 삶의 질에 대한 만족과 보람을 느끼며 계속 거주할 수 있는 정주성 향상 관점에서의 도시재생사업으로 변화할 필요가 있다.

주민의 삶의 질을 구성하는 여러 요소 중 주민 건강의 증진을 주거지

재생의 정책적 목표로 합의해 추진되고 있는 스마트웰니스시티는 마을의 물리적, 사회적 환경의 개선이 주민의 신체활동 및 운동습관의 장려라는 구체적인 목적의식 속에서 추진되고 실제로 그 성과가 신체건강의 증진, 주민의 사회적 자본의 증가, 의료비 및 사회보장비용의 절감 등으로 입증됨으로써 재생의 목표와 성과가 분명하게 일치해 가시화되고 있는 정책 사례이다.

2) 주민참여에 대한 발상의 전환

도시재생사업이 기존의 재개발 방식과 차이를 갖는 점은 도시재생계획의 수립부터 실행에 이르기까지 사업 전반에 걸쳐 주민참여를 근간으로 하는 점이다. 그러나 우리나라 행정의 조급성은 오랜 시간에 걸쳐 주민을 하나하나 만나 의견을 수렴하고 설득해나가며 진행해야 하는 도시재생사업에도 예외가 없어 현장에서는 주민참여는 물론 주민과의 소통부족, 주민의 소외까지 지적을 받고 있는 현실이다.

현재 도시재생사업 가이드라인이나 지자체의 조례 등에서는 도시재생사업을 위한 주민협의체의 구성을 의무화하고 있지만, 도시재생사업에 이해관계가 얽힌 사람들이 인맥을 중심으로 모이는 것이 태반이며, 따라서 전체주민의 의견을 반영하거나 대다수의 주민과 소통할 수 있는 역할을 수행하지는 못하고 있다. 또 대표적인 주민참여 사업인 도시재생대학의 경우 참여인원의 수에 집착하다보니 취지 전달도 어렵고 반복되는 도시재생사업의 홍보에 오히려 반감을 얻게 되는 역효과가 발생하고 있다. 특히 국비지원으로 추진되는 주민공모사업은 전형적인 행정 처리의 악습을 그대로 담고 있어 평범한 일반 주민이 그 절차를 수행하다가 포기하는 경우가 많았고 행정에 대한 불신도 커졌다. 뿐만 아니라 선정된 주민 공모사업은 대부분 일회성 이벤트나 행사에 그쳤고 사업 종료 이후에는 지속적인 활동을 담보할 수 있는 지원이 중단되는 관계로 사업기간 내에 국한돼 잠시 성과로 비춰질 뿐 지속적인 도시재생의 한 축으로 역할 할 주민자생의 활동으로는 자리 잡지 못하는 실정이다.

도시재생사업의 계획 수립부터 실행까지 주민 참여를 이끌어낸다는 취지는 바람직하나 그것이 주민의 의견을 수렴하고 주민역량을 강화시킨다는 명목으로 생계에 바쁜 주민을 동원하고 도시재생에 관한 의견이나 아이디어를 주입하거나 강요하는 방식으로 진행되는 것이라면 이러한 주민참여는 재개발 시대의 탑다운 방식과 다를 바가 없다. 도시재생사업에서 주민참여방식은 반드시 특정한 강좌나 행사, 모임에서 공부를 하고 한날한시에 모여 벽에 그림을 그리고 색칠을 해야만 가능한 것일까에 대한 질문이 필요한 시점이다. 주민참여는 궁극적으로 주민이 스스로 마을을 재생시켜 나가는 것을 의미하며, 스스로 그럴 수 있는 동력은 자신의 참여로 인해 자기 삶의 변화를 깨달을 수 있을 때 생겨나기 시작한다. 도시재생사업이 주장하는 주민역량의 강화는 도시재생에 대한 이론적 학습이나 성공사례라고 일컬어지는 다른 지역의 답사를 통해 이루어지는 것이 아니라 도시재생사업의 경험을 통해 정말 자신의 삶이 변화하고 마을이 변화되고 있다는 깨달음이 오랜 기간 누적돼야만 가능한 것이다.

도시재생사업에 한번 참여했다고 주민역량이 강화되고 주민참여가 실현됐다고 한다면 이는 지속적인 도시재생과 도시의 자생력을 책임질 주민역량의 성장하고는 거리가 멀다. 주민이 도구화되지 않고 자연스럽게 도시의 재생, 마을의 재생에 참여하게 됨으로써 결과적으로 주민이 새로운 구상에 부응하는 마을을 만들어나가는 경험을 오랜 기간 축적하는 일이 도시재생사업에는 필요하다. 이러한 관점에서 스마트웰니스시티는 주민의 신체활동과 건강이 증진되는 주거지의 물리적 환경 개선과 프로그램을 제공함으로써 일상을 자연스럽게 사는 것만으로도 '주민이 건강해지는 마을'이라는 도시재생사업에 참여할 수 있는 주민참여의 새로운 발상을 보여주고 있다. 집을 나와서 보내는 일상의 모든 활동이 신체활동을 촉진시키고, 사회적 관계망의 형성을 지원할 수 있도록 노후화된 주거지 환경을 자연스럽게 걷고 또 걷게 되는 마을로 정비하는 일은, 커뮤니티 거점 공간을 조성하고 마을 박물관이나 기념관을 세우는 일과 비교해 거창한 행정사업으로 비춰지지 않을 수 있고, 눈에 띄는 성과로 표면화되지 않을 수도 있다. 하지만 행정의 간섭이나 강제 없이 주민이 살면서 자연스럽게 참여함으로써 주민참여 측면에서는 가장 성공적인 도시재생사업의 사례이고, 도시재생사업의 참여로 인한 내 삶의 변화를 가장 극명하게 체감할 수 있는 방식이기도 하다는 점을 스마트웰니스시티 사례에서 우리는 다시 한 번 생각해볼 필요가 있다.

Ⅵ. 건강의료복지 마을만들기

VI. 건강의료복지 마을만들기

1. 초고령사회 도시정책의 과제

현재 일본에서는 초고령사회의 도래를 앞두고 인구고령화가 향후 경제, 정치, 사회, 문화, 기업, 가정 및 개인에게 미치게 될 영향을 다방면으로 예측하고 이에 대한 대응책들을 모색 중이다. 이 중 국토교통성에서는 고령인구 증가에 따른 도시환경과 지역사회의 변화로 현재 가시화되고 있는 문제점들을 도출하고 이에 대응할 수 있는 다양한 도시정책들을 펼치고 있다. 본 장에서는 일본 국토교통성이 파악한 고령인구 증가에 따른 도시정책의 당면과제와 현재 진행되고 있는 고령화 대응정책 간의 유기적 연계의 필요성에 대해서 고찰한다.

1) 고령자들이 안심하고 사는 것이 곤란해지는 사회

인구증가를 전제로 한 시가지 확장과 자동차 이용 증가에 의한 생활시설의 교외 입지는 기존 중심시가지의 쇠퇴를 초래했다. 그런데 자동차 안전운행에 불안을 느끼거나 자동차를 자유롭게 이용할 수 없는 노인들은 쇼핑이나 통원 등에 심각한 제약을 받고 있으나 이를 해소하기 위한 지원정책들은 구매대행이나 방문 진료 등에 치중하고 있는 추세이다. 이 같은 과정이 고착화되면 노인은 일상생활을 유지하기 위해 필요한 도시기능으로의 접근성이 떨어진 채 외출활동에 대한 동기부여를 받을 수 없으며 또 집 안에 고립돼 있는 현상이 일상화되면서 근린에서의 교제가 줄어들고 지역사회에서의 역할도 상실하게 된다. 이러한 노인의 사회적 고립은 특히 독거노인의 경우 지역 돌봄 네트워크나 사회적 관계망에서도 소외를 낳아 결국에는 고립사에 이르게 되는 등 심각한 사회적 문제로 확장될 우려가 있다.

또 조사에 따르면 말기의 요양장소로 자택에서 요양하고 필요한 경우 의료기관 등을 이용하고 싶다고 대답한 사람의 비율이 60%[1], 요개호 상태가 돼도 자택에서 개호를 희망하는 사람이 40%[2]를 넘는 것으로 나타나 고령화 이후 시설이 아닌 자신이 살던 곳에서 지속적인 케어를 희망하는 사람들의 요구가 높은 것을 확인할 수 있다. 그러나 초고령사회의 중심이 될 현재의 일본 중년 세대는 대개 경제적 측면에서의 노후생활 준비에만 익숙하고, 늘어나는 평균수명에 조응할 수 있는 건강수명 연장과 관련된 신체활동을 습관화한 사람이 특히 적어, 이 상태에서 고령화가 돼버리면 자신이 살던 곳에서 자립적인 생활을 할 수 있는 것이 불가능할 것으로 보인다. 뿐만 아니라 현재의 가파른 고령자 증가속도는 지역의 요양시설이나 병원시설 등이 그 수요를 따라가지 못할 수준이라고 할 수 있다. 즉 지금 일본 사회는 나이를 먹어가는 동안에는 점차 사회적 고립에 빠지게 되고, 건강수명이 다해 자립적인 생활을 할 수 없는 신체 상태가

---

1) 내각부(2007), 『노인의 건강에 관한 의식조사』.

2) 후생노동성(2008), 『말기 의료에 관한 조사』.

그림 6-1 말기 요양장소와 개호에 대한 노인의식

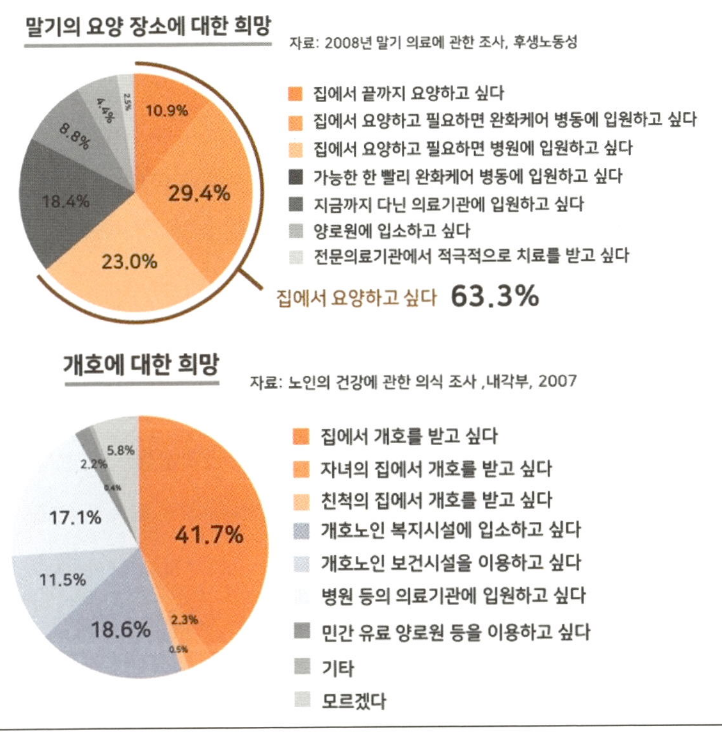

출처: 후생노동성(2012), 『재택 의료의 최근 동향』.
주: 치유를 목표로 한 치료가 유효하지 않은 환자에 대한 관리를 말한다.

돼서는 자택이든 시설이든 어디서도 여생을 안심하고 안전하게 보내기가 어려운 사회에 직면할 것으로 예측되고 있다.

2) 지역의 활력 감소와 지속가능성의 위협

지역의 노인인구 비율이 높아지고 고령자의 외출 기회와 고용을 포함한 사회참여의 장 등이 감소하면 지역 내 교류와 활동의 정체가 연쇄돼 지역 활력의 저하를 발생시키게 된다. 특히 도시에서는 퇴직 후 회사 중심의 생활에서 거주지 주변 중심의 생활로 이행하는 고령자가 많아질 것으로 예상되는데 이러한 고령자는 지역에 기반한 사회적 관계가 희박해 자신의 역할을 상실하고 삶의 보람을 잃은 채 고립화될 위험이 높다.

또 거주자가 일제히 고령화가 되면 지역의 미화나 보전, 방범 · 방재의 안전 확보, 공동시설 설비의 유지 관리 등 주민의 생활을 지원해 온 주민 커뮤니티 활동, 주민 네트워크 등의 축소와 붕괴를 초래할 수 있다. 이에 따라 지역의 물리적 환경이 낙후된 채 오랜 기간 방치되고, 주택 및 지역 인프라의 매력이 떨어지게 되면 지역의 전출이 증가하고 전입도 감소하기 때문에 주택 수요의 감소로 빈집 발생, 유휴시설이나 공지 등이 늘어나게 된다. 그리고 이러한 악순환이 반복되면서 고령자를 포함한 주민 전체의 삶의 질과 관련된 일상생활의 유지는 물론 지역사회의 지속가능성이 심각한 위기를 초래하게 될 수밖에 없는 상황에 이르게 된다.

3) 재정 악화에 따른 도시경영의 어려움

인구감소와 고령화 현상은 상업 및 생산 분야에서의 경제활동, 재화와 서비스의 수요 감소로 이어지고 이에 따른 지자체의 세수 감소와 재정 악화는 다시 지역 주민의 세금 부담을 증가시키는 악순환을 반복하게 한다. 특히 종전까지 적은 고령층과 많은 청년층이라는 인구구성과 동태를 설정하고 추진된 공적연금, 의료보험, 개호보험 등의 사회보험제도와 공적 부조 등에 의한 사회보장비용의 지출은 향후 고령층의 문제이기도 하지

그림 6-2 일본 도시의 재정악화 추이

사회보장비용의 장래추계

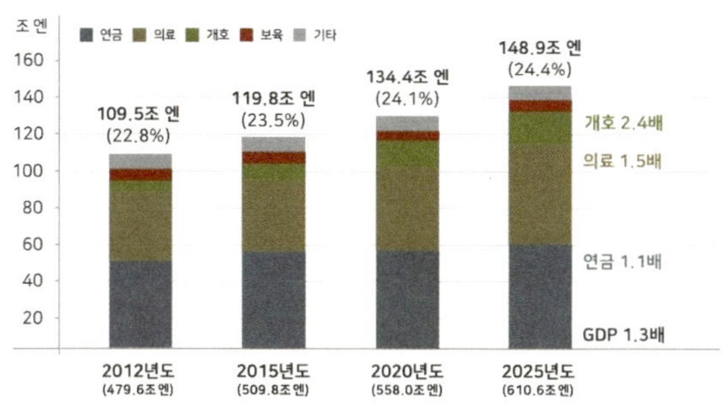

자료: '사회보장에 관한 비용의 장래 추계 정보'
후생노동성, 2012년

사회자본의 유지관리 및 갱신비용의 추계 (국내교통성 소관 사회자본)

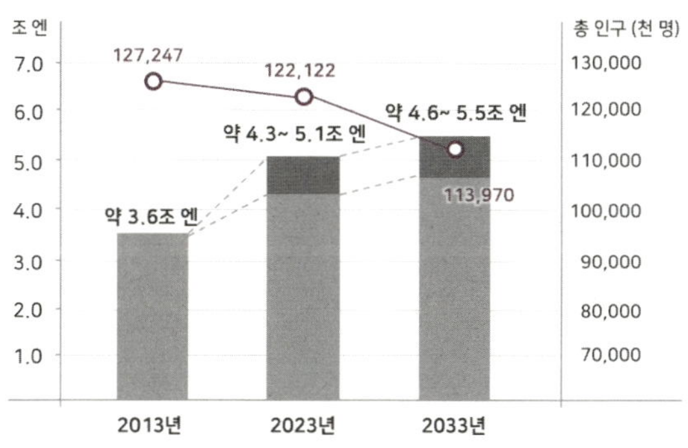

자료: '향후 사회 자본의 유지 관리 · 갱신의 방향에 대해 답신',
사회자본정비심의회 · 교통정책심의회, 2013년

만 일하는 현역세대 인구가 급격히 줄어듦에 따라 부양 부담 측면에서는 현 세대의 문제이기도 하다. 일본은 2012년 GDP 대비 22.8%인 109.5조 엔의 사회보장비용이 2025년도에는 148.9조 엔으로 GDP의 24.2%에 이를 것으로 추산되고 있다. 세대 간 부양 관계를 노인 1명을 현역세대(생산가능 인구) 몇 명이 지원하고 있는지를 기준으로 본다면 노인 1명을 지원하는 현역세대의 수는 1960년의 11.2명에서 2014년 2.4명으로 줄어들었으며, 이러한 현상이 계속되면 2060년 이후에는 고령자 1명을 지원해야 하는 현역세대가 약 1.3명이 될 것으로 예상된다. 또 지금까지 사용돼 온 지역사회의 사회자본시설들은 인구감소로 이용자가 줄어들고 상대적으로 활용도가 떨어지면서 서비스 수준 유지를 위한 유지관리 비용의 증가가 예상된다. 추계에 따르면 향후 사회자본(국토교통성 소관)의 유지관리 · 갱신 비용은 20년 간 약 1.3~1.5배 증가할 것에 비해 인구는 20년 간 약 10% 감소해 주민 1인당 부담의 대폭 증가가 우려되고 있다. 따라서 감소하는 지역의 세수가 사회자본시설의 유지 및 관리에 필요한 비용을 충당하지 못하고 낙후된 시설로 방치돼 지역의 쇠퇴를 가속화시킬 우려가 있는 것 역시 현재 일본의 도시가 직면하고 있는 도시경영의 위기라고 할 수 있다.

4) 도시정책과 건강 · 의료 · 복지정책의 연계 필요성

고령사회에 대한 대응정책은 일반적으로 개별 분야의 노력으로는 곤란하며 가능한 한 행정 각 부처의 체제와 정책들이 서로 맞물려 통합적인 정책을 마련하고 추진하는 것이 바람직하다. 그러나 2011년 국토교통성 마을만들기 추진과에서 실시한 전국 지자체 실태조사에 따르면 전체 80% 이상의 지방자치단체가 인구고령화에 대응하기 위한 정책 수립에 있어 특히 도시정책과 건강 · 의료 · 복지정책의 연계 필요성을 인식하고 있지만, 도시부국과 건강 · 의료 · 복지부국이 공동으로 수립한 계획은 전체 계획의 10% 정도에 그쳐 정책적 연계가 여전히 부족한 것으로 나타나고 있다. 같은 조사에서 건강 · 의료 · 복지 부국이 도시 부국과 정책 연계해 대처하는 것이 바람직한 시책으로는 고령자나 장애인이 안심하고 안전하게 살 수 있는 '노멀라이제이션[3] 마을만들기', '대중교통의 충실 · 강화', '의료 시설과 복지시설의 계획적 배치', '커뮤니티 활동과 시민 참여의 추진' 등의 분야를 손꼽은 것은 현재의 도시정책이 국토교통성 관련 부서 외 건강, 의료, 복지, 지역사회 등의 현안을 다루는 소관부서와 다양한 연계와 협력을 도모해야하는 필요성을 입증하고 있는 것이라고 할 수 있다.

초고령사회에 대한 대응으로 건강 · 의료 · 복지 분야의 정책과 도시정책을 연계하는 노력이 시급한 시점에서 국토교통성이 주시하는 대표적인 정책은 후생노동성에서 추진하는 지역포괄케어시스템의 구축이다. 일본 정부는 급속하게 진행되고 있는 고령화에 따라 향후 2025년에는 재택의료를 필요로 하는 사람이 약 29만 명에 이를 것으로 추산하고 있다. 이러한 예측은 지역 실정에 따라 다양한 의료를 담당하는 새로운 서비스의 단계적 구축과 함께 지역 차원에서 의료, 개호, 거주지를 지속적으로 제공할 수 있는 시스템의 구축을 요구하고 있다. 또한 개호상태에서 인생을 보내는 시간을 감소시킬 수 있도록 개호 예방의 추진 또한 필요하다. 후생노동성은 이 같은 요구에 대비해 베이비붐 세대가 75세 이상이 되는

---

3) 노멀라이제이션(normalization)이란 시설 지향적 해결이 아니라, 일상적인 지역사회 내에서 안전하고 익숙하게 사는 삶의 형태로 고령자나 장애인 복지서비스를 제공하는 방법이다.

그림 6-3 지역포괄케어시스템

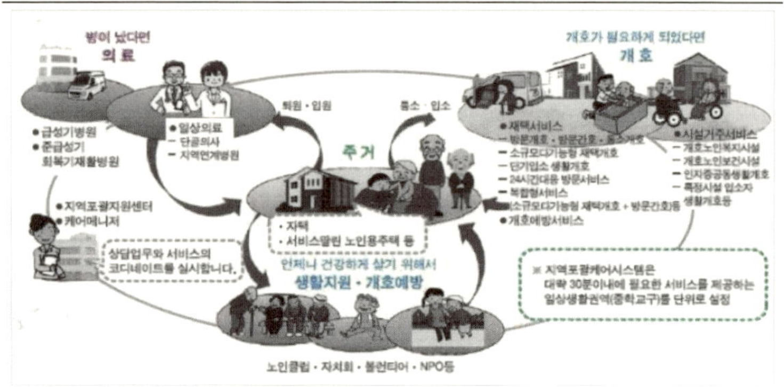

출처: 후생노동성.

2025년을 목표로 중증 요개호 상태가 돼도 자신이 살던 정든 지역에서 존엄한 생활을 인생의 끝까지 유지할 수 있도록 주거 · 의료 · 개호 예방 · 생활지원을 일체로 제공하는 지역포괄케어시스템을 구축하고 있다. 그런데 지역포괄케어시스템은 대개 거주지에서 30분 이내에 필요한 서비스가 제공되는 일상생활권역(특히 중학교 구)을 단위로 의료시설이나 복지 · 개호시설이 입지해야 하지만 이에 관한 구체적인 배치계획이나 지침은 아직 제시되지 않고 있다. 즉 지역포괄케어시스템을 구축하기 위해서는 물리적 기반으로서 도보 또는 대중교통을 기본으로 하는 이동권역인 생활권역별로 적절한 시설 배치가 필요한데 이러한 배치를 유도하기 위해서는 시설 배치에 관한 이해와 지침을 갖고 있는 국토교통성 각 부서의 협력이 요구된다.

이와 관련해서 저출산 고령화 사회에 대응해 기존의 초등학교 중심의 도시기반시설 입지 및 배치를 고령자의 의료보건시설 중심으로 복합화

그림 6-4 콤팩트시티 실현을 위한 입지적정화 계획 기본구상

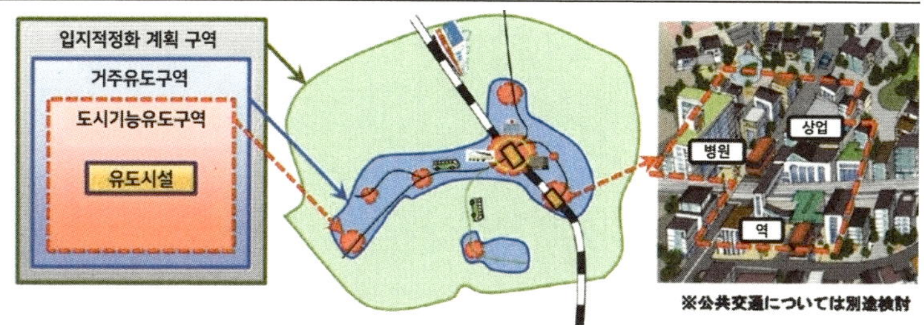

출처: 타카하시시(高梁市) 입지적정화계획(2017).

하고 재배치시키는 국토교통성의 콤팩트시티(Compact City)[4] 정책이 함께 거론될 수 있다. 현재 국토교통성에서는 인구감소 고령화와 더불어 도시외곽 저밀주거지역의 노후시설 관리비용의 증가, 세수감소라는 복합적 문제를 해결하기 위해 지방중소도시의 기본개념을 콤팩트시티에 두고 도시의 중심부에 거주 및 각종 기능을 집약시키는 고밀도 마을로의 재편을 추진하고 있다. 2014년에는 도시 전체의 구조 차원에서 주택 및 의료 · 복지 · 상업 · 기타 주거관련 시설의 유도와 그와 연계된 지역 대중교통 네트워크의 재편을 실시하는 '콤팩트 시티+네트워크 전략'이 수립됐고, 이에 대한 실천수단으로 도시재생특별조치법의 일부를 개정해 콤팩트한 마을만들기를 위한 '입지적정화 계획' 제도를 도입했다(고주연, 이승일. 2017). 입지적정화 계획은 대도시 교외부를 중심으로 고령화가

4) 도시의 확산을 억제하고 주거, 직장, 상업 등 일상적인 도시기능들을 가급적 기성시가지 내부로 가져와, 상대적으로 높은 주거 밀도와 토지의 혼합 이용을 유도하는 도시계획 개념으로 한국어로는 '압축도시'라 한다.

급속히 증가할 것이며, 이로 인해 의료 · 복지서비스의 제공 및 지역 활력의 유지 자체가 어려워질 것을 예상해 의료, 복지 등 다양한 서비스가 일상생활권역에서 적절히 제공될 수 있도록 수립된 도시 전체 마스터플랜을 의미한다. 입지적정화 계획은 고령자와 아이를 키우는 젊은 세대가 안심할 수 있는 건강하고 쾌적한 생활환경을 실현하고, 재정 · 경제적 측면에서 지속가능한 도시경영이 가능하도록 시정촌별로 도시기능유도구역과 거주유도구역[5]을 필수적으로 설정하게 해 콤팩트시티의 형성을 지원하는 것을 목적으로 한다.

고령화대책을 보건 · 의료대책 만이 아닌, 도시정책과 보건 · 의료정책의 통합정책으로 보고 국토교통성과 후생노동성이 연계협력을 추진하고자 할 때, 현재 추진되고 있는 지역포괄케어시스템 구축과 입지적정화 계획의 연계는 도시정책과 건강 · 의료 · 복지 관련 각종 계획과의 연계 필요성에 대한 요구를 충족시킬 수 있고, 이는 도시 전체의 관점에서 지역포괄케어시스템 구축이나 마을만들기에 관련된 다양한 분야가 각 부처 간의 횡단적 정책 추진을 시범적으로 수행할 수 있는 기회라고도 할 수 있다.

5) 도시기능유도구역은 도시기능을 도시의 중심거점과 생활거점에 유도하고 집약함으로써 각종 서비스의 효율적인 제공을 도모하는 구역이며, 거주유도구역은 인구감소 속에서도 일정구역에 인구밀도를 유지해 생활서비스와 커뮤니티가 지속적으로 조성될 수 있도록 거주를 유도하는 구역을 말한다.

2. 기본개념과 추진 프로세스

건강의료복지 마을만들기는 인구감소가 진행되고 국가 및 지방자치단체의 재정상황이 어려워지는 현실에서 다가올 초고령사회에 대응하기 위해서는 많은 노인이 지역에서 활동적으로 살 수 있고, 동시에 도움이 필요한 노인에게 지역에서의 생활 전반을 지원하는 사회의 구축이 필요하다는 인식에 기반해 지역포괄케어시스템과 마을만들기를 연계한 도시정책의 새로운 시도이다. 건강의료복지 마을만들기는 주민이 활기찬 노년을 보내기 위해서는 현재의 라이프 스타일 즉, '생활방식'을 크게 바꾸어 나가는 것이 필요하다는 것을 전제로 '거리를 걷는 것'과 '커뮤니티 활동'을 기본개념으로 이러한 생활방식의 전환을 지역 차원에서 모색하고 있다. 본 장에서는 건강의료복지 마을만들기의 기본개념과 추진 특성, 추진 프로세스에 대해 고찰한다.

1) 건강의료복지 마을만들기의 기본개념과 특성

자동차 이용의 증가와 함께 시민의 보행량은 전 세대에 걸쳐 크게 감소하고 있다. 일상에서 거리를 걷는 것은 생활습관병의 발병 예방과 건강증진, 질병 발병 후 기능회복의 효과뿐 아니라 특히 고령자의 개호 예방과 치매 예방에 효과적이다. 또 시민이 거리를 걷게 됨으로써 생겨나는 다양한 교류 기회는 커뮤니티 활동을 촉진하고 지역 활력의 향상으로 이어져 거리를 걷는 시민들이 더욱 증가하는 선순환을 가져올 것을 기대할 수 있다. 이밖에 일상에서의 걷기가 일종의 '커뮤니티 활동'이라는 관점에 주목하면 최근의 보행량 감소는 사람들의 지역사회 활동과 참여의식을 크게 저하시킬 뿐 아니라 치안과 방범 등 커뮤니티에 의한 지역지원 활동도 침체시키고 있는 상황이다.

최근 노인의 가치관은 다양화되고 있으며, 퇴직 후에도 여전히 활발하게 활동하며 제2의 인생을 적극적으로 즐기고 싶다고 생각하는 중고령층 인구가 증가하고 있다. 은퇴 후 세대가 오랜 세월 길러온 기술과 풍부한 경험을 살려 지역을 지원하는 커뮤니티 활동에 참여하는 것은 지역 활성화로 이어질 뿐만 아니라, 건강수명의 연장을 실현하는 등의 장점이 크다. 이러한 커뮤니티 활동은 모두 때로는 지원하고 때로는 지원받는 상호 공조의 관계를 구축하며, 안심하고 지역에서 늙을 수 있는 마을을 만드는 일이기도 하다. 건강의료복지 마을만들기는 '거리를 걷는 것'과 '커뮤니티 활동'을 통해 많은 시민들이 보다 자율적으로, 또한 필요한 경우에는 지역의 지원을 받아 활동적으로 살 수 있는 마을만들기를 기본개념으로 한다. 이를 위해 건강의료복지 마을만들기는 대중교통 네트워크를 확보하고 도보로 이동할 수 있는 범위 속에 생활에 필요한 기능[6]을 집적하는 것과 커뮤니티 활동에 적합한 컴팩트한 도시구조로의 전환을 모색하고 있다. 이러한 도시구조로의 전환은 지역 의료기관의 협력체제 구축 및 지역 포괄케어시스템의 구축, 지역의 지킴과 협력 증진에도 이바지하며 정든 지역에서의 고령자의 삶의 안정감을 높이는 데도 기여할 수 있다. 뿐만

---

6) 건강의료복지 마을만들기에서는 일상생활권역 등에서 필요한 도시 기능을 ① 건강 기능 ② 의료 기능 ③ 복지 기능, ④ 교류 기능, ⑤ 상업 기능, ⑥ 공공 공익 기능으로 분류해 제시하고 있다.

그림 6-5 건강의료복지 마을만들기에 의한 시가지 이미지

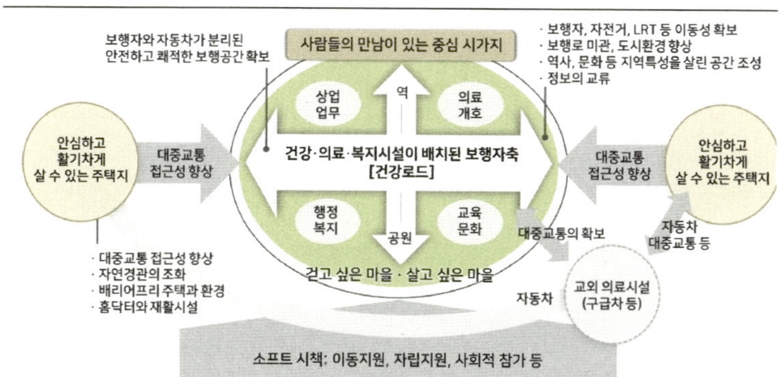

출처: 佐々木政雄 · 松原悟朗(2013). "고령사회의 건강을 위한 교통사회" 「국제교통안전학회지」 Vol 37, No.3.

아니라 서로 돕는 지역사회가 구축됨에 따라 육아세대나 장애가 있는 사람, 개호가 필요하게 된 고령자 등 많은 세대가 안심하고 살 수 있는 마을을 실현할 수 있다.

한편, 도시구조의 전환과 시민의 생활방식의 변화는 시간을 필요로 하는 일이기 때문에 건강의료복지 마을만들기는 베이비붐 세대가 75세 이상이 되는 2025년을 목표로 하는 지역포괄케어시스템과 병행해 중장기적으로 추진된다. 따라서 도시정책적 관점에서 2014년 개정을 통해 시행되고 있는 도시재생특별조치법의 입지적정화계획의 활용도 도모하면서 건강 · 의료 · 복지의 관점에서 필요한 사업이나 시책도 함께 추진하는 특성을 갖는다. 이러한 추진 특성은 건강의료복지 마을만들기의 추진 체제에서도 나타나는데 도시부국과 주택부국, 건강부국, 의료부국, 복지부국 등이 연계해 협력하는 것을 필수로 각 수장을 중심으로 의료기능과 복

표 6-1 건강의료복지 마을만들기 검토와 관련한 각 분야 주요 계획

분야	계획	내용
종합	종합진흥계획	종합적인 지자체 행정 운영을 위해 각 행정 분야의 계획 및 사업 지침을 명시
	마을 · 사람 · 일자리 창생 지방판 인구비전 마을 · 사람 · 일자리 창생 지방종합전략	–지자체 인구현황을 분석하고 향후 지향해야 할 미래의 방향과 인구 장래 전망을 제시. –지방판 인구비전과 지역실정에 따라 향후 5개년의 목표와 시책의 기본 방향을 마련
도시 정비 · 교통	도시계획 마스터플랜	종합진흥계획 및 「도시계획구역의 정비 · 개발 및 보전의 방침」에 입각해 시정촌의 도시계획지침을 제시
	입지적정화 계획	거주기능과 의료 · 복지 · 상업 · 대중교통 등 다양한 도시기능을 유도하는 시정촌 도시계획 마스터플랜의 고도화판
	지역 공공교통네트워크 형성계획	지역사회 공공교통망의 마스터플랜으로 마을만들기와 연계해 대중교통 네트워크를 재구축하기 위한 계획의 수립
주택	주거생활 기본계획	주거생활의 안정 확보 및 향상에 관한 기본 계획
건강	건강증진계획	국가가 정한 건강증진의 종합적인 추진에 관한 기본방침에 따라 주민 건강증진의 시책을 정한 계획
의료	의료계획	의료권 설정과 병상 수, 병원이나 구급체제 등 의료 제공체제의 확보를 도모하기 위한 계획
복지	지역복지계획 지역복지지원계획	복지서비스의 적절한 이용과 사업추진, 주민참여 촉진 등을 지원하는 기본 정책 및 복지서비스 기반 정비에 관한 계획
	노인복지계획	노인복지사업 전반에 걸쳐 공급 체제의 확보에 관해 필요한 사항
	개호보험사업계획 개호보험사업지원계획	후생노동성 기본지침에 따라 보험혜택과 시설의 양적 전망, 개호보험사업과 지역지원사업 등의 추진에 필요한 사항을 계획
	장애인계획	장애인에게 적절한 서비스를 제공할 수 있는 체제를 정비하는 데 필요한 사항
	장애복지계획	국가의 장애복지서비스 기본 방침에 따라 장애복지서비스 상담지원의 양적 전망, 필요한 예상 금액 확보에 관한 사항 등을 계획
	어린이 · 육아지원 사업계획	교육 · 보육 및 지역 어린이 · 육아 지원사업 제공체제의 확보 및 지원사업의 이용에 관한 기타 사항을 작성

지기능을 계획적으로 확보해나갈 수 있는 횡단적인 추진 체제를 갖추고 있다. 예를 들어 도시계획 마스터플랜 작성 시 의료부국, 복지부국과의 협업을 통해 도시계획 GIS데이터와 연계해 의료복지정책의 추진상황 등을 가시화함으로써 고령자 거주안정 확보계획, 지역의료계획, 개호보험 사업계획, 지역복지계획 등의 계획을 함께 작성하거나, 지역의 교통상황을 감안해 사업을 추진하기 위해 해당 지역의 도로 관리자, 교통관리자, 교통사업자 등과의 연계도 필수적으로 고려할 수 있다. 또 종합계획의 수립 시 관련 계획내용을 각 부서가 검토하고 건강의료복지 마을만들기의 관점이 반영돼 있지 않은 경우에는 계획의 책정이나 재검토 시기에 명확하게 평가해 반영할 수 있다. 한편 건강의료복지 마을만들기는 워크샵을 통해 주민 합의를 형성하는 것이 필수적이며, 주민자치회의 활동, NPO에 의한 활동, 커뮤니티 비즈니스 등 최근 활발해지고 있는 커뮤니티 활동의 주체와 행정, 민간 사업자 등이 협력해 지역과제를 추진해나가는 특성을 갖는다.

2) 건강의료복지 마을만들기의 추진 프로세스

(1) 지역의 현상, 미래 파악 및 지역과제의 가시화

건강의료복지 마을만들기 추진에서 중요한 것은 고령자의 생활에 필요한 도시기능의 확보 상황, 지역의 교통환경 등 해당 도시의 실태를 파악하는 것이다. 또한 현황에 대한 실태파악뿐 아니라 미래의 지역상황에 대해서도 예측 평가하고 동향 등을 파악하는 것이 필요하다. 이러한 과정이 전제되지 않으면 필요한 대책을 검토하고 결정하는 것이 불가능하기

그림 6-6 보행자 행동특성 조사방법과 범위

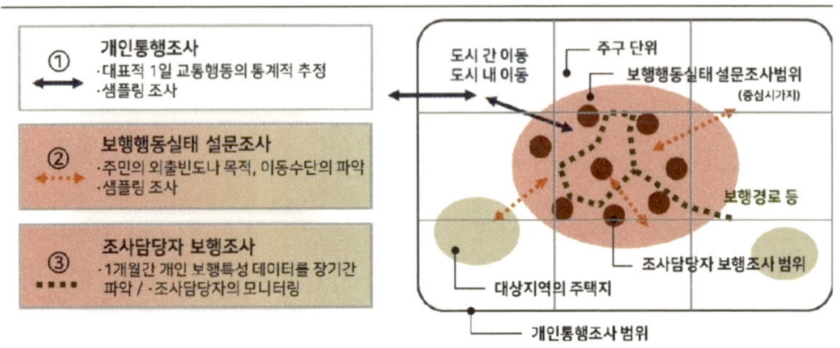

출처: 국토교통성(2014), 『건강의료복지 마을만들기 추진 가이드라인』.

때문이다. 특히 건강의료복지 마을만들기는 기존 자동차 중심의 도시를 대중교통과 도보가 가능한 걷기 좋은 도시로 재생하고 생활권을 정비하는 것을 목적하는 점에서 지역의 보행자 행동특성을 파악하기 위한 조사가 가장 중요하다.

보행자 행동특성을 파악하기 위한 조사방법으로는 '개인통행조사', '보행행동실태 설문조사', '모니터링에 의한 조사담당자 보행조사'가 있다. '개인통행조사'는 도시의 영역별 교통발생 집중량과 같은 교통환경에 관한 개괄 및 개인의 외출 빈도, 교통수단, 외출 목적 등의 통행 행동에 관한 조사로서 자동차를 이용할 수 없는 고령자의 증가에 대응하기 위한 도시기능이나 대중교통 확보 등 교통환경 개선을 위해 필요하다. '보행행동실태 설문조사'는 대상 지역 주민을 대상으로 '어느 정도 외출하고 있는지', '외출할 때의 목적, 장소, 거리, 이유', '도보 이동조건과 환경', '차에서 도보로의 전환 요인' 및 '건강의식' 등을 파악하기 위해 필요하다. '모니터링에 의한 조사담당자 보행조사'는 일상생활권 레벨에서의 마을만들기를 고려했을 때, 노인의 샘플 수가 적은 경우 보행자의 보행경로나 보행거리를 충분히 파악할 수 없기 때문에 병행하는 방법이다. 조사담당자가 주민 중 도보에 의한 외출 기회가 있는 사람을 대상으로 하며, 대상자들이 장기간 외출시 보행계와 GPS 기기의 소지 및 행동 일지 작성을 통해 만들어낸 데이터를 모니터링함으로써 일상적인 보행 목적이나 보행경로 및 보행환경에 대한 선호도 등을 실증적으로 파악할 수 있다.

또 기존의 통계데이터들을 수집해 도시의 실태를 파악하는 방법으로는 국토교통성이 지형, 토지 이용, 공공시설, 도로, 철도 등의 지리 정보를 수치화해 제공하고 있는 '국토수치정보' 데이터, 건강 · 의료 · 복지 분야에서는 'JAGES 프로젝트'[7]를 통해 각 지자체에 구축돼 있는 의료 및 개호 정보 데이터 등을 이용해 이들을 통합적으로 분석할 수 있다. 그리고 통계 데이터뿐 아니라 관계부처와의 연계를 통해 시민의 건강 의식, 지역사회에 대한 참여의식 등 건강의료복지 마을만들기에 관한 의식조사를 일체적으로 실시하는 것도 도시의 실태 파악에 바람직하다.

한편 수집된 보행데이터, 도시데이터, 의료복지데이터 등 다각적인 자료의 조사결과를 도시계획 GIS 등과 연계해 지도상에 맵핑함으로써, 관련 데이터의 상호 관계 등을 쉽게 분석, 파악할 수 있다. 예를 들어 도시데이터, 의료복지데이터를 이용해 지도상에 맵핑을 하면 도시환경과 건강도의 영향관계를 파악할 수 있다. A시의 도시데이터(고령화율, 버스 노

---

7) 일본에 거주하는 노년층을 대상으로 실시한 조사 중 가장 큰 규모의 조사로서 2013년 일본 전역의 40개 시정촌과 협력해 장기요양보호를 받지 않는 65세 이상 성인 14만 명의 건강과 생활조사 데이터를 구축했다.

그림 6-7 도시데이터와 의료복지데이터의 중첩에 의한 맵핑 사례

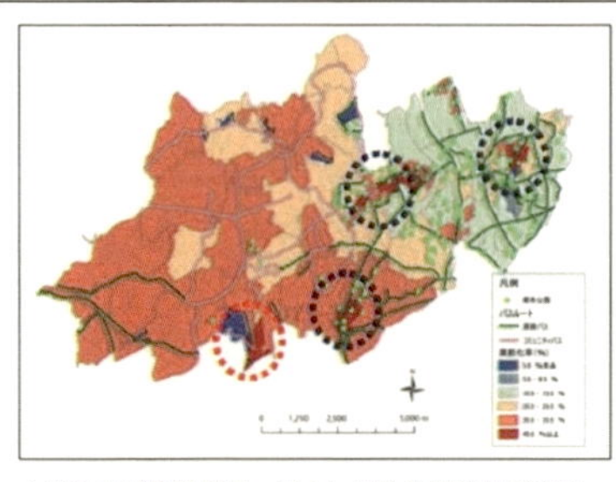

A시의 도시공원 분포 · 버스노선과 고령화율 데이터를 중첩시킨 지도

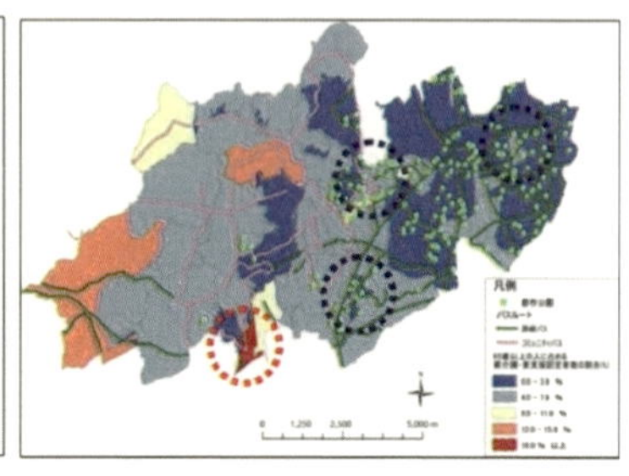

A시의 도시공원 분포 · 버스노선과 요개호·요지원 인정자 비율을 중첩시킨 지도

출처: 국토교통성(2014). 『건강의료복지 마을만들기 추진 가이드라인』.

선 및 도시공원의 분포)와 의료복지데이터(요개호, 요지원 인정자 비율)를 활용해 고령화율이 높은 4개 지역에 버스노선 및 도시공원의 배치 상황을 GIS로 중첩시켜 본 결과(그림 6-7), 주변에 기존 버스 노선이나 도시공원이 적은 지역에서는 요개호, 요지원 인정자 비율이 높은 것으로 나타났다(붉은 점선으로 표시된 지역). 이러한 결과는 추가 분석을 통해 사업이나 정책에 활용될 수 있으며, 또 분석결과의 '가시화'는 건강의료복지 마을만들기의 추진에 있어 시급한 지역과제의 우선순위를 효과적으로 파악하게 해줄 수 있고, 각 부처 연계의 활동참여를 촉진할 수 있다.

(2) 시책의 실시와 관련한 진단

건강의료복지 마을만들기에서는 시책의 실시 이전에 객관적인 지표 등을 이용해 해당 지역이 다른 도시와 비교해 무엇이 우수한지, 또 무엇이 충분하지 않은지 등을 분석, 평가하는 진단을 실시한 후 시책의 입안

표 6-2 건강의료복지 마을만들기 진단지표

진단의 관점		지표	데이터
도시의 진단	시가지의 현황	시가지의 컴팩트	인구집중지역 면적율과 인구비율
	고령자의 생활과 건강상황	고령화 진전도	65세 이상의 인구비율
		독신고령자 비율	65세 이상 독신가구 비율
		요지원 · 요개호 인정자비율	요지원1～요개호5의 노인인구에 대한 비율
		평균수명	평균수명
		건강수명	일상생활에 제한 없는 기간의 평균
		이동속도	노인의 외출비율
	도시경영의 상황	의료 · 개호비용	국민건강보험 1인당 연간 의료비 개호보험제1호 피보험자의 연간 개호비
		재정력	재정력 지수
지역의 진단	주민의 건강의식과 운동습관	건강의식	건강습관실천자의 비율
		운동습관	운동습관자의 비율
		유해지수	대사증후군 예비군 비율
	커뮤니티 활동의 활성화	커뮤니티 활동	인구 1만 명 당 커뮤니티 활동단체의 수
		노인의 활동	고령자의 취업률
		커뮤니티 거점	인구 1만 명 당 집회시설 수
	도시기능의 계획적인 확보	건강기능	보행권 내 공원이 없는 주택의 비율
		의료기능	보행권 내 의료기관이 없는 주택의 비율 통원 이동수단에 있어 도보 비율
		복지기능	노인인구 1만 명 당 주택개호 서비스 이용자 수 노인인구 1만 명 당 개호서비스 이용자 수
		교류기능	보행권 내 공민관, 집회소가 없는 주택의 비율
		상업기능	쇼핑에 있어 이동수단의 도보 비율
		공공 공익기능	보행권 내 우체국 · 은행이 없는 주택의 비율
	보행을 촉진하는 공간	보행공간 정비 비율	보도정비율/도로정비율
		보행공간의 안전도	보행공간의 베리어프리화율 인구당 보행자 교통사고 사망자 수
	대중교통 이용환경	대중교통 서비스	대중교통의 편리성이 높은 지역의 주택 비율
		철도 이용률	대중교통수단 분담률 중 철도의 비율
		버스 이용률	대중교통수단 분담률 중 버스의 비율
		노인 차량이동	65세 이상 운전면허 보유율

을 추진한다. 진단은 도시 간 비교를 실시해 해당 도시의 전체적인 동향을 파악할 필요가 있을 때에는 도시 전역을 대상으로, 중점시책의 결정이 필요한 지역 등을 고려할 필요가 있을 때는 도시의 일부 지역, 지구를 대상으로 한다. 또 시책의 입안에 있어 관계자 간의 공동 대처 의식을 높이기 위해 진단 결과와 그 근거를 시민이나 NPO, 민간 사업자 등이 알기 쉽도록 시각화해 공개하는 것이 필요하다. 한편, 진단은 실시 이전 단계에서만 수행되는 것이 아니라 시책의 실시 이후에도 정기적으로 할 필요가 있는데 〈건강의료복지 마을만들기 진단지표〉(표 6-2)는 현재 도시 및 지역수준에서의 건강의료복지 마을만들기 평가지표로도 사용되고 있다.

(3) 여러 세대에 대응할 수 있는 패키지 시책의 추진

시책의 실시와 관련한 진단을 통해 도시의 현황을 파악한 후에는 건강의료복지 마을만들기의 5개 주요시책 중 우선순위를 정하는 것이 필요하다. 그리고 이 과정에서 지역의 세대 간 교류, 사회 참여가 촉진돼 노인은 물론 각 세대와 장애인도 살기 좋은 도시를 형성할 수 있도록 시책의 조합을 궁리하는 것이 필요하다. 예를 들어 육아세대와 고령자 등에 공동으로 대응할 수 있는 시책 패키지 등 시책 간의 연계를 강화한 일체적 패키지 정책을 도출하는 것이 요구된다. 또 필요한 시책의 조합은 공간의 조성, 시설 설치와 같은 하드웨어적 시책과 함께 시설 운영의 방법, 이벤트, 프로그램의 제공과 같은 소프트 시책도 함께 포함해야 하며 이를 위해서는 지역 및 관계자와의 커뮤니케이션을 지속적으로 수행하면서 다각적인 검토를 심화시켜 나가야 한다.

그림 6-8 패키지 시책의 추진

1단계

지역의 특성과 문제에 따른 시책의 우선순위를 결정, 필요한 시책의 조합을 검토

진단에 의한 평가 다이어그램을 활용하여 필요한 시책의 우선순위를 결정

우선시책 (②, ⑤)을 기본으로 ③과 ①, ④ 의 패키지 시책을 검토

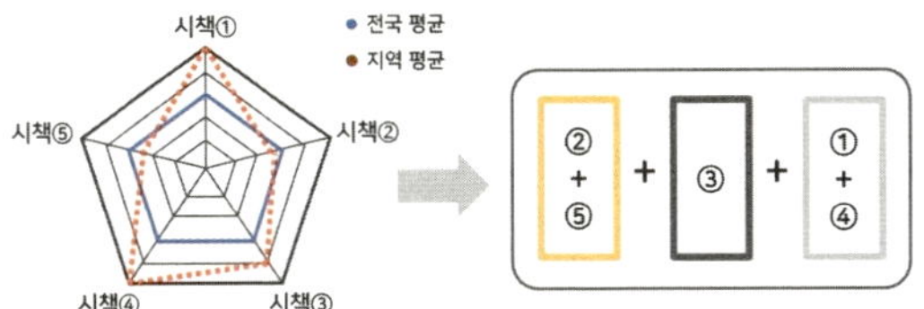

시책 ① : 건강의식·운동습관
시책 ② : 커뮤니티 활동의 활성화
시책 ③ : 도시기능의 계획적 확보
시책 ④ : 보행공간
시책 ⑤ : 대중교통 이용환경

2단계

다양한 라이프스테이지에 대응하는 시책의 조합으로 패키지 시책을 추진

		①	②	③	④	⑤
초등학생부터 고등학생 (7~18세)			○			○
사회인 (~64세)			○	○		◎
	육아세대·주부	○	◎	○	○	○
건강한 전기고령자 (65~74세)		○	◎	○	○	◎
후기고령자 (75세~)	요지원 1~2		◎			◎
	요개호 1~2		○			
	요개호 1~2		○			
치료·재활자	입원회복기					
	자택유지기		○			○

(범례)

□ : 우선시책
◎ : 주요대상
○ : 관련대상

출처: 국토교통성(2014). 『건강의료복지 마을만들기 추진 가이드라인』.

3. 주요 시책과 사례

건강의료복지 마을만들기는 모델도시의 선행사례와 연구 성과를 통해 효과가 검증된 5가지 시책을 중심으로 추진된다. 본 장에서는 5가지 주요 시책이 효과적임을 보여주는 연구결과들과 함께 시책의 주요 내용과 사례들을 고찰한다.

1) 주민의 건강의식 증진과 운동의 습관화

2012년부터 2014년까지 일본의 우시쿠시, 시키시, 시부야구, 기후시, 니가타시의 7개 지역 주민을 대상으로 한 건강의식과 하루 평균 보행수와의 영향관계 설문조사 결과 건강의식이 높은 집단의 하루 평균 보행수가 그렇지 않은 사람에 비해 많은 것으로 나타났다. 건강의식은 건강과 관련한 의사결정에 필요한 기본적인 건강정보와 서비스를 확인하고 이해하며 효과적으로 이용하는 개인 능력의 정도를 의미하는 것으로 이 같은 조사결과는 건강의식의 증진이 건강증진을 위한 신체활동의 활성화에 기여하는 바를 입증하는 것이라고 할 수 있다. 또 개인의 낮은 건강의식과 운동무관심이 건강과 어떠한 상관관계를 갖는지는 대표적인 신체활동인 보행활동과 관련해 SWC 종합특구 추진 지자체와 시키시의 주민을 대상으로 한 건강상태 조사결과가 설명하고 있다. 해당 연구에서는 후생노동성의 건강 만들기에서 권장하고 있는 하루 8,000보의 보행수를 달성하고 있는 사람이 그렇지 못한 사람과의 건강상태 비교에서 대사증후군(Metabolic syndrome)[8], 로코모티부 증후군(locomotive syndrome)[9], 사루코빼니아 비만[10] 등의 운동저해 질환이 낮은 비율을 나타내고 있다.

---

8) 내장지방형 비만으로 고혈당 · 고혈압 · 고지혈증 중 2개 이상의 증상이 한 번에 나타나는 상태.

9) 뼈와 근육, 관절 등의 운동기 장애로 요개호 위험이 높은 상태. 골관절염, 골다공증, 류마티스 관절염, 변형성 척추질환, 척추협착증, 골절, 사지 · 몸통의 마비, 요통, 어깨결림 등의 질환이 해당한다.

10) 로코모티부 증후군 중 연령에 따른 근육의 감소로 근력 및 신체능력의 저하 상태인 사

그림 6-9 연구를 통해 효과가 검증된 건강의료복지 마을만들기의 5가지 시책

● 주요 연구결과		● 대책
● 건강에 대한 의식이 높은 사람은 그렇지 못한 사람에 비해 1일 평균 보행 수가 많다. ● 1일 8000보 이상 걷는 사람은 저체력화가 낮은 경향이 있다.	➡	주민의 건강의식을 높여, 운동습관을 들이도록 한다.
● 사람과의 소통이 원활한 사람 및 지역 봉사활동에 참가하는 사람은 1일 평균 보행 수가 많다. ● 친구, 동료가 많은 고령자 및 자주적 활동에 참가하고 있는 고령자는 건강하다고 느끼는 비율이 높다.	➡	커뮤니티활동 참가를 높이고, 지역을 지원하는 커뮤니티 활동 활성화를 도모한다.
● 교류시설이 「도보권역」에 많은 지역의 고령자는 지역활동 및 서클 등의 참가율이 높고 외출 빈도가 높다. ● 공원이 「도보권역」에 있는 고령자는 운동 빈도가 높다.	➡	일상생활권역, 도보권역에 도시기능을 계획적으로 확보한다.
● 고령자는 「도보」로 외출하기 위해 필요한 요소로 「가로경관」, 「휴식시설」을 중시한다. ● 고령자는 보행경로 결정에 있어 「도로횡단의 안전성」, 「보도의 요철, 단차」를 중시한다.	➡	가로보행을 촉진하는 보행공간을 조성한다.
● 철도역으로부터 1.5km 권외에서 면허를 보유하고 있지 않은 사람은, 보유한 사람에 비해 외출률이 낮다. ● 고령자는 거주지에서 버스정류장까지의 거리가 멀면, 매일 외출행동이 자립되지 않은 경향이 있다.	➡	대중교통 이용환경을 높인다.

자료: 건강·의료·복지 마을만들기 추진가이드라인(기술적 조언), 일본 국토교통성 도시국, 2014.8

건강의료복지 마을만들기는 이러한 연구결과를 반영해 도시정책적 측면에서 보행공간의 정비와 대중교통의 접근개선, 공원과 녹지환경 조성 등 지역의 사회 환경 개선을 통해 주민의 건강의식 증진 및 운동의 습관화를 최적화시킬 것을 주요 시책으로 추진한다. 또 이러한 노력에 지역주민들이 적극적으로 참여함으로서 건강증진과 마을만들기의 일체성 확보는 물론 건강의식 및 운동습관과 사회 환경과의 관계에 대한 이해를 높이는 것 또한 함께 추진한다.

루코빼니아가. 당뇨병이나 고혈압, 고지혈증 등의 생활 습관병을 악화시키는 비만과 겹친 상태. 일반 비만보다 성인병 등에 걸리기 쉽고, 특히 보행 능력을 저하시키기 때문에 노쇠될 위험이 높다.

2) 지역사회 활동의 참여증진과 커뮤니티의 활성화

(1) 지역사회 활동의 참여증진

은퇴노인은 기존에 거주지에서 형성해온 관계망과 커뮤니티가 희박하기 때문에 사회적으로 고립될 우려가 크고 이러한 고립은 노인의 외부활동은 물론 다양한 사회적 교류의 기회에서도 소외를 발생시킬 수 있다. 따라서 건강의료복지 마을만들기는 노인의 지역사회 활동 참여를 촉진시키고, 육아지원, 고령자 독신가구 및 고령자 부부가구의 지킴활동과 같은 지역 봉사활동 등의 적극적 참여를 유도하는 것이 중요하다. 지역 활동에 참여하고 있는 사람은 참여하지 않는 사람에 비해 지역생활 환경에 대한 만족도가 높은 경향이 있고, 주관적 건강의식의 차이에 관계없이 지역 활동에 참가하고 있는 고령자군에서는 외출 빈도나 가족 이외의 대화 빈도가 그렇지 않은 고령자군보다 높게 나타나는 경향이 조사를 통해 밝혀지고 있다[11]. 따라서 쉽게 즐길 수 있는 활동이면 지속적인 참여를 통해 노인의 지역 활동을 정착시킬 수 있고, 이는 고령자에게는 사는 보람이 될 뿐만 아니라 지역의 활력으로 확산될 것을 기대할 수 있다.

한편, 노인이 참가하고 싶은 지역봉사활동으로는 지역행사뿐 아니라 일상적인 활동인 교통안전 및 방범 · 방재 등 안전관리 활동, 환경미화 및 녹화 추진 · 마을만들기 등의 생활환경 개선활동이 상위로 거론되고 있다. 이들은 기존에는 행정의 역할로 간주됐지만, 최근에는 행정을 보완하

---

11) '고령자의 안정된 지역거주에 관한 생활행동 실태조사', 건축연구소, 2011-13년.

그림 6-10 노인이 자주적으로 참여하고 싶은 활동

구분	활동	비율
취미활동	건강·스포츠 (체조, 걷기, 게이트볼 등)	44.9
	취미 (하이쿠, 시낭독, 도예 등)	23.3%
	생산·취업 (보람을 위한 원예·축산, 실버인재센터 등)	17.5%
지역봉사활동	지역 행사 (축제 등 지역행사의 참여)	14.4%
	안전 관리 (교통 안전, 방범 · 방재 등)	11.6%
	생활 환경 개선 (환경 미화, 녹화 추진, 마을 만들기 등)	11.3%
	노인 지원 (가사 원조, 이송 등)	6.8%
	교육 관련 문화 계발 활동 (학습회, 어린이회 육성, 향토 예능의 전승 등)	5.9%
	육아 지원 (보육에 대한 도움 등)	5.7%
	활동 또는 참여하고 싶은 것이 없다	18.2%

출처: 내각부(2014), 『고령자의 일상생활에 관한 의식조사』.

는 지역의 공조가 강조되고 있어 이와 같은 지역 활동의 참여는 고령자들의 사회적 역할에 대한 인식을 제고할 수 있는 기회이기도 하다. 아울러 노인의 삶의 안정감과 사는 보람을 증진시키는 방안이 될 수 있으며 여성의 취업 비율 향상에도 이바지할 것으로 예측되는 3세대 동거, 인접주거, 이웃주거 등 혈연관계를 살린 거주 방식의 도입도 고려할 수 있다. 특히 이를 위해서는 혈연관계에 의한 주택의 취득을 지원하는 노력이 효과적인데 마을의 빈집 정보를 효율적으로 제공하거나 필요시 주택개량을 지원하는 등의 방안도 고려할 수 있다.

또, 다양한 주체가 협동해 지역사회 활동에 대해 논의하기 위해서는 지역주민과 상인, 관계단체 등 마을만들기의 추진 주체가 될 수 있는 모든 관계자가 네트워크화되는 것이 중요하다. 이를 위해 건강의료복지 마을만들기는 고령자 등을 포함한 모든 주민이 부담 없이 참가할 수 있고,

지식인과 전문가, 지자체 담당자, NPO 법인, 각종 단체 등과 전문적인 문제에 대해 의견을 교환하고 토론할 수 있는 다양한 소통의 장소를 마련할 수 있다. 또 커뮤니티 활동에 관한 논의는 마을만들기의 근간에 영향을 미치기 때문에 논의의 과정을 통해 다양한 의견을 집약해나가는 것이 필요하며 동시에 집약된 의견이나 계획은 관련 계획과의 다양한 조정, 행정 내부의 횡단적 연계 등이 필요하므로 이를 담당하는 인력 확보 역시 장소의 확보 못지않게 중요하다.

(2) 거점 조성을 통한 커뮤니티의 활성화

지금까지 지역 커뮤니티의 핵심이었던 초등학교가 감소하고 있기 때문에 주민이 각자의 지식과 능력을 활용해 자율적으로 지역사회 활동에 참여할 수 있는 새로운 환경을 갖추는 것이 필요하다. 특히 은퇴 후 사회적 인연과 단절된 채 거주지 중심의 삶을 살아야 하는 노인에게 커뮤니티 활동이 실천될 수 있는 거점의 조성은 더욱 중요하다. 미국의 사회학자인 레이 올덴부르크(Ray Oldenburg, 1989)는 '가정'과 '직장이나 학교'라는 필수적 장소에 이어 개인이 편안함을 느낄 수 있는 일상적인 만남과 소통의 공간을 '제3의 장소(Third place)'로 부르며 그 존재를 지적했다. 은퇴 노인의 경우 현역시절 중요한 역할을 했던 제2의 장소인 직장이라는 거처를 상실한 후 "살고 있는 지역에 있을 곳이 없다"는 이야기로 제3의 장소의 부재를 토로한다. 지역에 대한 아무 연고도 갖지 못한 은퇴노인으로서는 제3의 장소를 재구성하는 것이 어려울 수밖에 없다. 따라서 고령자의 개인활동, 사회참여, 봉사활동이 가까운 친구의 수 또는 이웃의 수와

그림 6-11 노인의 제3의 장소

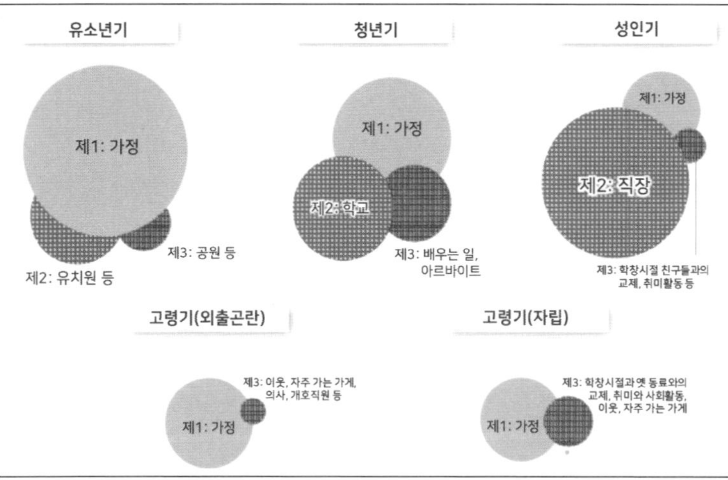

자료: 澤岡詩野(2010). 『정년퇴직 후 제3의 장소와 사회관계』.

갖는 상관관계가 입증되고 있는 시점에서 거주지 내 커뮤니티 거점공간의 조성은 노인의 교류의 장으로서, 또 제3의 장소를 구축하고 확대시켜 나가는 관점에서도 필요하다.

그런데 커뮤니티 거점공간 조성과 함께 반드시 고려해야할 사항은 거점공간의 입지와 커뮤니티 내에서의 노인의 역할이다. 자전거나 도보로 갈 수 없는 거리에 위치한 커뮤니티 거점공간은 결국 노인을 집안에 고립되도록 한다. 커뮤니티 활동에 별다른 역할을 부여받지 못한 채 서비스 제공의 수혜자로서만 역할하는 고령자는 활동에 대한 동기부여가 어려워 역시 지역 활동에 소홀할 수밖에 없다. 따라서 건강의료복지 마을만들기는 현재 늘어나고 있는 초등학교의 빈 교실이나 여유 복지시설, 중심시가지의 빈 점포 · 빈집 등 지역의 자원을 활용해 사람들이 모이기 쉬운 장소, 특히 고령자가 자전거나 도보로 접근이 가능한 권역에 지역 커뮤니티 활동의 거점을 마련하고, 고령자 개인이 역할을 부여받을 수 있는 다양한 활동 프로그램과 시설의 기능을 복합적으로 제공해야 한다.

한편, 지역의 커뮤니티 활동은 일반적으로 대부분 자원봉사로 이루어지고 있지만 안정적인 운영의 지속이나 사업 규모의 확대 등을 도모하기 위해서는 순수한 자원봉사 기반의 커뮤니티 활동뿐 아니라, 적절한 수익을 얻을 수 있는 비즈니스 기반의 활동을 추진하는 것도 중요하다. 이러한 활동은 주민의 참여 의욕도 향상시켜 지속가능하면서도 상당한 규모의 활동으로 발전할 가능성이 높다. 따라서 건강의료복지 마을만들기는 지역 커뮤니티 활동의 실시 주체에 대해 활동 거점의 정비와 공공공간 우선 이용 등의 지원을 할 수 있다. 또 이러한 커뮤니티 비즈니스 조직을 지역 커뮤니케이션에 참여시켜 마을 네트워크를 확장하고, 새로운 마을만들기의 체제를 구축하는 것도 고려할 수 있다.

3) 일상생활권역 및 도보권역에 도시기능의 계획적 확보

건강의료복지 마을만들기의 5대 시책 중 일상생활권역 및 도보권역에 도시기능을 계획적으로 확보하는 것은 저출산 고령화에 대응한 도시정책과 보건복지정책이 가장 잘 맞물려 추진되는 사례이다. 거주지 의료, 개호예방, 생활지원이 30분 이내로 제공되는 일상생활권역을 단위로 지역포괄케어시스템을 구축하기 위해서는 물리적 기반으로서 도보 또는 대중교통 이용을 기본으로 생활권역에 관련 시설을 배치하는 것이 필요하다. 또, 이러한 배치를 유도하기 위해서는 시설배치에 관한 이해는 물

그림 6-12 건강의료복지 마을만들기 마스터플랜

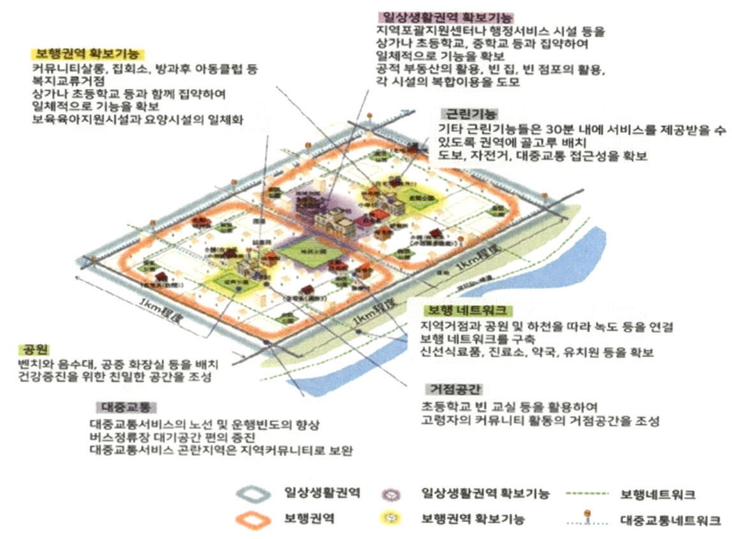

출처: 국토교통성(2014), 『건강의료복지 마을만들기 추진 가이드라인』.

론 배치와 관련한 지침을 가지고 있는 도시계획, 도시정책과의 연계가 요구된다. 따라서 건강의료복지 마을만들기는 기존의 초등학교 중심의 도시기반시설 입지 및 배치를 고령자의 의료보건시설중심으로 복합화하고 재배치시키는 국토교통성의 콤팩트시티 정책과 의료, 복지 등 다양한 생활지원서비스가 일상생활권역에서 적절히 제공되는 입지적정화 계획을 연계해 다음과 같이 지역포괄케어시스템을 위한 도시기능을 확보한다.

첫째, 건강의료복지 마을만들기는 건강증진 기능과 지역교류 촉진기능 및 일상생활을 영위하는 데 있어서 필요한 상업시설, 공공시설 등을 일상생활권역 내에 확보하는 것뿐 아니라 지역포괄케어시스템의 핵심기관인 종합상담창구나 지역포괄센터, 시청 출장소 등의 행정서비스 시설을 지금까지 일상생활권역에서 중심 시설로 역할한 상가, 초등학교, 중학교와 함께 일체적으로 확보한다. 둘째, 각 도시기능은 지역포괄케어시스템과 마찬가지로 거주지에서 30분 이내에 서비스가 제공되도록 권역에 편중 없이 배치하고, 도보와 자전거 또는 대중교통에 의한 접근도 확보되도록 한다. 특히 고령자가 걸어서 편하게 이동할 수 있는 도보권역에는 일상생활권역에서 확보하는 도시기능 중 농수산물의 구매나 정기적으로 통원치료를 받는 병원처럼 사용빈도가 높은 기능이나 산책 교류 등 매일 일과로서 보행을 촉진할 수 있는 기능을 확보하도록 한다. 또 수시로 사람이 모일 수 있는 커뮤니티 살롱이나 집회소, 방과 후 아동클럽 등 지역의 교류거점은 지금까지 도보권역에서 중심시설이었던 상가나 초등학교와 함께 일체적으로 계획하도록 하며 각 기능은 보행네트워크를 통해 접근 가능하도록 한다.

셋째, 일상적으로 이용하는 생활시설에 비해 상대적으로 광범위에서 이용되는 일반 병원, 관공서, 중앙도서관 등의 도시기능과 도시의 활기를 창출하는 상업시설, 노천시장, 광장 등은 자동차 이용이 어려운 고령자를 고려해 도시 내 대중교통의 접근성이 높은 곳에 계획한다. 또 도시의 활기를 창출하는 기능의 주변에는 자동차 교통을 억제하고 보행자가 우선이 되는 영역을 확보함과 동시에 보행자가 모일 수 있는 이벤트 등을 지속적으로 추진한다.

그런데 저출산 고령화에 따른 도시재정의 악화로 모든 도시가 필요한 도시기능을 한 번에 확보하는 것은 어려운 일이다. 따라서 필요한 도시기능의 계획적 확보를 위해서는 우선순위를 고려하는 것이 필요하다. 특히 우선순위의 검토에 있어서는 현재의 상황만으로 판단하는 것이 아니라 미래의 인구구성 분포, 향후의 고령화 · 개호화 정도, 미래의 대중교통 서비스 등을 예측하고 필요한 기능을 확보하는 방향으로 판단해야 한다. 또 도시기능 확보 후 필요한 유지관리 비용 및 운영비용 등도 고려한 후 확보해야 할 도시기능의 우선순위를 결정하는 것이 바람직하다. 이밖에 도시기능을 원하는 위치에 확보하려 해도 새로운 토지를 확보하는 것이 어려운 재정을 반영해 지방자치단체가 소유하고 있는 저효율의 시설을 활용하거나 토지 및 건물의 복합 이용, 민간사업자의 입지지원 등을 검토하는 것이 필요하다. 특히 보육 및 육아지원 시설과 요양시설 등을 일체의 토지구역 내에 설치해 공공기관의 지역교류 기능이나 육아지원 기능을 병설하는 것도 토지의 유효 활용 측면에서 고려할 수 있다. 아울러 이와 같이 확보된 도시기능의 운영에는 시설관리자, 운영자뿐만 아니라 지역사회가 주체적으로 참여함으로써 지역커뮤니티 활동을 촉진하는 매개로서의 역할도 부여한다.

4) 보행을 촉진하는 보행공간의 조성

한 번에 30분 이상 지속적으로 걷는 것과 한 번에 10분씩 세 번 나누어 걷는 것의 운동효과가 차이가 없다는 것이 밝혀지면서 하루 중 걷는 시간의 총량을 늘리는 것이 중요해졌다. 따라서 건강의료복지 마을만들기는 일상생활권역에서 멀리 떨어진 지역에 새로운 워킹로드를 조성하지 않고 기존의 거리에 보행을 유발할 수 있는 상업, 복지, 의료 등의 생활시설

그림 6-13 건강로드에 의한 중심시가지 보행네트워크

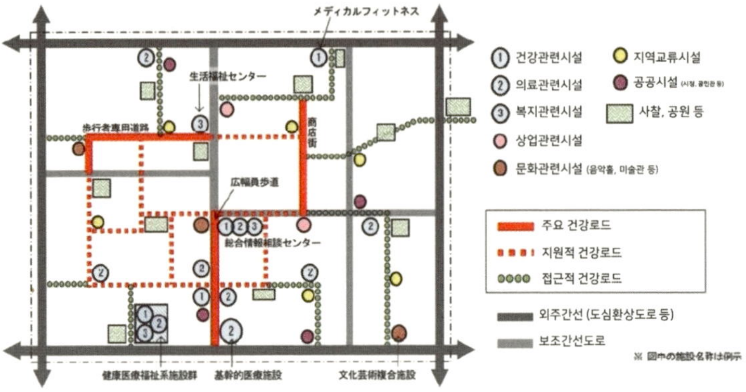

출처: 국토교통성(2009), 『복지의 길 만들기 · 마을만들기의 본연의 자세에 관한 조사』.

을 입지시키거나 녹화와 조경 등을 통해 매력적인 가로경관을 형성함으로써 주민의 보행을 촉진시키고 워킹로드의 역할을 수행할 수 있는 보행네트워크를 구축하는 시책을 전개한다.

그런데 인근 버스 정류장, 우체국, 슈퍼 · 편의점, 이발소, 병원, 출장소, 자치회관, 집회소 등의 일상경로와 공원 주변 등 산책과 건강증진을 위한 경로를 통해 조성되는 보행네트워크가 걷기 좋은 공간이기 위해서는 우선 적절한 어메니티 요소들이 계획돼야 한다. 특히 고령자의 도보이동을 고려할 경우 고령자가 휴식 없이 지속적으로 걸을 수 있는 평균보행 지속거리인 약 500~700m[12)]를 기점으로 벤치 등의 휴식시설과 음수대, 공중화장실 등을 적절하게 배치해 자연스럽게 보행거리를 늘릴 수 있도록 하

12) 니가타시, 기후시, 시키시, 우시쿠시 4개 지역을 대상으로 진행된 주민설문조사(2010).

는 것이 중요하고, 보행 경로에 대한 안내와 이정표 등의 설치도 필요하다. 또 보행자의 안전을 확보하기 위해서는 자동차 교통의 교차를 방지하고, 생활도로 통과교통의 속도를 억제함으로써 보행자 중심의 공간을 조성할 필요가 있고 고령자를 위한 배리어프리 계획도 중요하다.

특히 고령자나 휠체어 이용자가 안전하게 통행하기 위해서는 보행을 제약하는 요소들을 보행경로에서 제거해야 한다. 국토교통성 거리교통시설과 연구회 자료에 따르면 75세 이상의 고령자가 도보로 이동하는 경우 경로를 결정하는 데 중요하게 생각하는 요소로 안전한 횡단, 요철과 단차가 없는 보도, 비탈길과 경사가 없는 길 등이 우선순위로 나타났다(佐々木政雄, 松原悟朗, 2013). 따라서 노인이나 장애인이 안심하고 걸을 수 있는 안전한 보행공간을 조성하기 위해서는 복지단체 등과 함께 보행경로의 실사를 진행해 단차나 경사를 파악하고, 급한 비탈이나 건널목 등 통행이 어려운 곳은 보행네트워크에서 제외하는 배려 또한 필요하다. 이와 같은 관점에서 지금까지 아동에 대한 교통안전 대책이 진행된 통학로는 노인의 산책 등을 위한 보행공간으로도 적합하기 때문에 통학로 주변에 고령자가 자주 이용하는 일상이용시설을 배치해 고령자의 안전은 물론 세대를 넘어 이용되는 보행공간을 조성할 수 있다.

5) 대중교통 이용환경의 향상

대중교통 서비스에서 떨어진 지역일수록 노인의 외출행동이 제약되는 실태를 감안했을 때, 삶의 질을 높이고 건강증진을 지원할 수 있는 인프라로서 대중교통의 역할은 중요하다. 건강의료복지 마을만들기를 추진하는 지방자치단체는 편리성이 높은 대중교통을 제공하기 위해 도시기능이 집적된 영역을 결절하는 대중교통의 운행서비스 향상을 도모해야 하며 이를 위해 운행 빈도 확대, 정시제 및 특급 확보, 저상차량 운행 등에 대해 교통사업자와 협정을 맺는 것이 필요하다. 또 대중교통 간 환승편의를 위해서는 관련 시설의 배치, 배리어프리 환경의 조성 등 하드웨어적 측면에서의 노력과 함께 소프트웨어 측면에서는 운행표 안내, 환승요금 할인 등을 추진할 수 있다. 또한 지역주민 등이 주체가 돼 대중교통 이용에 관한 계몽 활동, 시민워크숍 등을 진행할 수 있도록 해 행정, 교통 사업자, 지역주민 등이 함께 대중교통서비스 수준을 향상시킬 수 있도록 한다. 특히 이러한 지역 커뮤니티 활동을 통해 대중교통이 필요한 지역을 찾고 대중교통 도입 방법이나 노선 및 요금 책정 등에 대한 검토가 이루어질 수 있도록 한다. 한편, 대중교통 서비스의 제공이 곤란한 지역에서는 이동이 필요한 사람을 서로서로 돕는 지역 커뮤니티 활동을 지원함으로써 도시기능에 접근하는 교통 네트워크의 부재를 보완하는 지역 커뮤니티 교통 서비스를 구축할 수도 있다.

- **〈빈집 · 공터 뱅크〉를 통해 혈연관계에 의한 주택의 취득을 지원**

  아이치현(愛知県)의 다하라시(田原市)는 시내의 빈집과 공터의 리스트를 시 홈페이지를 통해 전국적으로 소개하는 〈빈집 · 공터 뱅크〉를 실시하고 있다. 마을의 빈집 정보를 제공함으로써 3세대 동거, 인접주거, 이웃주거 등 혈연관계를 살린 주거방식을 희망하는 이들에게 필요한 주택의 임대 및 매매를 지원한다. 또 필요시 〈주택리폼보조제도〉와 같은 주택개량지원 방안도 실시하고 있다.

- **요코하마시 지역케어플라자(地域ケアプラザ)**

  노인, 아동, 장애인 등이 정든 지역에서 안심하고 살 수 있도록 지역 복지활동, 보건활동 등을 도모하고 가까운 복지 · 보건 서비스와 주택개조 지원사업까지 종합적으로 제공하는 시설이다. 체조교실, 건강강좌 등 생활에 도움이 되는 다양한 종류의 교육과 이벤트를 실시하고 있고, 지역 활동 및 교류에 필요한 장소도 제공한다. 또 지역포괄지원센터의 역할도 수행해 각종 복지상담 및 고령자 대상의 건강검진, 목욕, 급식, 일상동작 훈련 등의 개호예방 서비스(데이서비스)를 제공한다. 이를 위해 지역케어플라자에는 '지역활동교류 코디네이터'와 '지역포괄지원센터 담당 보건사'가 함께 상주하며, 현재 요코하마 시내 생활권역(중학교구)을 중심으로 138개소가 조성돼 있다.

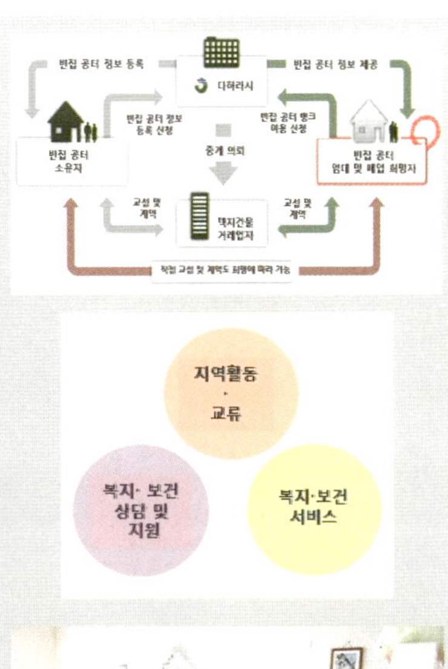

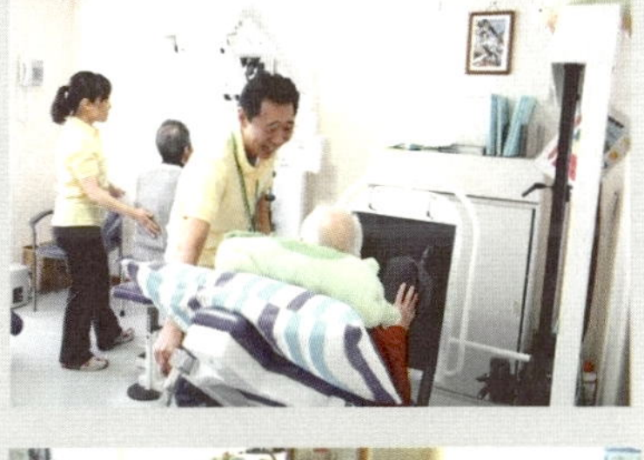

▌지역사회 활동 참여 증진과 커뮤니티의 활성화 사례(2)

• **초등학교 여유교실이나 빈 점포를 활용한 살롱, 카페 등의 설치**

사이타마현(埼玉県) 시키시(志木市)는 초등학교의 여유교실이나 상점가의 빈 점포를 활용해 고령자의 커뮤니티 활동을 위한 거점공간을 조성했다. 카페 '런치룸'은 초등학교 급식 및 개호예방 프로그램 제공을 통해 고령자의 외출기회를 증가시키고 있고, '사는 보람'의 살롱은 초등학교 휴식시간을 이용해 아동들과 고령자가 교류할 수 있는 행사를 제공한다. 또 상점가의 빈 점포를 활용한 '거리의 만남' 살롱은 낮에 집에 혼자 있어야 하는 노인들의 교류공간으로서 인근 거주 주부들의 자원봉사로 운영되고 있다.

'사는 보람'의 살롱

'거리의 만남' 살롱

카페 '런치룸'

• **할머니들의 '나뭇잎 사업(葉っぱビジネス)'**

도쿠시마현(徳島県) 카미카츠쵸(上勝町)는 인구 1,840명, 고령화율 49.57%로 현재 과소화와 고령화가 진행되고 있지만 고령자들의 '나뭇잎 사업'으로 연간 26억 원의 매출을 올리고 있는 지역활성형 농상공 연계모델 도시이다. 나뭇잎 사업은 지역의 산에서 채취한 나뭇잎들을 일본 도심의 고급식당의 요리 장식용으로 판매하는 사업으로서, 사업에 참여하는 할머니 중 연간 1억 원의 소득을 올리는 할머니도 있다. 고령자의 경제적 풍요는 물론 건강에도 좋은 성과를 얻고 있는 커뮤니티 비스니스의 성공모델로서 2018년 카미카츠쵸는 유엔에서 선정한 'SDGs 미래도시'로 선정됐다.

일상생활권역 및 보행권역에 도시기능의 계획적 확보 사례(1)

• 생생 백세체조(いきいき百歳体操) 교실

오카야마현(岡山県) 소자시(総社市)는 건강한 노인 및 요지원, 요개호 인정을 받고 있는 노인을 대상으로 주민이 운영의 주체인 '생생 백세체조' 교실을 운영하고 있다. 생생 백세체조는 고령자가 정든 지역에서 규칙적인 체조를 계속해서 수행함으로써 일상생활 동작 등을 개선하고, 가능한 한 개호 및 요양 상태에 이르지 않고 건강하고 활기찬 노년을 보낼 수 있도록 하는 것이 목적이다. 2014년 현재 122개소가 운영되고 있고, 노인들이 걸어서 15분 이내에 갈 수 있는 곳이 95%로 1,800여 명의 고령자(노인 10명 중 1명)가 참여하고 있다. 고령자들이 서로 지지하면서 즐거운 시간을 보낼 수 있을 뿐 아니라, 지역의 연계와 커뮤니티의 형성에도 크게 기여하고 있다.

• 휴식의 살롱(憩いのサロン)

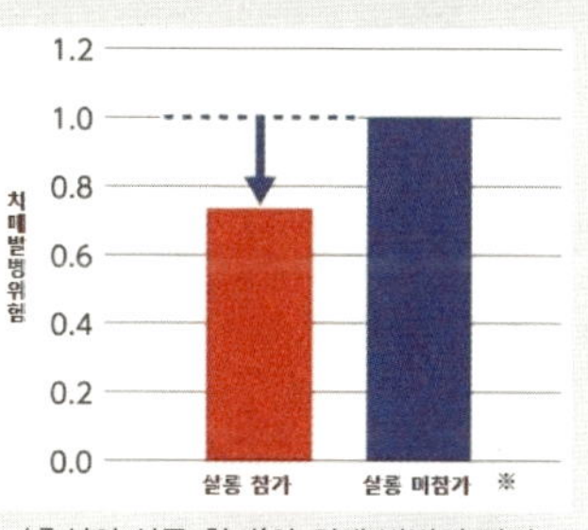

'휴식의 살롱 참가'와 치매 발병의 관련

아이치현(愛知県) 다케토요정(武豊町)은 도시, 지역포괄지원센터, 대학 등이 연계해 65세 이상 노인의 지역교류와 건강증진의 장으로서 '휴식의 살롱' 프로그램을 진행하고 있다. '휴식의 살롱'은 이웃과의 만남, 아동과의 만남, 자연과의 만남 등의 테마를 가지고 추진되며, 고령자가 외출의 기회를 가질 수 있고 취미를 즐기거나 지역 사람들과 교류를 가짐으로써 노쇠, 치매, 우울증 등의 예방을 도모한다. 공민관 등을 중심으로 도보 15분 거리의 500m권마다 1개소의 설치를 목표로 하고 있으며, 2017년 현재 13개소에 이른다. 2017년 1월에 발표된 〈일본 노년학적 평가연구 프로젝트(JAGES)〉가 다케토요정 노인 2,600명을 2006년부터 2013년까지 7년 간 추적 조사한 연구보고서에 따르면 연 4회 이상의 '휴식의 살롱' 프로그램 참가가 치매의 위험을 0.7배 저하시키는 것으로 밝혀졌다.

▎일상생활권역 및 보행권역에 도시기능의 계획적 확보 사례(2)

• **소규모 다기능 주택개호 사업소 목련원(こぶし園)**

니가타현(新潟県) 나가오카시(長岡市)는 소규모(정원 20명) 다기능 주택개호 사업소(요양시설)에 지역교류공간을 마련하고 반상회나 마을의 행사, 키즈룸 등으로 요양시설을 개방함으로써 고령자와 지역과의 교류를 활성화시키고 있다. 월 1회 다양한 이벤트를 지역밀착형으로 제공함으로써 어린이부터 어른까지 요양시설에 대한 이해와 친밀도를 높이는 성과를 이루어내고 있고, 현재는 지역 주민 측에서 적극적으로 요양시설을 사용하고 싶다고 요청하는 관계로까지 발전했다. 또 나카오카역에서 차로 15분 거리의 시내 주거지역에 위치해 자신이 살던 익숙한 지역에서 단기입소, 방문간호와 같은 개호서비스를 받을 수 있기 때문에 교외의 대형 요양시설을 대체할 지역포괄케어의 모델로 주목받고 있다.

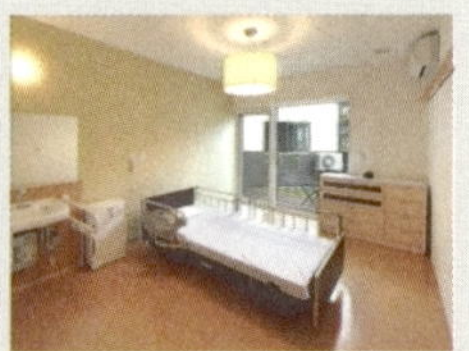

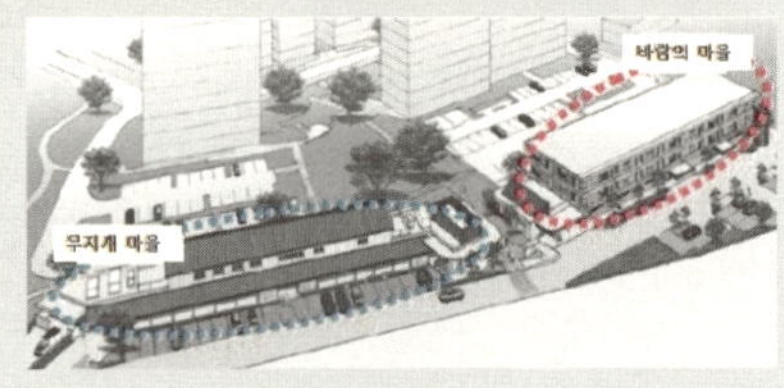

• **지역포괄케어시스템 복합거점 '이나게 빌리지 무지개와 바람(いなげビレッジ虹と風)'**

치바현(千葉県) 치바시(千葉市)는 지역포괄케어시스템의 5가지 기능인 주거, 생활지원서비스, 개호, 의료, 예방 · 간호 기능을 모두 갖춘 복합거점으로 총 2개 동으로 구성된 '이나게 빌리지 무지개와 바람'을 조성했다. '무지개 마을'은 육아지원, 지역활동 공간, 생활용품 판매 등 생활지원서비스를 제공하고, '바람 마을'은 복지시설로서 고령자용 객실서비스, 단기체류, 데이서비스, 장애아동 케어서비스, 일반 내과 진료 등의 복지서비스를 제공한다.

보행을 촉진하는 보행공간의 조성 사례

• 지속적인 이벤트로 외출을 촉진하는 '그랜드 플라자(グランドプラザ)'

도야마현(富山県) 도야마시(富山市)의 중심시가지인 소우지구(総曲輪地区)는 대형매장의 철수 등으로 보행자 수가 감소하고 점포의 폐점도 속출하게 됐다. 그런데 소우지구의 서로 인접한 2개의 빌딩이 재개발되면서 이 사이에 시 소유의 빈 공간이 발생했고, 도야마시는 이곳을 시민을 위한 보행광장인 '그랜드플라자'로 조성했다. '그랜드플라자'는 유리지붕으로 덮인 남북 약 65m, 동서 약 21m의 광장공간으로, 시는 원래 도로였던 곳을 조례를 통해 가능한 자유롭게 사용할 수 있는 광장으로 다시 지정했다. 현재 운영은 〈주식회사 마을만들기 도야마〉가 하고 있으며, 휴일 96.5%, 평일 74.6% 연간 총 80.6%에 이르는 지속적인 이벤트를 통해 주민의 외출을 촉진시켰고, 광장 조성 후 보행량이 13% 상승해 침체돼 있던 중심시가지의 활력도 되찾는 성과를 이루었다.

• 도로점용허가 특례를 활용한 노천카페(オープンカフェ) 거리

군마현(群馬県) 타카사키시(高崎市)는 침체된 중심시가지에 도로점용허가 특례를 활용해 노천카페를 조성함으로써 매력적인 보행공간을 조성했다. 노천카페 거리는 지역교류거점으로서 중심시가지의 활기를 되찾게 했으며, 카페수익은 도로 유지관리, 지역행사 등에 환원돼 마을만들기의 선순환 구조를 구축하고 있다.

도로점용허가 특례구역

• 버스 운임 100엔 대중교통 사회실험

니가타현(新潟県) 니가타시(新潟市)는 일상적인 교통수단을 자가용에 의존하는 비율이 매우 높고 대중교통을 이용하기 불편한 지역도 곳곳에 있었다. 또 일본의 도도부현 현청 소재지 47곳 중 도시의 교통 부문에서 1인당 이산화탄소 배출량이 3위를 차지하고 있어 도시환경적으로도 최악의 상태에 처해있었다. 이에 니가타시는 버스교통의 편리성 향상을 위해 '니가타 기간버스'를 운행했다. 특히 기간버스 노선 중 니가타역과 중심시가지의 상점가인 후루마치가 간의 버스운임을 주말에 100엔(일반 200엔 구간)으로 하는 한시적인 사회실험을 2010년부터 실시해 해당 구간 버스 이용자 수가 매년 감소추세에서 증가추세로 회복되는 가운데, 자가용에서 버스로의 전환이용이 20% 정도의 성과를 이루었고, 후루마치가의 보행자 수 증가로 인해 중심시가지의 활기도 증진됐다.

• 지역사회가 운영주체가 되는 주민버스(住民バス)

아이치현(愛知県) 세토시(瀬戸市)의 '히시노(菱野)'단지는 과거 주민 22,000명이 거주하던 대단지였으나 현재는 인구가 절반으로 줄었고 고령화율도 40%에 이르고 있다. 고지대에 입지해 있어 노선버스 정류장까지 300m 가까이 떨어져 있고, 고령자는 언덕길을 오르내리며 쇼핑이나 병원에 가는 일도 어려운 상황이다. 새로운 교통수단을 확보하기 위해 주민자치회는 '히시노 단지 커뮤니티교통 운영협의회'를 설립했고 주민이 운영주체가 되는 주민버스를 운영하기 시작했다. 주민버스 2대는 주민자원봉사자가 운전을 하며, 단지 내 5개 정류장을 거쳐 노선버스 정류장과 상가, 병원 등의 주요시설을 44분에 걸쳐 순회한다. 매일 하루 5번 운행을 하며 요금은 무료이다. 차량은 세토시에서 대여하며, 운영비용의 15%는 시보조금으로, 나머지는 주민버스를 이용하는 3개 단지가 공동으로 부담한다. 주민버스의 운행 이후 운전면허증을 반납하는 고령자가 늘고 있으며, 외출기회가 늘어난 고령자들의 보행량도 증가하고 있는 것으로 나타났다. 또 주민이 함께 버스를 이용함으로써 소통과 교류가 활발해져 커뮤니티의 활성화라는 성과도 거두고 있다.

히시노 3개 단지의 주민버스 노선

4. 건강의료복지 마을만들기의 시사점

1) 건강 · 의료 · 복지 데이터를 활용한 마을의 진단

도시재생뉴딜사업을 추진하기 위해서는 도시재생사업의 종합적 수립계획으로서 〈도시재생활성화계획〉을 수립해야 한다. 도시재생활성화계획의 수립은 지역의 쇠퇴현황과 원인 분석, 인문환경, 산업경제, 사회변화 양상의 조사, 지역의 보유자산과 잠재력 발굴 등 사전조사를 통한 도시의 진단이 선행돼야 한다. 그런데 주민의 신체활동 증진과 건강수명 연장을 목표로 하는 고령친화적 도시재생뉴딜사업을 우리나라에서 추진할 경우 활성화계획을 수립하기 위해서는 일반적인 도시 현황에 대한 진단뿐 아니라 흡연, 음주, 식습관, 운동, 신체활동과 같은 주민의 건강행태와 건강수준에 대한 진단, 지역의 물리적 환경이 주민의 건강에 미치는 상관관계에 대한 분석 등이 선행돼야 하며 이를 위해서는 관련한 각종 건강 · 의료 · 복지 데이터를 활용할 필요가 있다.

건강의료복지 마을만들기는 주민의 건강행태를 진단하기 위해 필요한 건강 데이터로서 특히 보행활동 데이터의 구축을 강조한다. 보행활동은 가장 기본적인 중등도 신체활동으로서 고강도 운동에 대한 저항감을 가지고 있는 고령자들이 별다른 장비 없이 수행할 수 있고, 운동 중 사고의 위험이 높은 노인에게도 비교적 안전하다는 점에서 고령자의 건강증진을 위한 가장 효율적인 방법이라고 할 수 있다[13]. 따라서 기존 자동차 중

---

13) 2013년도 보건복지부에서 제정한 '한국인을 위한 신체활동지침'에서는 노인의 유산소 신체활동지침에 '걷기'가 포함돼 있다.

심의 도시를 대중교통과 도보가 가능한 걷기 좋은 도시로 재생하고 생활권을 정비하기 위한 사전조사로 건강의료복지 마을만들기는 지역 주민을 대상으로 보행자 행동특성을 파악하는 조사를 실행하고 있다.

조사방법으로는 개인통행조사나 보행행동 실태 설문조사, 조사자 모니터링에 의한 보행조사 등이 있는데 이 중 보행계와 GPS 기기를 사용해 보다 정교하게 사람들의 보행행태를 모니터링하는 조사방법은 사람들이 걸어 다니는 길, 걷는 범위, 걸어서 가는 목적시설 등이 도시 및 근린에서 실제로 어떻게 드러나고 있는지 통찰이 가능해 건강행태에 대한 진단뿐 아니라 보행을 촉진시키는 근린환경 설계를 위한 기초자료로서 실질적으로 연계될 수 있는 방법이다.

또 건강의료복지 마을만들기는 도시의 물리적 환경을 구성하는 요소들과 건강수준의 상관성을 검토할 때 국토교통성이 구축하고 있는 각종 도시데이터와 각 지자체가 구축한 의료 및 개호 정보 데이터 등을 활용해 통합적으로 분석하고 그 결과를 도시계획 GIS와의 연계를 통해 지도상에 가시화시킴으로써 관련 데이터의 상호관계 등을 쉽게 파악할 수 있도록 하고 있다. 그런데 우리나라의 경우 대상지의 도시형태적 요소나 주거밀도, 혼합용도, 가로 접근성, 다양한 시설의 입지 현황 등 주민의 건강수준에 영향을 미칠 수 있는 도시의 물리적 환경 변수 데이터에 대한 접근은 어렵지 않으나, 보건의료정보의 경우 국가 차원에서 공개와 접근성에 제약이 있기 때문에 난관이 예상된다. 최근 건강보험심사평가원, 국민건강보험공단, 질병관리본부, 국립암센터 등 공공기관의 보건의료 빅데이터를 공익과 연구 목적으로 연구자에게 제공하는 보건의료 빅데이터 플랫폼 개발이 진행되고 있지만 상업적 활용 등에 대한 우려로 여전히 사회적 합의가 어려운 실정이다.

건강의료복지 마을만들기는 〈일본 노년학적 평가 연구(JAGES)〉라는 국가 프로젝트를 통해 구축한 각 자치단체별 의료복지 데이터의 활용이 개인정보 보호와 데이터 보안을 확보한 가운데 법적으로 허용되고 있는 점을 고려했을 때 우리나라는 고령친화적 도시재생뉴딜 사업이라는 새로운 용도에 적합하도록 보건의료 데이터의 관리와 개방 범위를 부처 간 협의를 통해 정비해야 할 필요가 있다.

2) 주거지 단위에서 보행을 증진시킬 수 있는 계획 및 정책의 실행수단

건강증진을 위한 보행의 중요성과 이에 영향을 미치는 환경요소가 점차 규명되면서 우리나라에서도 건강한 도시환경을 위해 보행권 내의 다양한 용도 혼합, 보행 · 자전거 연결성 강화, 공공시설 · 근린생활시설 및 대중교통 접근성 강화, 차량이용유발시설 제한 등의 정책을 펼쳤다. 제3차 국민건강증진종합계획 역시 '성인 1일 평균 보행시간을 증가시키고 1일 30분 이상 걷는 사람의 비율을 증가'시키는 것을 목적으로 도시거주민의 산책 및 운동 공간 확보, 자전거도로 설치, 산책로와 등산로 마련 등의 정책들을 추진해 왔다. 그러나 이러한 정책적 노력에도 불구하고 2016년 기준 우리나라 성인의 걷기 실천율[14)]은 2005년 대비 21.1%p 감소한 39.6%로 3명 중 1명꼴로만 걷기를 실천하는 것으로 나타났고, 노인의 걷기 실

14) 최근 1주일 동안 걷기를 1회 10분 이상, 1일 총 30분 이상 주 5일 이상 실천한 분율

그림 6-14 2016년 기준 우리나라 성인 및 노인의 걷기 실천율

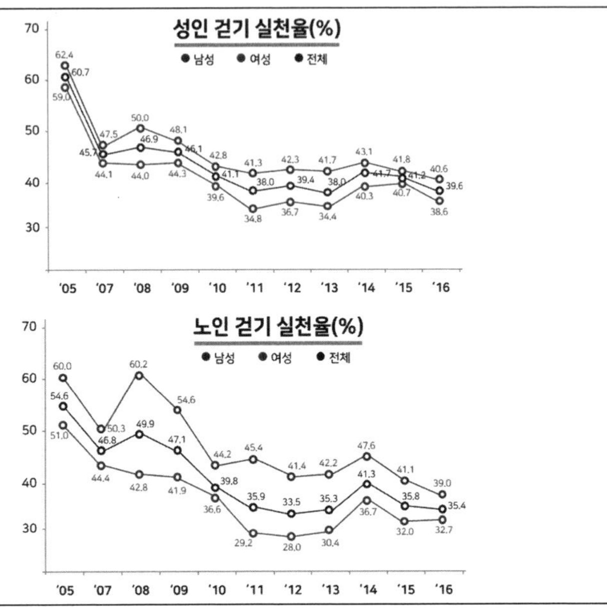

자료: 질병관리본부(2017), 『2016 국민건강통계』.
출처: 한국건강증진개발원(2018), 『2018년 지역사회 통합건강증진사업 안내』.

천율 역시 2005년 대비 19.2%p 감소한 35.4%로 3명 중 1명꼴로만 걷기를 실천하는 것으로 나타났다. 이와 같이 보행활동을 장려하는 기존의 건강증진 정책이 별다른 실효성을 거두지 못한 것은 이들 정책들이 행정편의에 의해 정책의 대상지가 근린생활권인 주거지역보다는 도시 및 시군구 지역차원의 거시적인 공간단위에서 논의가 됐고, 따라서 주거지 단위에서 실질적으로 걷기를 증진시킬 수 있는 계획 및 정책 차원의 실행수단이 부재했다는 점에 가장 큰 원인이 있다. 또 애초의 목적과 달리 이러한 건강증진 정책들이 일상 속의 건강실천보다는 홍보성 교육이나 사후처방

격인 진료서비스에 치중해 정작 주거지의 물리적 환경은 보건소와 같이 서비스를 제공하는 시설 수단으로서만 활용됐던 것도 원인으로 꼽을 수 있다.

건강의료복지 마을만들기는 모델 도시의 선행사례와 보행과 근린환경 요소와의 영향관계에 대한 주요 연구결과를 실제로 보행공간, 교류시설, 대중교통 환경 등 주거지 인프라 전반의 정비방안에 구체적으로 적용해 추진하고 있다. 신체적 능력 저하로 활동반경이 감소돼 일상이 주거지 근린에 한정된 노인이나, 자동차 이용의 증가로 보행이나 대중교통의 이용이 줄어들고 있는 청장년 세대들이 의도하지 않아도 자연스럽게 일상에서 걷기를 실천할 수 있는 보행증진 환경을 조성함으로써, 건강증진 정책에 무관심한 주민들까지 포섭하는 효과를 얻을 수 있도록 했다. 특히 대부분의 이동을 보행에 의존하는 노인들을 위해 각종 서비스 시설들을 보행거리 내에 조성하는 입지 및 배치계획, 신체활동을 촉진하는 운동시설, 교회, 상점 등의 접근성을 향상시킬 수 있는 보행공간 및 대중교통 계획 등을 통해 노인의 건강증진 정책을 주거지의 물리적 환경계획과 통합적으로 전개하고 있는 점은 향후 주거지 단위에서 고령자의 건강증진 정책을 실질적으로 전개할 수 있는 고령친화적 도시재생뉴딜의 계획 및 실행수단의 참고사례로서 의미가 있다.

3) 커뮤니티케어의 실현을 위한 도시기능의 계획적 확보

2018년 커뮤니티케어의 추진 발표 이후 보건복지부가 발표한 노인커뮤니티케어 중심 〈지역사회 통합돌봄 기본계획(안)〉에서는 노인커뮤니티케어의 4대 핵심요소로 주거지원, 건강의료, 요양돌봄, 생활지원 서비스의 연계를 명시하고 있다. 이 중 커뮤니티케어의 실현을 위한 각종 서비스 기능이 제공되는 물리적 기반에 대한 내용은 주거지원 영역에서의 어르신 맞춤형 '케어안심주택', 어르신 독립생활 및 낙상 예방을 위한 주택개조, 건강의료 영역에서의 '주민건강센터', 요양돌봄 영역에서의 '종합재가센터' 등이 있다. 그런데 이러한 커뮤니티케어의 물리적 기반 조성과 배치를 위해서는 도시계획, 도시정책과의 연계가 불가피하다.

건강의료복지 마을만들기는 지역포괄케어시스템을 구축하기 위한 서비스지원형 고령자 주택, 데이서비스가 가능한 그룹 홈, 종합상담창구나 지역포괄케어센터 등의 시설을 국토교통성의 콤팩트시티 정책, 입지적정화 계획과 같은 기존 도시정책 및 계획과의 정합성을 고려해 확보했다. 이에 따라 기존의 초등학교 중심의 도시기반시설 입지 및 배치를 고령자의 의료보건시설 중심으로 복합화하고 재배치해 의료, 복지 등의 생활지원 서비스가 거주지에서 30분 내의 일상생활권역에서 적절히 제공되도록 했다. 지역포괄케어시스템의 핵심기관은 일상생활에서 중심시설로 역할할 수 있도록 건강증진 기능과 지역교류를 촉진하는 시설, 각종 상업시설과 공공시설들을 일체적으로 확보했고, 접근성과 활성화를 위해 도보와 자전거 및 대중교통망의 정비도 실행했다. 또, 시설의 배치뿐 아니라 조성과 관련해서도 활용도가 떨어지는 지역의 공공시설이나 빈집, 공지, 초등학교 여유교실 등을 활용해 신축으로 인한 재정 지출을 대비했다.

현재 우리나라가 고령친화적 도시재생뉴딜을 통해 커뮤니티케어의 물리적 기반을 조성할 때 연계할 수 있는 도시정책 및 계획은 도시재생활성

그림 6-15 커뮤니티케어 추진 개념도

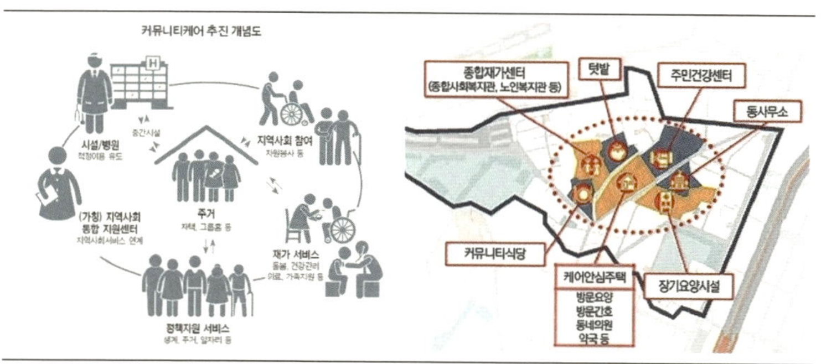

출처: 국토교통부(2018).

화계획과 〈기초생활 SOC 국가적 최저기준〉15)이다. 도시재생활성화계획의 수립 시 주민 삶의 질적 향상을 위한 지역사회 거점공간의 계획, 주거환경의 개선, 생활인프라의 확충과 관련한 단위사업들을 의료와 돌봄 서비스의 맞춤 제공을 목적으로 전개할 수 있고 또 빈집과 유휴시설 등을 활용해 커뮤니티케어에 필요한 기능을 도입하는 것 또한 가능하다. 한편 현재 노인커뮤니티케어의 의료, 돌봄 서비스와 관련한 기초생활 SOC는 경로당, 노인교실, 의원, 약국, 건강생활지원센터, 노인복지관, 사회복지시설, 보건소 등이 해당되며, 이들 시설의 최저기준은 마을 단위의 경우 도보 5~10분, 지역거점 단위의 경우 차량으로 20~30분이 제시되고 있다.

15) 기초생활 SOC는 국민이 태어나서, 먹고, 키우고, 부양하고, 일하고, 쉬는 일상생활에서 필요한 보육, 교육, 응급의료, 복지, 문화, 체육, 교통시설 등 일상에서 국민의 편익을 증진시키는 시설을 의미하며, 기초생활 SOC 국가적 최저기준은 시설의 공급을 기존의 인구대비 총량기준이 아니라 접근성 기준의 관점에서 계획하는 것으로, 누가 어디에 거주하든지 상관없이 적용 가능한 보편적 생활서비스의 공급 및 지원 한계선으로 시설별 1인당 소요시간거리를 제시한 것을 말한다.

따라서 커뮤니티케어를 비롯한 건강, 의료, 복지서비스의 제공과 관련한 시설들을 고령친화적 도시재생뉴딜을 통해 계획할 때에는 〈기초생활 SOC 국가적 최저기준〉을 반영해 확보하는 것이 필요하다.

이밖에 건강의료복지 마을만들기 마스터플랜 작성 시 의료부국, 복지부국과 협업을 추진했던 사례를 참고해 고령친화적 도시재생뉴딜에서는 커뮤니티케어를 위한 핵심 시설들의 공급 규모와 입지 계획 등을 주택, 도시, 의료, 복지 각 부처 간 연계를 통해 추진하는 것이 바람직하다.

VII. 평생 활약 마을

VII. 평생 활약 마을

1. 평생 활약 마을

일본 정부는 2015년 고령인구가 자립이 불편해지고 간병이 필요할 때 도시로 몰려드는 것을 막고, 노후에도 다양한 사회참여 활동이 가능하며, 최후까지 의료와 간호를 받을 수 있어 안심할 수 있는 마을을 지방에 만드는 '평생 활약 마을'의 추진을 발표했다. 평생 활약 마을은 고령자가 건강할 때부터 간병이 필요할 때까지 중간에 이주하지 않고 계속적으로 돌봄을 받을 수 있는 보증된 공간이라는 점에서 미국에서 탄생한 대표적인 은퇴자 주거공간인 CCRC(Continuing Care Retirement Communities)와 그 개념이 유사하다. CCRC는 은퇴인구 집적지역을 말하며 그 안에서 노인질환 등에 대한 연속적인 돌봄이 제공되는 커뮤니티로 일종의 노인동네라고 할 수 있다. 일본의 경우 이를 중앙정부 차원에서 진행한다는 것이 차별적이며 따라서 평생 활약 마을은 '일본판 CCRC'라고도 부른다. 본 장에서는 노인이 건강할 때부터 지속적인 케어를 받을 수 있는 고령자 중심의 지역공동체 실현과 지속적인 인구유출로 우려되는 지방의 과소화를 저지함으로써 일본 지방창생(地方創生)[1]의 유력수단으로 부상하고

---

1) '창생(創生)'은 '새롭게 만들다'라는 의미로, 지방이 근본적으로 변하지 않으면 소멸할 수 있다는 위기의식을 표현한 것으로 이해할 수 있다.(하혜영, 김유정, 2016)

그림 7-1 동경 거주 50대, 60대의 지방이주 의향

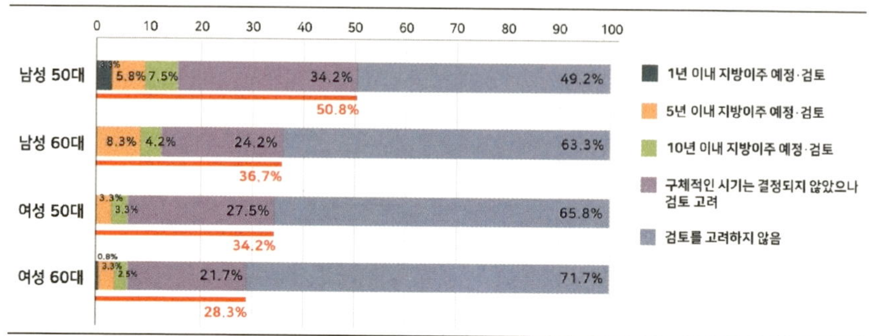

자료: 내각관방(2014), 『동경 거주자의 향후 이주에 관한 의향조사』.
출처: 내각관방 마을 · 사람 · 일 창생본부(2016), 『평생 활약 마을 구상에 관한 안내』.

있는 평생 활약 마을의 내용을 고찰한다.

1) 평생 활약 마을의 의의

평생 활약 마을은 첫째, 에이징인플레이스라는 중고령층 인구의 희망을 실현하고, 둘째, 날로 과소화돼가는 지방도시의 새로운 인구유입을 추진하면서 셋째, 동시에 도쿄를 비롯한 대도시의 고령화 문제에 대응하고자 한 점에서 의의를 가진다.

일본 내각관방(内閣官房)의 의향조사에 따르면 도쿄도 거주자 중 지방으로 이주할 예정이거나 이주를 고려하고 있는 사람이 50대에서는 남성 50.8%, 여성 34.2%, 60대에서는 남성 36.7%, 여성 28.3%에 달하는 것으로 나타났다. 이와 같이 현재 중고령층 인구는 고령기를 '제2의 인생'으로 보고 각자의 처지에 따라 새로운 생활양식과 거주방식을 찾아 도시보다 일상생활 비용이 크게 낮은 지방으로 이주해 지금과 마찬가지로, 또는 지금

보다 더 건강하고 활동적인 생활을 보내고자 하는 희망이 커지고 있다. 이러한 시점에서 평생 활약 마을은 대도시 중고령층 인구의 희망을 반영해 고령기 건강수명을 연장하면서 보람 있고 충실한 노후의 삶을 지원하는 수단으로서 큰 의미가 있다.

또 평생 활약 마을은 지방으로 이주를 희망하는 중고령층에 대한 대책일 뿐 아니라 지방창생의 관점에서 인구가 감소하고 있는 지방도시에 새로운 인구유입을 창출하는 역할을 하는 점에서도 의의를 가진다. 지방으로 이주한 중고령층 인구는 거주지에서 적극적으로 취업이나 평생학습 등의 사회적 활동에 참여함으로써 침체돼 있던 지방도시의 활력 증진과 지역 활성화에 이바지하게 된다. 특히, 인구감소가 진행되면서 운영에 차질을 겪고 있는 지방의 의료 · 개호 서비스가 대도시권 중고령층 인구의 유입으로 보다 효율적인 활용과 안정적인 운영을 도모할 수 있다는 점이 주목할 만하다. 이밖에 인구감소 현상이 심화되고 있는 지방도시뿐 아니라 입지적정화 계획에 따라 효과적이고 효율적인 의료 · 개호 서비스가 구축될 도시 중심시가지의 인구유입 및 거주유도 측면에서도 평생 활약 마을은 유용할 수 있다.

한편, 도쿄권의 급속한 고령화 추세에 따라 2025년에는 75세 이상의 후기고령자 인구가 약 175만 명으로 늘어날 것이라 전망되고 있다. 그 결과로 나타날 의료 · 개호 요구의 급증 현상은 이에 대응한 서비스 확보라는 큰 과제를 발생시킬 것으로 예측되지만 현재 도쿄권의 의료 · 개호 인력의 부족은 날로 심화되고 있다. 이러한 상황에서 평생 활약 마을은 동경권의 중고령층 인구가 대도시에서 충족되지 못하는 의료 · 개호 서비스를 자신이 선택한 지방도시에서 필요에 따라 충분히 이용할 수 있다는 점에서 도쿄권 고령화 문제의 대응 방안으로서도 의의가 있다.

2) 평생 활약 마을의 기본방향

평생 활약 마을은 단순히 주거지의 노인복지시설을 정비하는 차원의 사업이 아닌 중고령층 인구가 주체적으로 지역사회에 융화하면서 건강하고 활동적인 생활을 보낼 수 있는 공동체 만들기, 마을만들기라는 측면에서 다음의 특징을 갖는다.

첫째, 기존 고령자 시설과 갖는 차이이다. 기존의 노인시설과 노인주택이 노화와 질병으로 개호가 필요한 상황에 처한 고령자들을 입주 대상으로 하는 반면 평생 활약 마을은 중고령층 인구가 건강한 단계부터 이주해 건강수명을 연장하며 사는 것을 기본으로 한다. 따라서 기존 시설에서는 노인들이 서비스를 받아야 하는 돌봄의 존재였다면, 평생 활약 마을에서는 노인들이 지역의 일자리와 평생학습 등 사회적 활동에 적극적으로 참여하는 주체적 존재로 자리매김한다. 또 기존 시설은 입주 및 거주가 노인에만 국한되고 지역사회 및 어린이, 청소년 등과의 교류에는 제약이 있었다. 그러나 평생 활약 마을은 이주한 중고령층의 인구가 다양한 사회활동 참여를 통해 지역 사회에 융화될 뿐 아니라 현지 주민과 어린이, 청소년 등과 다세대 교류가 가능한 개방형 거주를 기본으로 하는 점도 차이를 가진다.

둘째, 평생 활약 마을은 입주자의 적극적 참여를 유도한다. 입주를 희망하는 중고령층 인구가 평생 활약 마을에 대한 충분한 이해를 거친

그림 7-2 평생 활약 마을의 구상

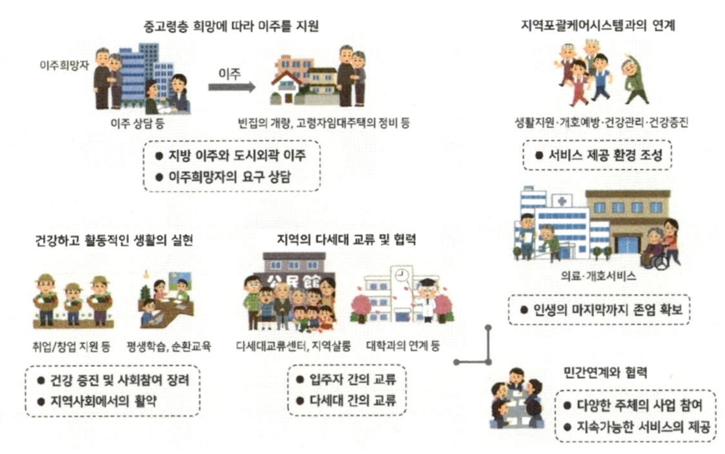

출처: 내각관방 마을 · 사람 · 일자리 창생본부(2016), 『평생 활약 마을 구상에 관한 안내』.

후 입주 여부를 판단할 수 있도록 하며, 입주 전 앞으로 생활하게 될 커뮤니티에 대한 의견 교환 및 검토에 적극적으로 참여하는 기회를 제공한다. 또 실제로 입주를 희망하는 지역에서 단기간 체험 거주할 수 있는 기회를 제공해 입주 의사를 정확하게 확인할 수 있도록 한다.

한편, 평생 활약 마을은 중고령층 인구의 지속적인 케어와 자립적인 생활이 가능한 거주환경 구축과 원활하고 안정적인 사업운영이 가능한 거주자 참여의 다양한 커뮤니티 조성을 목표로 사업추진의 기본 방향을 다음과 같이 제시했다.

첫째, 중고령층 인구의 희망에 따라 지방이나 외곽 도시의 중심시가지로의 이주를 지원하며, 이때 지방자치단체는 이주 희망자의 입주와 지속적인 거주를 위해 세심한 지원을 전개하는 것이 중요하다. 또한 도쿄권

그림 7-3 평생 활약 마을의 전개

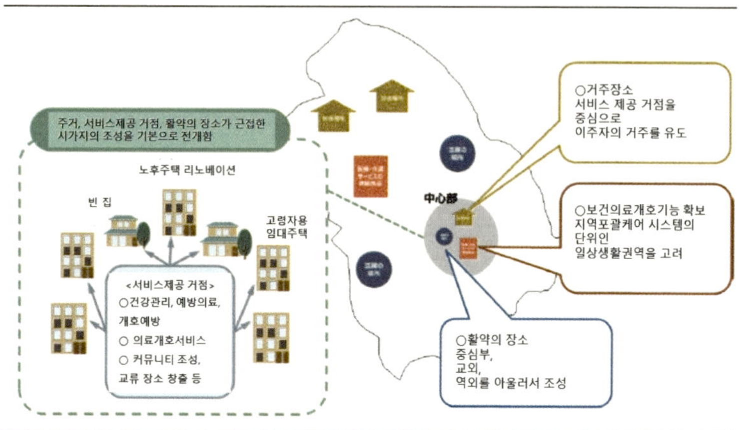

출처: 히로사키시(2016), 『평생 활약 마을 구상』.

등의 대도시에서 지방으로 이주하는 광역적 이주뿐 아니라 향후 생활의 편리성 향상과 의료 · 개호 서비스의 효과적이고 효율적인 확보의 관점에서 추진되는 컴팩트시티 정책에 따라 외곽도시의 중심시가지에 조성될 거주유도구역의 이주 유도 측면에서도 적극 활용한다.

둘째, 건강하고 활동적인 생활을 실현한다. 평생 활약 마을은 건강한 단계에서 입주하는 것을 기본으로 이주한 중고령층 인구가 건강증진은 물론 취업이나 평생학습 등 사회활동 참여를 통해 건강하고 활동적인 노화를 준비할 수 있게 하는 것을 목표로 한다. 따라서 과제해결형의 계획이 아닌 이주 희망자들이 제2의 인생을 통해 추구하고자 하는 삶의 목표를 중심으로 목표지향의 '평생활약플랜'을 세우고, PDCA(Plan-Do-Check-Action) 사이클을 실천하면서 노후를 보낼 수 있는 생활 실현을 도모한다.

셋째, 평생 활약 마을은 입주자의 지역사회 공헌 및 다세대 간 교류를 지원하는 환경을 제공하며, 이를 위해 입주자와 지역 주민이 교류하고 활동할 수 있는 다양한 공간을 조성한다. 또 스마트시스템에 기반해 운영추진기능을 정비하고, 이 경우 지역포괄케어시스템과의 연계를 통해 입주자와 지역 주민 모두 지역사회 활동과 함께 다양한 생활지원서비스를 이용할 수 있도록 한다.

넷째, 지역포괄케어시스템의 구축과 연계한다. 현재 일본 정부는 고령자가 중증의 개호 상태가 돼도 인생의 마지막 단계까지 정든 지역에서 존엄한 생활을 계속할 수 있도록 의료, 개호, 예방, 거주, 생활지원을 포괄적으로 보장하는 지역포괄케어시스템 구축을 진행하고 있다. 평생 활약 마을은 고령자가 의료 · 개호가 필요할 때 다른 지역의 병원이나 시설에 입원 또는 입소하지 않고 자신이 살던 지역에서 안심하고 지속적인 케어를 받을 수 있는 마을을 목표로 하는 점에서 지역포괄케어시스템의 지향과 일치한다. 따라서 지방자치단체가 추구하는 평생 활약 마을과 중앙정부의 지역포괄케어시스템 시책이 상호 연계돼 추진될 수 있다면 입주자와 지역 주민에 대한 각종 의료 · 개호 서비스 등의 일체적 제공은 물론 입주자와 지역 사회와의 교류도 증진시킬 수 있는 동반효과를 기대할 수 있다.

이밖에 평생 활약 마을은 곧 다가올 노동인구감소 시대에 발생할 의료 · 개호 서비스의 인력 부족에 대응하기 위해 IT를 활용한 서비스를 효율적으로 제공하며, 입주하는 중고령층 인구 스스로가 커뮤니티 운영에 참여한다는 관점에서 사업 운영이 외부로부터 정확하게 파악될 수 있도록 기본정보 및 재무상황, 입주자의 케어 관련 정보 또한 적극 공개하고 있다. 또 부처의 틀을 넘은 '평생 활약 마을 형성지원팀'을 구성해 정보지원, 인적지원, 정책지원 등 평생 활약 마을의 구체화를 적극 지원하는 것 역시 사업의 기본방향으로 하고 있다.

2. 평생 활약 마을 추진체계와 프로세스

평생 활약 마을은 (1) 국가, (2) 지방자치단체, (3) 운영을 담당하는 사업주체로 추진체계가 구축돼 있다. 각 주체는 적절한 역할 분담과 연계를 통해 사업 추진 프로세스에 따라 상호협력을 도모한다.

1) 추진체계와 역할

(1) 국가의 역할

2016년 4월 지역재생법의 개정을 통해 평생활약 마을은 지역재생제도의 하나로 정착됐다. 법 개정을 통해 명시된 국가의 역할은 평생 활약 마을의 기본방향을 명시한 '지역재생기본방침'을 수립하고 이에 근거해 작성된 지방자치단체의 '지역재생계획'의 인정을 실시하는 것이다. 정책적 지원 조치로는 지방자치단체가 지역재생계획의 구체화를 위해 '평생 활약 마을 형성 사업계획'을 작성하는 방법을 명확히 제시하며, 평생 활약 마을 사업을 하는 사업주체가 중고령층 인구의 사회활동 참여 추진이나 거주 및 개호서비스 등의 생활환경 정비, 이주 희망자의 방문 · 체류 촉진 등의 사업을 시정촌과 연계해 원활하게 추진할 수 있도록 관련 절차를 간

그림 7-4 평생 활약 마을 추진체계와 역할

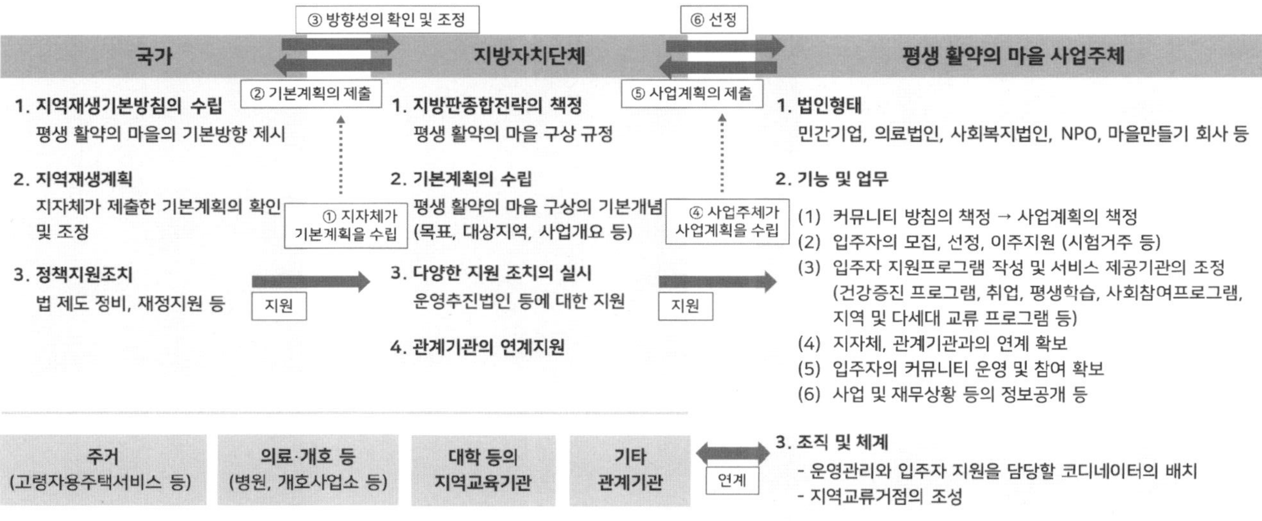

출처: 내각관방 마을 · 사람 · 일자리 창생본부(2016). 『평생 활약 마을 구상에 관한 안내』.

소화한다. 또 국가는 지방자치단체나 사업주체가 실시하는 평생 활약 마을을 돕기 위한 가이드라인 등의 정보지원, 관계 부처로 구성된 '평생 활약 마을 형성지원팀'에 의한 인적지원, '지방창생 추진 교부금'에 의한 재정지원 등을 해야 한다.

(2) 지방자치단체의 역할

지방자치단체는 지역의 특성과 강점을 살려 평생 활약 마을의 구체적인 구상을 검토하고 사업주체와 지역 관계자들과 협력해 구상의 실현을 추진해나간다. 또한 사업주체가 특성과 경험을 살려 지역에서 창의적인 활동을 할 수 있도록 다양한 지원을 실시하는 등 민간의 활력을 이끌어주는 역할을 발휘한다. 구체적인 역할로는 ① 기본계획인 '지역재생계획'의 작성, ② 평생 활약 마을 운영을 담당할 사업주체의 선정(지역재생추진법인의 지정), ③ '평생 활약 마을 사업계획'의 작성, ④ 사업주체(지역재생추진법인)에 대한 지도 · 감독 · 지원 등이 있다.

① 지역재생계획의 작성

지방자치단체는 〈마을 · 사람 · 일자리 창생 지방판 종합전략〉에 평생 활약 마을의 기본 개념을 담고 이를 지역 실정에 맞게 반영한 지역재생계획을 작성, 제출해 국가의 인정을 받는다. 지역재생계획은 실제로 사업을 할 시정촌이 단독으로 수립하거나 도도부현 또는 다른 시정촌과 공동으로 수립할 수 있다. 이때 지역재생계획의 검토는 행정뿐 아니라 민관검토회의(지역재생협의회) 및 지역 사업자 등과 연계해 협의를 하도록 한다.

또 지방자치단체는 지역재생계획에 따라 실시하는 사업의 효과를 검증하며 필요한 경우 PDCA 사이클 검토를 통해 지역재생계획을 변경할 수 있다.

② 사업주체의 선정(지역재생추진법인의 지정)

지방자치단체는 사업에 필요한 인력배치 및 재무상황 등의 관점에서 평생 활약 마을 사업의 추진과 운영을 적정하게 수행할 수 있다고 인정하는 사업주체를 선정한다. 사업주체의 선정은 지역 실정에 맞게 공모에 의한 선정도 가능하며 지역재생제도에 의한 지역재생추진법인의 지정도 가능하다. 사업주체를 지역재생추진법인으로 지정하는 경우 평생 활약 마을 사업계획의 초안 작성 및 제출을 요구할 수 있다.

③ 평생 활약 마을 사업계획의 작성

지역재생계획의 인정을 받은 시정촌이 평생 활약 마을을 추진할 때는 지역의 특색과 자원을 파악하고 지역의 다양한 주체들과 협력하는 것이 중요하다. 따라서 시정촌은 관계자들과 협력해 구체적으로 추진해야 할 사항들을 중심으로 평생 활약 마을 사업계획을 작성한다. 사업계획에는 평생 활약 마을 사업지역의 기재, 중고령층 입주자의 사회활동 참여를 촉진하기 위해 시정촌이 강구해야 할 시책, 고령자에 적합한 주택의 제공과 정비에 관한 시책, 평생 활약 마을에서 제공해야 할 개호 서비스 및 지속적인 케어 제공 체제 확보에 관한 시책, 이주를 희망하는 중고령층의 방문 및 체류를 촉진하기 위한 이주 지원에 관한 시책 등이 포함돼야 한다. 각각의 항목은 이주 희망자가 평생 활약 마을을 선택하는 적절한 판단 자료가 될 수 있도록 지역의 특성에 따라 구체적인 서비스 내용 등도 함께 명시해 제시한다. 또한 사업계획을 만들 때에는 지역재생계획의 인정을 받은 시정촌 외에도 사업주체(지역재생추진법인), 도도부현 지사, 이주지원이나 마을만들기 사업자, 취업 및 평생교육 등 사회적 활동을 지원하는 사업자(공공직업안정소와 실버인재센터, 대학, 공민관이나 도서관, 박물관 등의 사회교육 시설 등), 의료 · 복지서비스 제공 사업자(의료법인이나 사회복지법인 등), 주민 등 지역의 다양한 관계자가 참여하는 지역재생협의회를 설치해 사업계획에 포함된 내용 등을 협의하고 다양한 의견이 제대로 반영될 수 있도록 한다.

④ 사업주체(지역재생추진법인)에 대한 지도 · 감독 · 지원

시정촌은 지역재생계획, 사업계획 등에 따라 평생 활약 마을의 운영추진을 담당하는 사업주체(지역재생추진법인)에 대해 적절한 지도 · 감독을 실시한다. 사업주체가 사업계획의 내용에 위배되는 사업을 운영할 경우 지방자치단체는 사업주체 선정을 재검토할 수 있다(지역재생추진법인의 경우는 지정을 취소). 또 시정촌은 지역재생추진법인이 실시하는 공익적인 사업(지역교류 사업, 코디네이터 배치 등)에 대해서는 필요한 지원을 한다.

(3) 사업주체(지역재생추진법인)의 역할

평생 활약 마을 사업주체는 구상의 실현을 위해 관계기관과 연계해 다양한 서비스를 제공한다. 사업주체의 역할은 소프트웨어 측면에서는 입

주 상담 및 입주서비스 계약, 지역요구와 입주자의 요구 · 생활 상태를 파악하고 생활 전반에 걸쳐 코디를 담당할 전담인력(코디네이터) 배치, 다양한 입주서비스 제공 등이 있고, 하드웨어 측면에서는 입주자와 지역주민, 다세대 간의 교류와 협력을 위한 지역교류거점의 설치와 정비 등이 있다.

① 입주 사전상담 및 시험거주 기회의 제공

입주 희망자가 이주 후 지역사회에 어렵지 않게 적응할 수 있도록 세심한 상담을 통해 입주 희망자의 요구를 사전에 파악하고, 평생 활약 마을의 기본개념 및 서비스 내용을 공유한다. 또한 해당 지역의 매력에 대한 정보를 지속적으로 발신하고, 비교적 젊은 연령대의 이주 희망자에게는 주말 체험거주 또는 두 지역 거주 등을 지원해 평생 활약 마을의 홍보

그림 7-5 평생 활약 마을 사업주체의 역할

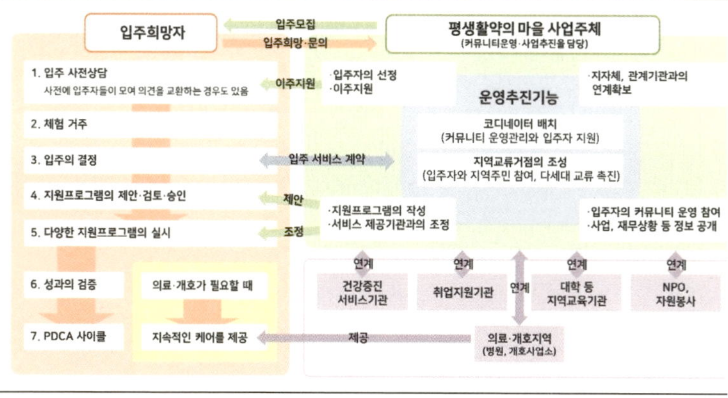

자료: 내각관방 마을 · 사람 · 일 창생본부(2016). 『평생 활약 마을 구상에 관한 안내』.

를 진행한다. 특히 평생 활약 마을이 중장기적으로 적절한 인구구성을 유지하는 가운데 여러 세대가 교류하면서 활기찬 커뮤니티를 확보할 수 있도록 입주자를 연령구조가 치우치지 않게 선정하며, 새로운 입주자들을 지속적으로 확보할 수 있는 매력 만들기나 홍보 관련 시스템을 구축한다. 또 희망자 입주 시 입주서비스 계약을 하며, 입주자 보호 관점에서 구체적인 제공 서비스를 포함한 계약 내용을 가능한 한 계약서에 정확하게 명시한다.

② 코디네이터의 배치

코디네이터는 입주자의 활약과 건강유지를 최대한 지원하며 지역 공동체의 행복을 극대화하는 역할을 담당한다. 구체적으로는 지역 요구의 수집, 입주자와 필요한 서비스의 매칭, 커뮤니티 비즈니스 및 삶의 보람을 창출할 수 있는 다양한 활동의 제공 등이 있다. 이러한 역할의 수행을 위해서 코디네이터는 지방자치단체의 공적 서비스 및 지원 메뉴, 민간 서비스 제공 주체의 유무, NPO나 자원봉사 단체의 활동 등 관련 사업을 폭넓게 파악해야 하고, 이미 존재하는 자원을 활용함과 동시에 부족한 서비스에 대해 기존의 조직 활동을 장려하거나 새로운 조직의 설립을 지원해야 한다. 코디네이터는 입주자와 지역 주민 스스로가 담당하거나 지역 생활지원 서비스를 제공하는 단체나 주민활동을 지원하는 조직 등에서 검증된 인력이 담당할 수 있고, 여러 사람이 역할분담을 하거나 새로운 법인을 설립해 담당하는 형태로도 수행할 수 있다. 또한 지역포괄케어시스템 구축과 연계해 개호보험제도의 '생활지원 코디네이터'를 겸임하면서 지역 생활지원 서비스의 체제 정비도 함께 수행할 수 있다.

③ 지역교류거점의 설치

운영추진기능을 담당하는 사업주체는 지역의 중고령층 인구를 비롯해 코디네이터, 지역 주민, 청소년 및 장애인 등 여러 세대가 협동해 교류 할 수 있는 환경인 지역교류거점을 설치한다. 지역교류거점은 신규로 설치할 수도 있지만 초기 비용의 축소와 지역주민에게 친숙한 장소를 활용한다는 관점에서 지역의 복합복지시설(노인, 아동, 장애인 등을 대상으로 다양한 복지서비스를 제공하는 시설)과 지역대학의 여유 교실, 공민관 등의 공공시설, 빈집과 폐교 등 기존 자원의 활용이 바람직하다. 특히 지역포괄케어시스템의 구축과 연계 관점에서 기존의 복지거점공간을 입주자와 인근 주민들의 모임 장소로 활용하는 것도 입주자와 지역사회의 교류 촉진 및 지역사회의 연속성 관점에서 효과적이다.

④ 평생활약계획에 따른 다양한 지원프로그램의 제공

사업주체는 입주 희망자를 위한 세심한 의사확인 프로세스를 확보하는 것뿐만 아니라 입주 후에는 입주자가 자신의 능력을 살리고 잠재력을 발굴할 수 있도록 지역자원과의 매칭을 통해 활동계획을 수립한다. 이를 바탕으로 입주자가 건강하게 활동하고 생활하는 것을 목표로 하는 목표지향형의 평생활약계획을 책정하고, 관련기관과 연계해 건강증진과 취업, 평생학습 등 다양한 사회활동 참여프로그램을 제공한다. 또한 입주자도 자치회의 운영과 지역과의 교류에서 새로운 지원프로그램을 발굴하거나 필요한 서비스를 제안할 수 있다. 무엇보다도 평생 활약 마을에서는 지역포괄케어시스템과 연계한 의료 · 개호 서비스를 통해 지속적인 케어를 보장하는 것이 중요하며, 지역 의료기관 등과 연계해 입주자가 중증의 요개호 상태가 돼도 정든 지역에서 삶의 마지막 단계까지 존엄한 생활을 보낼 수 있도록 한다.

⑤ 입주자에 대한 지원 성과 검증

입주에서 서비스까지 입주자 지원 프로세스의 성과를 검증하고, 필요한 부분에 대해서는 개선을 한다. 이를 위해서 사업주체는 입주자의 자발적이고 자율적인 노력을 존중하면서 입주자의 커뮤니티 참여 유도, 입주자와 사업자가 참여하는 운영협의회의 설립과 운영 등의 노력이 필요하다. 지역사회의 운영은 결국 지방자치단체가 개선해나가는 것이 바람직하지만 특히 초기 단계에서는 운영추진기능을 담당하는 사업주체가 운영 조직의 형태나 활동 내용 등에 대한 조언과 지원을 통해 지방자치단체 및 관계 사업자, 지역 주민과의 가교 역할을 하는 것이 필요하다.

2) 평생 활약 마을 추진 프로세스

평생 활약 마을은 (1) 구상의 검토 및 지역재생계획의 수립, (2) 사업화를 위한 조치의 마련, (3) 사업의 개시라는 3단계 프로세스로 추진된다. 각 단계별 추진 내용 및 구체적 과정은 다음과 같다.

(1) 구상의 검토 및 지역재생계획의 수립

평생 활약 마을은 지역의 강점과 특성을 살린 기본 개념의 논의가 중요하다. 따라서 민관검토회의(지역재생협의회)를 설치하고 지역자원의 활용이나 지역 관계자 간의 연계협력을 중심으로 구상안에 대한 다양한 의견 청취를 실시하도록 한다. 이후 정리된 구상을 〈마을 · 사람 · 일자리 창생 지방판종합전략〉에 반영하고 지역재생계획을 수립한다.

① 구상 검토조직의 설치

지방자치단체는 부서횡단적인 검토조직(기획부국, 건축 · 도시 · 주택부국, 복지부국 등)이나, 산업, 학교 및 사회교육시설 등의 교육기관, 지역 금융기관 등 지역 관계자들이 다양한 관점에서 구상을 검토하는 민관검토회의(지역재생협의회)를 설치한다. 이를 통해 다양한 관계자로부터 지역의 요구와 과제, 구상의 방향성에 대한 폭넓은 의견을 청취해 지역의 강점과 특성을 살린 구상의 기본 개념을 논의한다.

② 정리된 구상을 〈마을 · 사람 · 일자리 창생 지방판종합전략〉에 반영

민관검토회의(지역재생협의회)의 심의를 통해 정리된 구상을 다른 지역창생 관계 시책에 부합한 형태로 추진하기 위해 〈마을 · 사람 · 일자리 창생 지방판종합전략〉에 포함시킨다. 지방판종합전략은 폭넓은 연령층으로 구성된 주민을 비롯해 산업계 · 시정촌과 국가의 관계 행정기관, 교육기관, 금융기관, 노동단체, 미디어 매체 등으로 구성된 추진조직에서 그 방향성과 구체적 방안을 심의, 검토하며, 또한 각 지방자치단체의 의회에서도 전략 내용과 효과 검증 등에 대해 충분히 심의하도록 한다. 또 지방판종합전략이 평생 활약 마을 이전에 수립된 경우에는 지방판종합전략의 개정 시 관련 구상의 내용을 포함시키도록 한다.

③ 지역재생계획의 수립

지방자치단체는 지방판종합전략에 담은 구상을 바탕으로 평생 활약 마을의 기본 방향인 지역재생계획을 수립한다. 지역재생계획은 해당 시정촌 단독으로 또는 도도부현이나 다른 시정촌과 공동으로 수립 가능하

그림 7-6 평생 활약 마을 추진프로세스

Ⅰ. 지역재생계획의 수립

1. 구상 검토조직의 설치
(1) 부국횡단적 검토조직의 설치 (2) 민관검토회의의 설치 (관련 사업자, 학교, 금융, 주민 등의 지역관계자가 참여)

2. 구상의 정리
(1) 기본개념의 확립 및 구상의 정리 (2) 구상에 대한 관계자의 의견 청취 (3) 지방판종합전략에 구상을 반영

3. 지역재생계획의 수립: 사업의 기본방향인 지역재생계획 수립 (대상구역, 사업주체의 조건, 핵심성과지표 등을 포함)

Ⅱ. 사업화를 위한 조치

1. 사업 주체의 선정: 공모를 실시하는 것도 가능함

2. 사업계획의 작성
(1) 사업주체의 시설과 인력, 자금확보, 사업내용 검토 (2) 사업주체에 의한 구체적인 사업계획의 작성

3. 입주모집: 입주모집, 희망자에 대한 사전설명, 의견청취 등의 실행

Ⅲ. 사업의 개시 (입주개시)

자료: 내각관방 마을 · 사람 · 일 창생본부(2016),『평생 활약 마을 구상에 관한 안내』.

다. 지역재생계획은 평생 활약 마을의 주요 내용과 사업 효과를 검증하고 필요한 경우 지역재생계획의 변경이 가능하도록 PDCA 사이클과 측정 가능한 핵심성과지표(KPI)[2] 등을 포함해야 한다. 또한 지역재생계획의 수립 단계에서는 지역의 특성과 강점, 지역자원의 활용 등에 근거해 입주자의 입주 형태, 대상지의 유형, 대상지의 확장성, 지역포괄케어시스템의 구축과 연계 등이 논의돼야 하며, 기존 관련 시책과의 일치 및 중장기적 관점에서 사업의 자립성과 지속성을 검토하는 것이 중요하다.

(2) 사업화를 위한 조치의 마련

지역재생계획의 인정 후에는 사업화를 위해 운영추진기능을 담당하는 사업주체의 선정, 평생 활약 마을 형성 사업계획 작성, 입주자 모집의 과정이 필요하다.

① 운영추진기능을 담당하는 사업주체의 선정

시정촌은 지역재생계획에 입각한 사업을 추진할 사업주체를 선정한다. 운영추진기능을 담당하는 사업주체는 사회복지법인, 의료법인, 민간사업자, NPO, 대학 및 사회교육 시설 등 다양한 주체가 가능하다. 사업주체는 입주자, 지역주민과 관계기관의 공동출자 등을 통해 새로운 주체를 발굴할 수도 있고, 지역실정에 따라 사업주체를 공모할 수도 있는데, 사

---

2) 핵심성과지표(KPI) : Key Performance Indicator의 약어. 시책마다의 진행 상황을 확인하기 위해 설정하는 지표를 말한다. 평생 활약 마을 형성사업의 경우 체험거주 또는 방문자의 수, 입주자의 수, 평생 활약 마을 형성사업에 고용된 근로자의 수 등이 지표가 될 수 있다.

업주체를 선정할 때는 사업에 필요한 인력 배치 및 재무 상황 등의 관점에서 지역재생계획에 따른 업무를 적정하게 수행할 수 있는지를 판단하는 것이 중요하다. 한편 지방자치단체는 사업주체의 신청에 따라 사업주체를 지역재생추진법인으로 지정할 수 있는데 지역재생추진법인 지정을 받은 사업주체는 평생 활약 마을 형성 사업계획을 지방자치단체에 제안할 수 있다.

② 평생 활약 마을 형성 사업계획의 작성

시정촌은 이주 희망자가 자신이 거주할 평생 활약 마을을 선택하는 데 적절한 판단자료가 될 수 있도록 지역 특성에 따른 구체적인 서비스 내용 등을 기재한 사업계획을 작성한다. 사업계획의 기본 내용으로는 중고령층 인구의 건강하고 활동적인 생활을 지원하기 위한 시책, 고령자를 위한 주택공급과 정비를 위한 시책, 지속적인 케어를 확보하기 위한 시책 및 지역포괄케어시스템의 구축과 연계 방안, 이주를 희망하는 중고령층 인구의 방문 및 체류를 촉진하기 위한 시책 등이 포함돼야 한다. 한편 사업계획은 지역재생계획과 마찬가지로 지역재생협의회의 논의를 거쳐 다양한 의견이 반영될 수 있도록 한다.

③ 입주모집

입주모집 단계에서는 입주 희망자에 대한 사전설명이나 의견청취 등을 통해 입주 희망자가 지역사회를 사전에 파악할 수 있도록 하며, 거주에 대한 입주자의 요구를 파악하는 것이 중요하다. 입주 희망자를 위해서는 지역사회의 생활실태와 실정을 체험하는 체험거주나 두 지역 거주 사업 등이 효과적이다. 입주자를 모집할 때는 입주자의 출신지나 취미 · 기호 등 개인의 요구는 물론 전문 지식 · 기술을 가진 인재에 대한 지역의 요구에도 주목해야 하고, 입주자를 특정 나이에 치우치지 않는 다양한 연령으로 구성해 커뮤니티의 지속적인 안정성을 도모한다. 무엇보다도 평생 활약 마을에서는 입주 희망자의 요구를 반영한 주거환경과 서비스를 제공하는 것이 중요하므로 사업계획 수립 단계부터 입주모집을 실시해 필요에 따라 입주 희망자도 지역재생협의회에 참가할 수 있게 하는 등의 노력도 필요하다.

(3) 사업의 개시

사업개시 후에는 운영추진기능을 담당하는 사업주체가 중심이 돼 시정촌을 비롯한 관계자와 협력해 커뮤니티의 운영을 추진하고, PDCA 사이클에 따라 커뮤니티 운영의 성과 검증을 실시한다.

3. 평생 활약 마을 시행 방식과 사례

1) 평생 활약 마을 시행 방식

평생 활약 마을은 (1) 입주자, (2) 입지 · 거주환경, (3) 서비스 제공, (4) 사업운영이라는 4가지 관점에서 구체적인 시행 방식을 밝히고 있다. 각각의 시행 방식은 구상의 취지에 적합한 일정 수준을 확보하기 위해 지

표 7-1 평생 활약 마을의 시행 방식

영역	공통필수 항목: 입주자의 안심, 안전을 확보	선택 항목: 지역의 특성과 강점을 활용
입주자	• 입주희망 의사 확인 –구상의 기본 개념을 이해하고, 입주 의사가 명확한 사람을 대상으로 함 –의사확인을 위한 세심한 프로세스(사전상담 · 의견청취, 시험거주 등)를 준비 • 입주자의 건강 상황 –건강한 단계부터의 입주가 기본. 케어가 필요한 사람도 배제하지 않음 • 입주자의 연령 –입주 지역에서의 활약을 염두에 두고, 50대 이상을 중심으로 한 폭넓은 연령구성이 바람직	• 입주자의 이주 형태 –광역이주형 ⇔ 인근이사형 • 입주자의 소득 등 –일반 퇴직자를 기본으로 하되, 부유층도 상정 • 입주자의 특성 –U턴 · 취미 · 기호 등 개인의 니즈와 지역이 요구하는 전문지식 · 기술 등 실정에 따라 모집 • 입주자의 특성에 맞는 지원이 중요
입지 · 거주 환경	• 지역사회(다양한 세대) 교류 · 활동 –고령자가 지역사회에 녹아들어, 다양한 세대와 교류 · 활동할 수 있는 환경을 조성 • 자립적인 생활이 가능한 거주공간 –공동생활과 개인생활의 균형을 고려해, 안심하고 자립적인 생활을 보낼 수 있는 거주환경을 제공 • 생활전반의 코디네이터(운영추진기능) –지역교류거점을 정비하고, 입주자의 생활전반을 지원하는 코디네이터를 배치	• 어디에 위치하는가 –전원지역형 ⇔ 중심시가지형 • 지역적 확산을 어떻게 할 것인가 –타운형 ⇔ 지역형 • 지역자원을 어떻게 활용할 것인가 –기존시설이나 빈집 활용, 단지재생 등 • 지역포괄케어시스템과의 연계 –기존 복지시설 활용, 케어보험제도 생활지원 코디네이터와의 겸임 등 고령자가 사회참여를 하면서 서비스를 이용할 수 있는 지역 만들기
서비스 제공	• 이주희망자에 대한 지원 –매칭, 시험거주 등의 지원, 개인의 스킬활용, 잠재력 개발 관점에서 목표지향형의 생애활약플랜 지원 • 지속적인 케어의 제공 –인생의 최종까지 존엄한 생활을 보낼 체제를 지역 의료기관 등과 연계해 확보	• 이주 서비스 –고령자가 현재 소유한 주택을 젊은 층에게 팔거나 빌려줄 수 있도록 지원 • 취업 · 사회참가 지원서비스 등 –지역의 특성, 개인의 니즈에 따른 취업 · 사회참가 · 평생학습 등의 프로그램을 제공
사업 운영	• 입주자의 사업 참여 • 사업운영 및 케어 관련 정보의 공개	• 다양한 사업주체의 참가 • 초기비용 · 유지비용의 억제 • 커뮤니티의 인구구성 유지

출처: 고령친화 R&D 동향분석(2016), 과학기술정책연구원.

역 사정과 관계없이 준수해야 하는 '공통필수항목'과 지역 고유의 특성과 요구를 반영한 다양성을 존중하고자 지방자치단체가 지역 특성이나 필요에 따라 선택할 수 있는 '선택항목'으로 구분된다.

(1) 입주자

입주자 모집과 관련한 시행 방식으로 공통적으로 준수해야 하는 항목은 입주자의 의사확인, 입주자의 건강 상태와 연령에 대한 고려가 있다. 우선 입주 대상자는 평생 활약 마을의 기본 개념을 이해한 후 입주 희망 의사가 명확한 사람이어야 하며, 사전상담이나 의견 청취, 체험 거주 등 입주희망 의사를 확인하는 세심한 과정을 거쳐야 한다. 또 입주자는 건강한 단계 때 입주해 의료 · 개호 요구가 높아지는 향후에도 정든 지역에서 계속 살 수 있도록 하는 것을 목적으로 하나, 요개호 상태의 고령자도 세심한 사전 상담을 거쳐 입주를 고려할 수 있다. 입주자의 연령은 중고령기의 빠른 이주를 희망하거나 혹은 이주할 지역에서의 활약을 염두에 두고 있는 50대 이상을 중심으로 하되, 특정 연령에 치우치지 않고 다양한 연령으로 입주자를 구성한다. 이는 어느 시기 개호가 일제히 필요해지는 경우를 방지 할 수 있고, 지역사회의 지속적인 안정성 측면에서도 바람직하다. 같은 이유로 비교적 젊은 세대에 대해서도 평생 활약 마을의 정보를 제공하고 거주의 경험을 지원하는 것도 필요하다.

지역의 특성과 요구에 따라 시행 방식이 달라지는 항목으로는 입주자의 이주형태, 입주자의 소득, 입주자의 특성에 대한 대응이 있다. 입주자의 이주형태는 평생 활약 마을이 추진되는 지역의 위치에 따라 도쿄권 등

그림 7-7 평생 활약 마을 인구구성의 유지

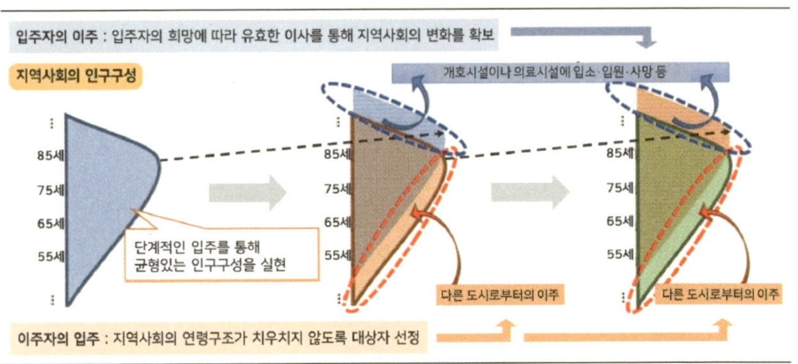

자료: 내각관방 마을 · 사람 · 일 창생본부(2016), 『평생 활약 마을 구상에 관한 안내』.

의 대도시에서 지방으로 이주하는 '광역적 이주 형태'와 도시 외곽에서 중심시가지로의 '인근이사 이주 형태'가 가능하다. 입주자의 소득은 일반적인 퇴직자(후생연금의 표준연금 월 수령액 21.8만 엔의 고령부부 가구)가 입주할 수 있는 비용모델[3]을 기본으로 하되, 지역에 따라 부유층도 고려한 다양한 변형모델을 생각할 수 있다. 또 각 지역은 입주희망자의 출신지나 취미, 기호 등 개인적인 특성에 주목해 지역이 요구하는 전문지식 및 기술을 가진 인재를 입주자로 모집할 수 있고, 입주자의 특성에 맞는 서비스를 제공할 수 있다. 가령 정년퇴직을 앞두고 있는 50대 등에게는 민간기업과 연계해 퇴직 준비단계에서 은퇴 후 주거 및 이주에 관한 정보

3) 내각관방이 추산한 바에 따르면 노인부부 가구가 땅값이 비싼 도쿄의 서비스지원형 고령자주택에 거주할 경우 월 평균 약 25만 엔의 비용이 소요되나, 전국 도도부현 중 땅값 순위가 중간에 해당하는 후쿠이시(福井市), 고치시(高知市), 미에현(三重県)에 위치한 서비스지원형 고령자주택에 거주할 경우에는 약 12.6만 엔의 비용이 들어 2배 정도의 차이를 갖는다.

를 제공할 수 있으며, 이주지원 사업과 연계해 희망하는 취업현장 정보를 제공할 수 있다.

(2) 입지 · 거주환경

평생 활약 마을을 위해서는 공통적으로 새로운 입주자가 지역주민 및 다세대와 교류할 수 있는 지역교류거점을 조성하고, 입주자의 일상생활 · 의료 · 개호 등의 케어와 생활의 전반적인 서비스를 지원하는 전문인력(코디네이터)을 배치해야 한다. 또 입주자에게는 지금까지의 삶이 연속성을 갖고 개인 프라이버시 역시 확보될 수 있도록 공동생활과 개인생활이 균형적인 생활환경이 필요하며, 특히 중고령층의 인구가 건강할 때부터 인생의 마지막 단계까지 안심하고 자립적인 생활을 보낼 수 있도록 '서비스지원형 고령자주택(サービス付き高齢者住宅)'[4]을 기본으로 하는 주거환경을 제공해야 한다.

한편 지역의 입지에 따라 평생 활약 마을은 중심시가지에 조성하는 '중심시가지형'과 지방도시에 조성하는 '전원지역형'을 선택할 수 있다. 중심시가지형은 일본의 입지적정화 계획에 따라 거주유도구역으로 지정된 중심시가지에 인구유도를 위한 평생 활약 마을을 계획하는 것으로서 마츠모토성(松本城) 주변의 시가지를 중심으로 하는 마츠모토시(松本市)의 마을만들기 사례가 있고, '전원지역형'은 대도시의 인구를 지방 소도시로 유입시키기 위해 과소화 지역을 중심으로 평생 활약 마을을 구현하

---

4) 2011년 〈고령자의 주거안정 확보에 관한 법률〉개정과 함께 생긴 노인주택으로 60세 이상의 노인 또는 요개호 인정자를 대상으로 임대하며 생활상담원이 상주해 입주자의 안부확인과 각종 생활지원서비스를 제공하는 임대주택이다. 서고주(サ高住)로도 불린다.

는 것으로 농업체험대학교를 중심으로 지역자원을 활용해 이주자들을 위한 마을만들기를 추진하고 있는 미나미우오누시(南魚沼市)의 사례가 있다. 대상지의 범위에 따라서는 '지역형'(주로 특정지역을 집중적으로 정비하는 유형)과 '타운형'(주로 지역의 소프트 · 하드 자원을 일체적, 종합적으로 활용하는 유형)을 선택할 수 있다. '지역형'은 특정 시설이나 거점공간을 중심으로 하는 평생 활약 마을을 조성하는 것으로 폐쇄된 후생연금복지시설인 '산피아 아이라(サンピアあいら)' 부지를 활용해 양질의 노인의료를 제공하는 온천병원을 조성하고, 이를 중심으로 은퇴고령자의 마을만들기를 추진하고 있는 아이라시(姶良市)의 사례가 있고, '타운형'은 거주유도구역인 중심시가지를 중심으로 주택, 교통, 거점공간을 조성하는 보다 확대된 유형으로서 전통산업인 칠기를 컨셉으로 중심시가지에 이주자 주택과 게스트 하우스 등 교류거점을 만들고, 새로운 교통시스템 도입, 환경친화적 교통 인프라 정비 등으로 다세대형 지역커뮤니티가 있는 마을만들기를 추진하고 있는 와지마시(輪島市)의 사례가 있다.

특히 평생 활약 마을은 빈집이나 여유 시설의 활용, 단지의 재생 등 지역자원을 다양하게 활용해 거주환경을 조성할 수 있을 뿐 아니라 지역의 매력 및 편리성 향상 관점에서 교통접근성이나 지역 내 교통망을 확보할 수 있다. 사쿠시(佐久市)는 전국 최초로 〈JR 동일본〉의 연계를 통해 이주자의 수도권 이동 비용 지원을 확보한 사례로서, 입주자는 이주 후 비용 부담 없이 수도권 내로 나갈 수 있을 뿐 아니라 수도권에 거주하고 있는 사람들이 실제로 사쿠시로 이동하는 체험투어의 기회도 제공함으로써 도시를 떠나 지방으로 이주하고 싶어 하는 사람들의 이주 촉진을 도모하고 있다. 이밖에 지역에 따라서는 지역포괄케어시스템과의 연계 관점에서 지역교류거점을 기존의 복지거점공간과 일체시켜 입주자와 인근 주민들의 모임 장소로 활용할 수 있으며, 평생 활약 마을 전문인력(코디네이터)이 지역포괄케어시스템의 '생활지원 코디네이터'를 겸임할 수 있다.

(3) 서비스 제공

입주희망자에게는 입주 희망의사 확인에 필요한 사전상담, 의견청취, 커뮤니티에서의 생활과 실정을 체험하는 체험거주, 두 지역 거주 등의 이주지원 서비스가 공통적으로 제공돼야 한다. 지역에 따라서는 이주를 희망하는 중고령층 인구가 현재 소유하고 있는 주택 등 주거자산을 젊은 세대들에게 매매하거나 임차해 이주자금을 마련할 수 있도록 지원하는 것을 이주 지원서비스에 포함시킬 수 있다[5]. 또 입주자에게는 건강하고 활동적인 생활을 지원하는 프로그램과 인생의 마지막 단계까지 존엄한 생활을 보낼 수 있도록 지역 의료기관 등과 연계한 지속적인 케어가 공통적으로 제공돼야 한다. 특히 건강한 중고령층 인구의 평생 활약을 지원하기 위해 사업주체는 입주자의 능력과 잠재력을 지역자원과 매칭해 목표지향형의 '평생활약플랜'을 세우고 이를 실현하기 위한 각종 프로그램을 공통적으로 제공해야 한다. 고령자의 취업과 지역 내 기업의 인재 확보를

5) 일본의 이주 · 이사 지원지구인 사단법인 JTI가 실시하고 있는 '마이홈임차제도(マイホーム借上げ制度)'는 50세 이상의 시니어가 자신의 주택을 임차함으로써 안정된 임대료 수익을 보장하는 제도이다. 임대료는 시장보다 약간 낮지만, 고령자주택재단 기금 등 국가 지원을 통해 제도 이용자는 임차인의 지속 여부와 상관없이 임대료 수익을 얻을 수 있어 이주비용 및 노후자금으로 활용할 수 있다.

그림 7-8 평생활약플랜과 PDCA사이클

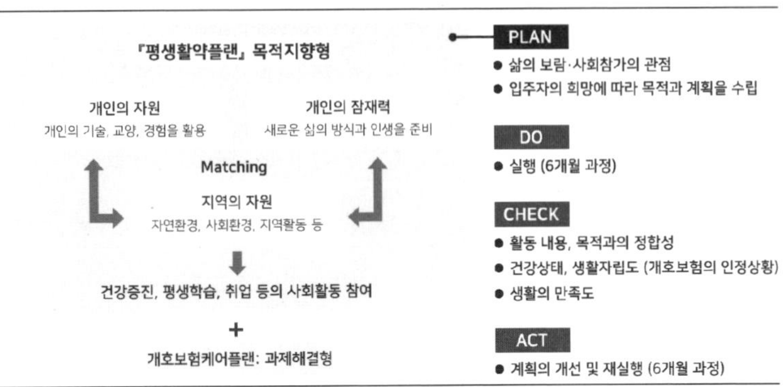

출처: 내각관방 마을 · 사람 · 일 창생본부(2016). 『평생 활약 마을 구상에 관한 안내』.

지원하기 위해 전문적인 지식이나 기술 등을 가진 고령자와 고령자 인재를 요구하는 기업의 매칭을 촉진하는 도야마시(富山市)의 '시니어인재뱅크', 예술, 문화, 스포츠, 취미, 인문, 교육 등 각 분야 전문지식과 경험, 기술 등을 가진 고령자가 학습을 원하는 단체 및 개인에게 지도를 실시하는 와코시(和光市)의 '평생학습 지도자 소개 · 등록 제도' 등의 사례가 있다. 한편, 지역에 따라서는 중고령층 인구의 요구에 맞는 취업 기회, 젊은 세대를 위한 육아 지원, 지역부흥 및 환경개선을 위한 지역 활동 참가 기회 등을 제공하거나, 지역의 대학, 공민관이나 도서관, 박물관 등의 사회 교육시설 등과의 연계를 통해 평생학습의 기회를 제공할 수 있다. '노인이 건강하게 되면 사회 전체가 건강해지는' 것을 모토로 하는 '릿쿄 세컨드스테이지 대학(立教セカンドステージ大学)'은 시니어 세대의 교육이 청소년의 교육만큼이나 중요한 것이라는 인식에 기반해 50세 이상의 시니어들을 대상으로 운영되는 평생학습의 사례이다.

(4) 사업운영

공통적으로 평생 활약 마을 사업주체는 입주한 중고령층 인구가 자신이 지역사회의 형성과 운영에 적극적으로 참여하고 있다는 것을 인식할 수 있도록 사업을 운영해야 하며, 이를 위해 입주자와 지역의 이해관계자가 사업운영을 정확하게 파악할 수 있도록 평생 활약 마을의 기본정보와 재무상황 외에도 입주자의 요개호 인정비율 및 건강수준 등의 케어 관련 정보 등을 공표하도록 한다.

지역에 따라서는 사업주체가 민간기업이나 의료법인, 사회복지법인, 대학, NPO, 마을만들기 회사(제3섹터) 등 다양하게 선정될 수 있으며, 사업의 구체화 과정에서 사업 형태, 토지 및 시설 제공 주체의 특성에 따라 지역 금융기관과 연계하는 등 다양한 금융 수법을 활용할 수도 있다. 특히 입주자의 안전한 거주를 위해 보조 운영자 등 사업의 연속성을 확보할 수 있는 체제 구축이 바람직하며, 적절한 사업 운영을 확보하는 관점에서 독립적인 기관이 사업운영을 평가하도록 한다.

한편, 지역의 사업주체 및 입주대상자에 따라 사업의 수익구조는 다양한데 일반적으로 민간 기업은 일정 소득 이상의 입주자를 대상으로 하며, 비용은 입주자 및 이용자가 부담하는 것을 기본으로 한다. 반면 사회복지법인 등에서는 저소득층을 대상으로 보조금과 복지서비스를 활용해 입주자와 이용자 부담을 경감 · 면제할 수 있다. 사업운영의 지속가능성을 위해서는 사업주체가 중고령층 인구가 요구하는 주거 제공이나 의료 · 개호 서비스, 평생학습, 취미활동 제공 등을 통해 필요에 따라 입주자로부터 대가를 얻도록 한다. 이와 함께 효과적인 서비스 제공을 통해 안정

그림 7-9 지속가능한 사업모델의 구조

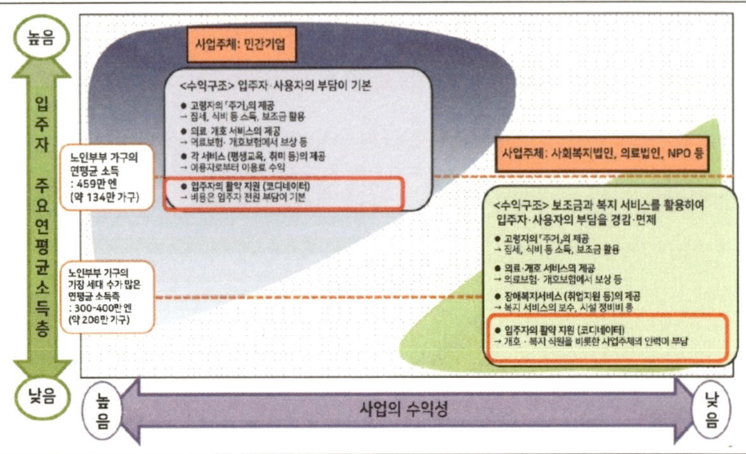

출처: 내각관방 마을 · 사람 · 일 창생본부(2016), 『평생 활약 마을 구상에 관한 안내』.

적인 수익을 확보할 수 있도록 경영 측면의 연구와 지역자원 · 기존 보조금 활용 등 자금 조달 측면의 연구 등을 통해 초기 비용과 운영비용을 줄이도록 한다.

또, 중장기에 걸쳐 여러 세대가 교류하면서 활기찬 커뮤니티를 확보하기 위해서는 지역사회의 인구구성을 적절하게 유지할 필요가 있다. 입주자가 같은 세대에 편중돼 있는 지역사회에서는 입주 후 어느 시기 일제히 많은 세대가 고령화되면 건물의 베리어프리화, 의료 · 개호 체제의 정비 등 다양한 현안이 같은 시기에 전면화될 수 있기 때문이다. 또한 고령자만의 커뮤니티는 외부의 젊은 세대가 매력을 느끼기 어렵기 때문에 새로운 젊은 세대의 입주가 활성화되지 못한다. 따라서 지역사회의 입주자를 특정 나이에 치우치지 않고 다양한 연령으로 구성하는 것이 커뮤니티의 지속적인 안정성 측면에서 바람직하다. 이를 위해 사업주체는 세대균형이 좋은 인구구성을 실현할 수 있도록 이주 희망자를 같은 시기에 입주시키지 않고 단계적으로 입주시키거나 새로운 젊은 입주자를 지속적으로 확보할 수 있는 홍보 등의 노력이 필요하다.

2) 평생 활약 마을 사례

평생 활약 마을은 2016년 지역재생법의 개정으로 지역재생사업으로 제도화된 이후 2018년 정부로부터 사업인정을 받은 지자체에게 교부금이 지급됐고, 2020년 또는 2021년 이후 입주를 목표로 현재는 사업이 막 시작되고 있는 단계이다.

(1) 나가노현 사쿠시(長野県佐久市)

나가노현 사쿠시는 2010년을 정점으로 인구가 감소하기 시작해 2019년 현재 인구는 99,096명이며, 2040년경에는 85,000명 정도에 이를 것으로 추산되고 있다. 사쿠시는 이러한 인구감소에 대한 대책과 지역 활성화 방안으로 평생 활약 마을을 추진하게 되는데 농촌 의료의 발상지 그리고 건강하고 장수하는 노인들이 많은 마을로 이미 알려져 있는 지역의 장점을 살려 '세계 최고의 건강도시' 조성을 목표로 의료연계형 평생 활약 마을을 추진하고 있다.

평생 활약 마을을 조성하는 사쿠시의 강점은 전국 최고 수준의 일조량을 가지는 양호한 자연환경과 지역에 밀착해 일선 의료에서 전문의료까지 담당하는 핵심병원인 사쿠 종합병원의 입지 그리고 고속교통망의 결절점으로서 '사쿠다이라(佐久平駅)'역과 도쿄를 70분에 연결하는 신칸센의 운행 등이 있다. 또 이미 평생학습과 공민관 활동 등 연간 300개 이상의 강좌와 교실이 개최돼 많은 노인들이 왕성한 지역 활동을 하고 있는 점, 고령자의 취업비율이 높고 고령자 1인당 의료비가 낮은 건강 장수마을로 주목받고 있는 점도 사쿠시가 평생 활약 마을을 추진하는 데 큰 강점으로 작용했다.

사쿠시 평생 활약 마을 구상의 형태는 도시 기능이 집약돼 있는 사쿠다이라역 주변을 대상으로 한 도시형과 천혜의 자연환경에 둘러싸인 우스지구(臼田地区)를 대상으로 하는 농촌형이 있으며, 현재 사업은 우스지구의 농촌형이 먼저 추진되고 있다.

표 7-2 사쿠시 평생 활약 마을 구상의 형태

입주자의 주거기준 형태	대도시로부터의 이주자	
입주자의 소득 등	일반적인 퇴직자(후생연금 정도의 소득을 상정)	
지역적 확산	영역형	
형태	도시형	-생활의 편의성을 중시 -사쿠다이라역 주변 교통의 편리성이 높은 시가지 -대학과 상업시설, 공공시설 등 주변지역에서 지금까지의 경험을 살려 취업과 자원봉사, 학습 강좌와 취미 동아리 등의 사는 보람을 가지며 생활하는 것을 상정
	농촌형	-삶의 보람을 중시 -산과 바다, 농촌 등 자연이 풍부한 우스 지구 -농업과 지역 활동의 참여 등 지역자원을 활용해 적극적이고 창조적인 건강을 지향하는 동시에 지역 주민과 만남, 인연을 통해 보람 있는 풍부한 삶을 상정

그림 7-10 사쿠시 우스지구의 이주거점 조성사업

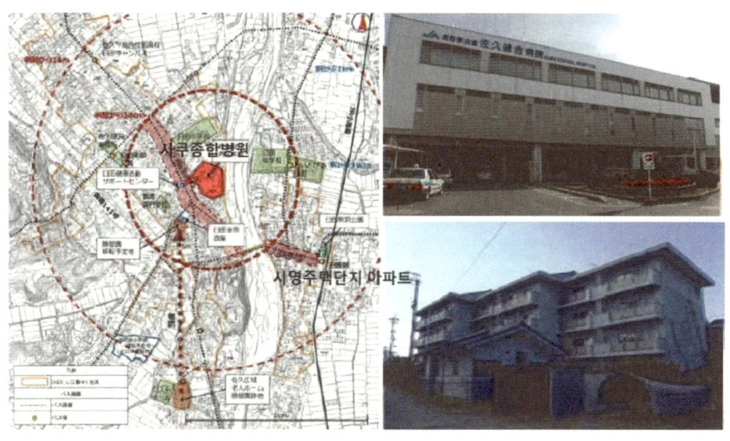

그림 7-11 도시거주자의 방문 견학과 체험 거주 서비스의 제공

공동주택형 체험거주 주택 단독주택형 체험거주 주택

그림 7-12 사쿠시 우스 건강활동 지원센터에서의 주민 활동의 모습

우스지구는 현재 반경 500m 내에 사쿠 종합병원, JR역, 문화시설, 공공시설 등이 인접하고 있으나 건설된 지 20년이 넘어 노후화된 시영주택단지 아파트를 서비스지원형 고령자주택으로 개조해 입주희망자의 이주거점을 조성하는 사업을 진행 중이다. 또 도시거주자의 방문 견학 및 입주희망자가 마을의 분위기와 생활을 경험할 수 있도록 공동주택형과 단독주택형의 2유형 체험거주 주택도 마련해 입주희망자의 선택을 지원하고 있다.

한편 사쿠 종합병원은 보건, 의료, 복지 종합상담창구인 지역포괄케어 지원센터의 관리와 운영을 담당하며, 의료 개호가 필요할 때 인생의 마지막 단계까지 존엄한 생활을 보낼 수 있도록 지역 의료기관 등과 연계한 지속적인 관리체계를 확보하고 있다. 또 입주자가 지역사회에 적응하고

어린이와 청소년 등 다양한 세대와 교류, 협력하며 지역에 공헌할 수 있는 환경을 위해 우스 지구의 다세대 교류거점으로서 '사쿠시 우스 건강활동 지원센터'를 사쿠 종합병원 안에 설치했다. 건강을 테마로 한 이 시설은 사쿠 종합병원의 간호사들이 주도하는 건강교실뿐 아니라 시민이 스스로 지역의 문제를 해결하는 마을만들기 연구소 등 다기능 역할을 담당함으로써 향후 입주자가 지역 주민과 교류하고 지역에 정착할 수 있는 첫 단계로 활용되며 이후 자신의 능력과 장점을 살린 주체적 활동공간으로서의 역할도 기대할 수 있다.

이밖에 사쿠시는 대도시에 거주하는 입주희망자가 지방으로의 이주를 고민하는 이유 중 하나가 교통비용이라는 점에 착안해 도쿄역에서 사쿠다이라역까지의 구간을 방문견학, 이주체험으로 이용할 경우, 그리고 향후 입주자가 이동하거나 입주자의 가족 및 친구가 방문할 경우 할인 요금을 적용받을 수 있도록 사쿠시 이주촉진교류센터와 JR 동일본 회사 간의 협력도 체결하는 등 적극적인 이주촉진사업을 병행하고 있다.

(2) 야마나시현 쓰루시(山梨県都留市)

야마나시현 쓰루시는 2013년부터 시정 운영의 중점 항목을 '실버산업의 진흥'에 두고 그 구상과 이념을 같이 하는 평생 활약 마을을 추진해왔다. 쓰루시는 건강과학대학, 산업기술단기대학, 쓰루문과대학 등 3개의 대학이 위치한 지역의 강점을 살려 이주자를 포함한 주민 전체가 질 높은 교육프로그램을 제공받음으로써 고령자가 활기차게 살 수 있는 마을만들기를 추진하고 있으며, 3개의 대학이 대학 컨소시엄을 형성한 점에서

그림 7-13 쓰루시 고령자 주거프로젝트

대학연계형 평생 활약 마을이라고 할 수 있다.

현재 진행 중인 사업은 입주희망자의 정착을 위한 '고령자 주거프로젝트'와 '대학연계활동의 제공'이며 2021년 입주를 목표로 한다. 고령자 주거프로젝트는 건강과학대학과 시립병원이 인접해 있는 고용촉진주택 2개동을 재정비해 서비스지원형 고령자주택으로 개조하고, 지역교류거점을 병설해 다세대 교류의 장을 마련하는 단독형 주거프로젝트와 쓰루문과대학에 인접한 시보유지에 고령자주택뿐 아니라 쓰루문과대학의 학생, 교직원을 비롯한 육아세대도 입주 가능한 주택을 다세대 교류시설과 함께 조성하는 복합형 주거프로젝트가 진행 중이다. 단독형 주거프로젝트의 입지는 시내 중심부에 위치하고 있어 가까운 역이나 슈퍼까지 도보 10분,

그림 7-14 쓰루시 대학연계형 평생 활약 마을의 추진

평생 활약 마을 추진과 대학의 교육 연구 역할

- 실천적 교육의 장으로서 학생 경력의 축적 및 취업 능력의 향상을 도모
- 사회실험 및 실증연구와 같은 새로운 연구영역의 개척
- 평생학습 서비스의 제공으로 지역 시니어들에게 새로운 배움의 장을 제공

시립병원까지 도보 6분, 고속버스정류장까지 도보 2분의 입지이며, 복합형 주거프로젝트의 입지는 쓰루 문과대학 인근 약 1ha의 토지로서 근처에 역, 슈퍼, 약국, 운동 공원 등이 위치한다.

한편 쓰루시는 시내에 3개의 대학이 입지해 시민의 약 10명 중 1명이 학생이라는 강점을 살려 3개 대학의 연계를 통한 평생학습 등의 교육프로그램 제공을 추진 중이다. 특히 지역에서 수년간 지속돼온 쓰루문과대학의 시민대학 프로그램을 통해 주민들 사이에서 축적된 '고령자는 물론 어린이까지 모든 주민은 대학 교육과 행사에 참여하는 것이 당연하다'는 인식이 쓰루시의 평생 활약 마을 추진에 있어 가장 큰 지역자원의 역할을 하고 있다. 현재 문과대(교육계), 건강과학대(보건계), 산업기술단기대학(기술계)이 연계해 고령자가 배울 수 있고 지역의 젊은 세대와 교류할 수

있는 장소의 제공과 모두가 참여, 협동할 수 있는 다양한 프로그램 및 이벤트를 준비하고 있다.

(3) 홋카이도 하코다테시(北海道函館市)

홋카이도 하코다테시는 지역의 의료법인과 복지법인이 사업주체가 돼 어린이부터 노인까지 장애 유무에 상관없이 안전하고 쾌적한 생활이 가능한 계속거주지를 조성하는 복지 커뮤니티 영역 사업을 중심으로 평생 활약 마을을 추진 중이다. 복지 커뮤니티 영역이 조성되는 히요시 4초메(日吉 4 丁目) 시영주택단지부지는 1965년 건설 후 인구감소와 건물 노후화 등으로 2010년도에 철거와 용도폐지가 결정됐고, 이후 약 8ha에 이르는 철거지의 활용 방법이 검토되는 과정에서 복지 커뮤니티 영역 조성사

그림 7-15 복지 커뮤니티 영역을 중심으로 한 하코다테시의 평생 활약 마을 구상

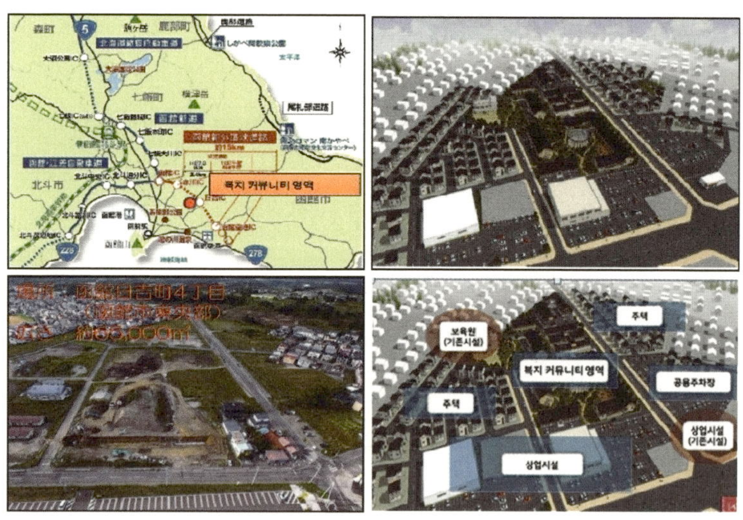

그림 7-16 복지 커뮤니티 영역의 다세대 교류시설과 고령자시설 조성 현황

업을 결정하게 됐다.

현재 복지 커뮤니티 영역은 의료, 간호, 복지가 충실하고, 교통 접근이 용이하며 보육원, 공원, 편의점, 약국, 슈퍼도 있어 육아 세대의 일과 레저, 일상생활이 가능한 지역으로 지정돼 있다. 특히 재택 고령자나 장애인을 지원하는 각종 서비스를 제공하는 사업소 외에 재택 생활이 어려운 사람을 위한 시설 등을 정비하고, 주민 모두가 서로 지지하는 지역 커뮤니티를 형성해 평생 동안 활약할 수 있는 마을 모델로 추진 중이다. 구체적으로는 지역 중심에 커뮤니티의 거점이 되는 다세대 교류 시설을 조성

하고, 특별 양호 노인 홈, 그룹 홈, 서비스지원형 고령자주택, 의료 몰 등의 정비와 그 주변부에 일반인, 학생, 입주희망자의 집합주택을 조성하는 사업 등이 계획돼 있다.

이 중 다세대 교류시설로는 의료, 건강, 복지 및 보육, 학습, 쇼핑 등을 일체화해 지역사회의 핵심적 기능을 수행하는 콘티 히요시(コンテ日吉)가 현재 조성 중이며, 콘티 히요시는 복지 커뮤니티 영역의 중심시설로 지역사회의 핵심적 기능을 담당한다. 주요 기능으로는 인근 보육원이나 초중고 대학생과 주민이 참여할 수 있는 다세대 교류촉진사업, 노인과 장애인의 취업상담, 자원봉사와 관련한 상담 지원, 일과 육아의 양립을 도모할 수 있는 탁아소 설치, 보육사 자격을 가진 지역 노인이 직원으로 취업하는 활약의 기회 제공 등이 있다. 또, 24시간 연중무휴 기능강화형 재택요양지원 진료소를 중심으로 치과, 조제 의약품국 등 메디컬 몰을 운영함으로써 지역 주민에게 안심 의료 및 개호 서비스를 제공한다.

한편 지역 중심부에 서비스지원형 고령자주택, 치매노인 그룹 홈, 특별개호 노인시설, 입주희망자를 위한 공동주택을 조성하고 택지분양을 통해 육아세대의 입주를 위한 일반주택단지 조성도 추진 중이다.

4. 평생 활약 마을의 시사점

1) 은퇴를 앞둔 중고령층의 주거요구를 반영한 고령친화주거지

급속한 산업화와 도시화의 과정 속에서 유교적 가치관이 점차 사라지고 핵가족과 같은 가족구조의 변화, 가족주의의 약화 등으로 우리 사회의 전통적 가족부양환경에도 변화가 나타났다. 이전의 노인세대와는 달리 현재의 중고령층들은 자녀에게 의존하는 경향이 낮아질 수밖에 없게 됐고 또 이전의 노인세대에 비해 경제적이며, 자립 성향이 강해 자녀 의존보다는 독립적인 생활을 영위하기 위한 라이프스타일을 점차 추구하게 됐다. 특히 자녀의 교육과 결혼을 끝낸 중고령층은 노년기의 생활을 만족시킬 수 있는 기본적 생활수단으로 새로운 주거선택을 하게 되고, 이 중 상당수는 은퇴 후 소득이 감소할 것을 예측해 거주주택을 처분하고 새로운 주거를 찾아 이동할 것으로 전망된다. 실제 2020년 노인이 될 베이비붐 세대들의 자산 중 부동산 자산 비중은 74.8%를 차지하고 있으나 상당수가 많은 부채를 활용해 주택을 마련한 것으로 나타났다. 이는 경제적 노후준비를 이유로 은퇴를 앞둔 베이비붐 세대의 부동산 자산 처분에 의한 주거이동이 큰 폭으로 일어날 수 있음을 의미한다(김경덕 외, 2018).

한편 베이비붐 세대의 노후 주거문제는 향후 고령자의 주거복지 즉, 삶의 질 측면에서도 중요한 이슈가 된다. 100세 시대로 일컬어지는 기대수명의 연장에 따라 은퇴 이후 2~30여 년 이상의 노후를 보내야 하는 현재 중고령층들의 상황을 고려한다면, 이들이 노후를 영위하기 위해 선택한 주거지는 주거비용과 같은 경제적 부담의 해소뿐 아니라 은퇴 후 삶의 질에 대한 요구 또한 충족시킬 수 있어야 한다. 은퇴 후에는 사회적 활동이 줄고 집에서 보내는 시간이 길어지기 때문에 주거형태나 주거환경이 삶의 질을 크게 좌우하며, 따라서 현재 은퇴를 앞둔 중고령층들의 주거이동 과정에서 발생되는 안전하게 늙어갈 수 있는 주거지에 대한 요구는 점차 증가할 것이다. 보건사회연구원의 조사[6]에 따르면 조사대상인 전국 베이비부머 3,000명이 은퇴 후 거주지를 선택할 때 중요한 조건으로 자연환경(47.3%), 친구집단, 사회 참여기반 등의 사회적 소통(16.0%), 보건의료시설(15.9%), 문화여가시설(10.5%) 등을 들었다. 이 중 기대수명과 건강수명 격차에 따라 급속히 증가하는 고령기의 만성질환이나 은퇴 후 겪는 사회활동 및 대인관계의 변화에 따른 정신건강의 측면에서 노후 주거지의 의료시설 접근성과 사회적 관계망에 대한 요구는 노후의 삶의 질을 결정하는 중요한 요소라고 할 수 있다.

그런데 2000년대 초반부터 우리나라에 우후죽순 격으로 등장한 실버타운, 시니어타운은 대부분 전원형을 지향했기 때문에 교통, 의료, 문화시설 같은 도시 인프라를 향유하고 싶어 하는 고령자들의 요구에 부합하지 못하는 측면이 많아 큰 인기를 얻지 못했다. 기존의 공공시설, 상업 및 의료시설 등이 인접한 도심형 실버타운의 경우도 대부분 민간자본으로 조성돼 입주비용이나 생활비가 일반거주에 비해 절감효과가 크지 않았고 비교적 경제력을 갖춘 고령자들만이 입주할 수 있는 제약이 있었다. 무엇보다 아직 우리사회에서 실버타운, 시니어타운은 노인 전용주택을 짓고, 의료 혜택을 근접하게 받을 수 있는 서비스를 제공하는 것에 그쳐 은퇴한 노인이 제2의 인생을 활기차게 보낼 수 있는 거주지라는 개념보다는 고립된 집단적 노인시설이라는 인식이 지배적으로 작용해왔고 실제로 젊은 세대로부터의 소외, 지역사회와의 단절 등 문제점이 꾸준히 제

6) 보건사회연구원(2010), 『베이비부머의 생활실태 및 복지요구』.

기돼 왔다.

우리보다 먼저 은퇴한 고령자들을 위한 마을을 조성하기 시작한 일본의 경우에도 1990년대 중반부터 조성되기 시작한 고령자 커뮤니티가 고령자만 모여 사는 것에 대한 반감으로 모집계획을 채우지 못하고 민간자본의 경영악화가 이어지면서 실패모델로 남게 된 선례[7]가 있다. 평생 활약 마을은 이러한 실패모델에 대한 성찰을 통해 노인주거단지가 노인만을 위한 시설과 서비스를 공급하는 것으로 한정돼서는 안 되고 노후생활의 특성에 기반해 노인이 원하는 삶을 선택할 수 있도록 주거, 건강, 일자리, 교육, 사회적 관계에 이르기까지 다양한 정책적 노력이 필요함을 인식한 데서 출발한다. 특히 노인들만의 고립된 주거지가 아니라 지역사회와 지속적으로 상호교류가 이루어져야 한다는 점에서 다른 연령계층의 주민과의 교류와 연대에 주목할 점, 30~40대의 자녀양육 세대 즉 현역세대와 고령주민과의 커뮤니티 형성에 매진하고 있는 점은 우리사회의 시니어타운, 실버타운과 비교해 주목할 만한 특징이라고 할 수 있다.

에이징인플레이스 즉 노인이 기존에 살던 장소에서 익숙한 사람들과 관계를 맺으면서 가능한 한 오래 계속 살 수 있도록 노인주거정책의 패러다임이 변화하고 있는 시점에서 은퇴 후 고령자가 여생을 보내고 싶어하는 주거지에 대한 다양한 요구는 단순히 노인전용주택을 조성하고 병원을 입지시키는 정책만으로는 충족시킬 수 없다. 물론 노인들은 안전하고

---

7) 1990년대 중반 일본 최초로 건설된 CCRC인 '미나기노모리(美奈宜の杜)'는 3개 마을 804구획으로 구분된 대규모 슬로우라이프타운으로 관심을 받았다. 한때 600명 이상의 정주자와 150호의 세컨드하우스 이용자가 이 커뮤니티에 합류했으나 1,000명 모집 계획을 채우지 못하고 개발업자의 경영도 악화됐다(전영수, 한국경제매거진(2016. 3.).

편리하게 설계된 주택에 거주하기를 원하고, 또 각종 생활시설, 대중교통, 녹지공원, 의료시설, 사회복지시설 등의 이용 욕구도 높아 이러한 시설들이 가까이 있는 것을 원하는 것은 사실이지만[8] 노후의 삶의 질을 고려했을 때 고립과 의존의 수동적 존재가 아닌 능동적으로 살아가는 활기찬 노년을 위해서는 주택을 포함한 지역사회의 물리적 환경이 주거와 사회서비스, 사회관계적 프로그램 등과 함께 전체적으로 구조화될 필요가 있다. 이러한 관점에서 중고령층 세대가 취업이나 평생학습 등 사회활동 참여를 통해 건강하고 활동적인 노화를 준비하는 것을 목표로 하는 평생 활약 마을은 우리 사회 베이비붐 세대의 은퇴가 본격화되고 있는 현재, 세대 간 단절, 지역사회와의 격리, 의존적이고 무력한 노년의 삶이라는 문제점을 노출하고 있는 기존의 실버타운, 시니어타운의 대안으로서 의미를 가진다. 또 건강하고 활동적인 삶의 보장을 원하는 중고령층의 노후 주거요구를 반영해 은퇴 후 주거선택과 주거이동의 시기에 우리 사회가 제시할 수 있는 고령친화주거지 모델과 구체적인 운영방안의 지침으로서도 시사하는 바가 크다.

2) 지방의 인구유입을 촉진하는 도시재생뉴딜 정책의 새로운 로컬 모델

평생 활약 마을은 일반적으로 우리나라에서 실버타운, 시니어타운으로 불리는 고령자 주거단지의 개념인 CCRC(Continuing Care Retirement

---

8) 유병선 외(2015),『100세 시대, 경기도 신개념 실버복합타운 조성 기본계획 연구』, 경기복지재단.

Communities)와 유사한 개념이지만 민간 자본이 아닌 중앙정부의 차원의 지역창생사업으로 진행한다는 점에서 참고할 만한 사례이다. 지방창생사업은 지방의 중소도시를 대상으로 하는 도시재생사업으로 저출산 고령화 및 지방도시의 과소화, 대도시의 과밀화를 지역활성화와 연계해 해결하고자 2014년에 수립된 지방창생전략에 근거해 이루어진다. 주요 목표는 지방에 안정된 일자리를 창출하고, 지방으로 새로운 사람의 이주를 늘리며, 젊은 세대의 결혼, 출산, 육아 등의 희망을 실현해 시대에 흐름에 부합하는 마을을 만드는 것으로, 평생 활약 마을은 이 중 지방도시의 인구유입과 관련해 지자체의 계획을 공모해 추진되고 있다. 지방창생사업은 목표나 사업의 추진절차, 국가의 지원 측면에서 우리의 도시재생사업과 유사하지만, 도시재생사업이 경제기반형, 중심시가지형, 일반근린형, 주거재생형 등 구체적인 사업의 목적과 추진방안이 드러나지 않는 규모와 입지 중심의 유형을 제시하고 있는 것에 비해 실질적인 지방도시재생의 방향성과 목표, 추진방안을 평생 활약 마을과 같이 유형화해 제시하고 있다는 점에서 차이가 있다.

현재 도시재생사업은 성과지표가 인구유입의 증가, 신규 사업체 창업, 신규고용 창출, 노후 건축물 수의 감소 등으로 구조화돼 있어, 대부분의 사업들이 이러한 수치를 증가시키는 데 매진하고 있지만 도시재생사업으로 창출되는 사업체, 신규고용 등은 사업의 종료 이후 지속가능성을 담보할 수 없는 일시적인 일자리 창출에 그치고 있다. 인구의 유입 역시 관광지가 된 지방도시의 경우 과도한 상권의 유입과 임대료 상승으로 자신이 살던 동네에서 오히려 비자발적 이주를 선택할 수밖에 없는 결과가 나타나기도 했다. 실제로 도시재생선도지역을 포함하고 있는 지방도시의 인구감소가 여전히 지속(평균 581명, 약 8.2%)되고 있고, 노후건축물 수도 증가(평균 56동, 약6%)[9]하고 있는 것은 도시재생사업을 통한 새로운 인구유입이나 일자리 창출 등의 효과에 대해 더 이상 낙관적인 시선만을 가질 수는 없게 한다.

그런데 이러한 현상의 원인으로 현재 진행되고 있는 도시재생사업의 유형이 갖고 있는 문제점을 들 수 있다. 우리동네살리기, 주거지지원형과 같은 주거재생사업 유형은 주거환경의 개선과 일자리 창출 등을 통한 인구의 유입을 목표로 하고 있지만, 현재 추진하고 있는 단위사업들의 면면을 살펴보면 이러한 사업들의 결과물이 어떠한 효과를 낳아 새로운 인구를 유입시킬 수 있는지, 또 그 효과는 유입된 인구의 지속적인 거주까지 담보할 수 있을지 의문을 가지게 된다. 특히 지방도시들은 대부분 청년층의 인구유입을 목표로 하고 있지만, 인구유입을 위한 기반으로 창출되는 청년층의 일자리 태반은 도시재생사업의 예산 집행을 통해 발생한 한시적인 일자리에 지나지 않아 사업 종료 후 유입된 청년인구들이 사업대상지에 계속 정착할 수 있을지는 불투명한 상태이다.

이는 청년인구의 유입이라는 무작정적인 목표가 갖는 문제로서 지방도시 재생에서 인구유입을 목표로 할 때 지역의 현황과 특성, 강점을 고려해 어떠한 계층의 인구를 어떠한 사업을 통해 유입할지, 또 유입된 인구의 정주성을 높이기 위해서는 또 어떠한 사업들이 추진돼야 도시가 또

---

9) 국회예산정책처(2018), 『도시재생뉴딜분석』.

는 마을이 지속 가능할지 고민이 부재한 것이다. 또 이 문제는 중앙정부가 공모를 통해 도시재생사업을 선정할 때 지자체에서 선택할 수 있는 사업 유형이 도시재생의 목표를 실현하기에는 너무 추상적이고 구체적이지 못한 것에도 기인한다. 경제 기반을 살리면 인구가 증가하고, 중심시가지가 활성화되면 인구가 증가하고, 주거환경이 개선되면 인구가 증가할 것이라는 막연한 예측으로 제시된 사업 유형에는 정작 이를 실현할 치밀한 구상과 계획이 간과돼 있다.

이와 비교해 평생 활약 마을은 일본 정부가 점차 증가하게 될 대도시의 고령인구에 대비해 은퇴를 앞두고 있는 중장년층이 도쿄권을 벗어나 에이징인플레이스라는 바람을 실현하면서 노후를 보낼 수 있는 주거지를 지방도시에 조성한다는 구체적인 목적을 갖춘 사업 유형이다. 뿐만 아니라 평생 활약 마을은 이 목적을 실현하기 위해 필요한 추진체계와 역할, 추진 프로세스, 사업 추진 방식에 이르는 전반적인 사업의 실행방안도 분명하게 명시했는데, 특히 사업의 방향성 확보를 위해 중앙정부가 요구하는 필수적인 항목 외 지자체의 현황과 특징, 강점을 살릴 수 있는 다양한 선택항목들도 함께 제시해 같은 유형의 사업이라도 획일적인 단위사업들이 반복되지 않을 수 있게 했다. 선택항목이 주어짐에 따라 각 지자체들은 중앙의 방침에 따라 추진의 기본 골격은 갖추면서 지역의 인구현황, 경제적, 사회적 수준, 자연환경, 역사, 문화 등 지역의 자산, 빈집 및 유휴시설 등을 활용한 지역밀착형 단위사업들을 특화시켜 추진할 수 있게 된다.

쇠퇴하는 지방도시의 재활성화를 위해 추진되는 도시재생사업의 궁극적 목적은 재생을 통해 도시의 지속가능성을 실현하는 것이다. 따라서 도시재생사업은 근미래에 다가올 초고령사회, 인구감소로 인한 지방도시의 소멸 위기에 대응해 도시가 지속가능할 수 있는 방안을 모색하고 이를 실행할 수 있는 구체적인 정책과 사업 유형들을 제시할 필요가 있다. 우리나라는 경제성장과 도시화에 따라 지방의 젊은층이 일자리를 찾아 수도권으로 모여들면서 수도권은 상대적으로 고령화가 더디게 진행돼 왔다. 그러나 2000년대 초반부터 서울, 경기 등 수도권 지역의 고령화 현상이 빨라지기 시작했는데 이는 인구구성 면에서 볼 때 수도권 인구집중이 가장 활발했던 1970~80년대에 일자리를 찾아 수도권으로 이동한 베이비붐 세대가 본격적으로 고령화되면서 고령층 인구가 급격히 증가했기 때문으로 보인다. 또 귀향 등에 의한 노년층의 지방 이동이 줄어든 점도 수도권 고령화에 영향을 미쳤다고 할 수 있다. 농업 성장의 둔화로 귀농인구를 흡수할 곳이 줄어들면서 은퇴 후에도 수도권 지역에서 계속 거주하는 고령자가 늘어나고, 지방거주 노인마저 부양자녀의 거처로 옮기거나 수도권 외곽 지역에 개설된 요양시설에 거주하게 되는 등 80세 이상의 경우에는 오히려 수도권으로 인구가 유입되는 추세가 지속되고 있다[10]. 이처럼 현역세대가 고령층에 진입하고, 고령 인구가 수도권으로 몰리면서 서울을 비롯한 대도시는 노인복지예산의 가파른 증가는 물론 점차 늘어나는 노인 사회서비스 제공을 위한 인적, 물적 자원의 수요를 충당하지 못해 이에 대응할 수 있는 도시정책의 모색이 필요한 시점이다. 더군다나

10) LG경제연구원(2013), "LGERI리포트: 수도권이 늙고 있다", 『LG Business Insight』 (2013.10).

우리나라는 초고령사회에 대비해 고령인구의 삶의 질 문제가 보건사회정책 위주에서 도시정책으로 확장돼야 하는 시점에서 이들이 맞물려 실현될 수 있는 실행모델로서의 사업 유형도 아직 구상하지 못한 상태이다. 따라서 은퇴를 앞둔 대도시 고령인구의 주거이동을 통한 지방의 인구유입과 정착에 대한 구체적인 실현방안을 담은 평생 활약 마을은 일본과 마찬가지로 곧 초고령사회에 직면하게 될 우리사회의 도시정책의 일환으로서 또 도시재생뉴딜의 새로운 로컬모델을 구상할 때 적극 적용할 만한 사례라고 할 수 있다.

Ⅷ. 결 론

VII. 결 론

1. 연구의 종합

이 책은 인구감소 고령화라는 도시정책환경의 변화에 대응해 보다 포괄적인 범주의 노인들이 평생 살아온 곳에서 계속 안심하고 건강하게 거주할 수 있는 고령친화주거지를 도시재생뉴딜을 통해 실현할 수 있는 방안을 모색하였다. 특히 우리나라의 노인주거정책과 고령친화환경정책이 노인의 일상생활범위인 근린의 구조와 서비스에까지 이르지 못하고 있는 점, 집보다는 크고 도시보다는 작은 근린과 도보권 단위에 적용할 수 있는 마을 중심의 근린환경계획으로 진전되지 못한 점과 또 중앙정부가 각 지방자치단체에 제시할 수 있는 고령자를 위한 근린규모의 노후주거지 재생모델이 아직 발굴되지 못한 점 등의 한계에 근거해 이와 관련한 일본 사례를 중심으로 고령친화적 도시재생뉴딜의 실현방안에 대한 시사점을 도출하였다. 연구의 결과는 다음과 같다.

첫째, 일본과 마찬가지로 고령화는 가속화되고 평균수명은 연장되고 있지만 건강수명이 이를 따라가지 못해(오유미, 2017) 노후의 삶의 질이 현격하게 떨어지고 있는 노후주거지 고령 거주자들의 삶의 질을 고려했을 때 주민의 건강수명 연장을 목표로 하는 스마트웰니스시티의 고령친화주거지 구상은 고령친화형 도시재생뉴딜의 밑그림을 그리는 데 의미있는 사례이다.

스마트웰니스시티는 일상에서 걷기가 증진되고, 걷기를 통해 신체활동이 촉진됨으로써 건강이 향상되는 물리적, 사회적 환경의 조성에 중점을 둔다. 또 주민의 신체활동과 건강이 증진되는 주거지의 물리적 환경 개선과 프로그램을 제공함으로써 주민이 평범한 일상을 자연스럽게 살아가는 것만으로도 '주민이 건강해지는 마을'이라는 도시재생사업에 참여하게 되는 주민참여의 새로운 발상을 보여준다.

도시재생사업에서 주민참여는 궁극적으로는 주민이 스스로 마을을 재생시켜 나가는 것을 의미하며, 주민이 스스로 그럴 수 있는 동력은 자신의 참여로 자기 삶의 변화를 깨달을 수 있을 때 생겨나기 시작한다. 도시재생사업이 주장하는 주민역량의 강화는 도시재생에 대한 이론적 학습이나 성공사례라고 일컬어지는 다른 지역의 답사를 통해 이루어지는 것이 아니라 도시재생사업에 대한 주민참여의 경험으로 정말 자신의 삶이 변화하고 마을이 변화되고 있다는 깨달음이 오랜 기간 누적돼야만 가능하다. 이러한 측면에서 행정의 간섭이나 강제 없이 주민이 거주만으로도 자연스럽게 사업에 참여하게 되는 스마트웰니스시티는 주민참여 측면에서는 가장 성공적인 도시재생사업의 구상이라고 할 수 있다.

둘째, 2018년 보건복지부가 커뮤니티케어(Community Care)의 추진을 발표한 이후 국토교통부는 지역 기반의 커뮤니티케어 서비스를 맞춤형으로 지원할 수 있는 공간을 조성하는 시범사업으로서 커뮤니티케어형 도시재생뉴딜사업의 구상을 밝혔다. 하지만 이 구상에는 커뮤니티케어를 추진하는 마을의 모습에 대한 개념만 존재할 뿐 커뮤니티케어와 도시재생사업을 연계할 수 있는 방안에 대한 설명은 구체적이지 못하다(김승연,

권혜영, 2018). 따라서 고령화 대응 '마을만들기'라는 도시정책과 '지역포괄케어시스템'이라는 복지정책이 연계된 건강의료복지 마을만들기는 현재 정부가 추진 중인 커뮤니티케어형 도시재생뉴딜사업은 물론 고령친화 도시재생뉴딜사업의 추진 시 노인사회서비스의 전달 및 서비스 체계의 구축에 필요한 지역의 물리적 환경 및 관련 인프라의 조성 방안에 대한 시사점을 제공한다.

그런데 각 자치단체별 의료복지 데이터의 활용이 익명화, 비식별화로 개인정보 보호와 데이터 보안을 확보한 가운데 도시재생사업에서 법적으로 허용되고 있는 일본과 달리 우리나라는 국가 차원에서 보건의료정보의 공개와 접근성에 제약이 있기 때문에 고령친화적 도시재생뉴딜을 위한 도시재생활성화계획 수립 단계에서 각종 건강 · 의료 · 복지 데이터의 활용이 난관을 겪을 것으로 예상된다. 따라서 고령친화적 도시재생뉴딜 사업이라는 새로운 용도에 적합하도록 보건의료 데이터의 관리와 개방 범위를 정비하는 등 구체적인 방안에 대해 부처 간 협의가 필요하다. 또 이 밖에 건강의료복지 마을만들기의 마스터플랜 작성 시 도시부국과 의료부국, 복지부국과의 협업이 전제되는 점을 참고해 노후주거지 재생에서 커뮤니티케어를 위한 핵심 시설들의 공급 규모와 입지 계획 등을 주택, 도시, 의료, 복지 각 부처 간 연계를 통해 추진하는 것도 바람직하다.

셋째, 100세 시대로 일컬어지는 기대수명의 연장에 따라 은퇴 이후 2~30여 년 이상의 노후를 보내야 하는 현재 중장년들의 상황을 고려한다면, 이들이 노후를 영위하기 위해서 선택한 주거지는 주거비용과 같은 경제적 부담의 해소뿐 아니라 은퇴 후 삶의 질에 대한 요구 또한 충족시킬 수 있어야 한다. 은퇴 후에는 사회적 활동이 약화되고 집에서 보내는 시간이 길어지기 때문에 주거형태나 주거환경이 삶의 질을 크게 좌우하게 되며, 이러한 관점에서 현재 은퇴를 앞두고 있는 중장년층들의 주거이동 과정에서 고령이 돼서도 살던 곳에서 안심하고 안전하게 늙어갈 수 있는 주거지에 대한 요구는 점차 증가할 것이다.

그런데 에이징인플레이스의 실현으로 노인주거정책의 시책이 변화하고 있는 시점에서 은퇴 후 고령자의 주거지에 대한 요구는 단순히 노인전용주택을 조성하고 병원을 입지시키는 실버타운, 시니어타운만으로는 충족시킬 수는 없다. 노후의 삶의 질을 고려했을 때 능동적으로 살아가는 활기찬 노년을 위해서는 주택을 포함한 지역사회의 물리적 환경이 지역공동체의 사회적 자본과 복합적으로 연계되면서 주거와 사회서비스, 사회관계적 프로그램 등이 전체적으로 구조화돼야 할 필요가 있다. 이러한 관점에서 중장년층 세대가 은퇴 후 건강하고 활동적인 노화를 준비할 수 있게 하는 것을 목표로 하는 평생 활약 마을은 기존의 실버타운, 시니어타운에 대한 대안으로서 또, 건강하고 활동적인 삶의 보장이라는 변화된 고령층의 노후 주거요구를 반영한 고령친화주거지 조성과 구체적인 운영방안에 대한 지침의 역할을 할 수 있다.

또 지방도시 재생에서 인구유입을 목표로 할 때 지역의 현황과 특성, 강점을 고려해 어떠한 계층의 인구를 어떠한 사업을 통해 유입할지, 또 유입된 인구의 정주성을 높이기 위해서는 또 어떠한 사업들이 추진돼야 도시가 지속가능할지 구체적인 재생의 방향성과 목표, 추진방안을 담은 도시재생뉴딜 사업유형이 부재한 현실에서 평생 활약 마을은 근미래에 다가올 초고령사회, 인구감소로 인한 지방도시의 소멸 위기에 대응해 고령인구의 유입과 계속거주를 위한 물리적 환경, 사회적 서비스를 제공함으로써 도시재생을 실현하는 도시재생뉴딜의 새로운 로컬모델로서 적용을 기대할 수 있다.

2. 고령친화적 도시재생뉴딜의 정책적 함의

1) 고령화 대응정책의 총체적 방향성

고령사회에서 노인복지서비스의 궁극적 목표는 노인의 건강노화(healthy aging) 또는 활기찬 노년의 달성이다. 건강노화란 활기찬 노년과 연관지어 노인들이 성별 · 연령의 차별 없이 자립적이고 행복한 삶을 영위하면서, 활발한 사회활동을 수행할 수 있도록 신체적, 사회적, 정신적 건강을 적절히 유지할 기회를 보장하는 과정을 의미한다. 결국 두 가지 모두 노년기에도 자립적이고 행복한 삶의 질을 유지하도록 한다는 점에서 동일한 개념으로 볼 수 있다. 특히 우리나라의 경우 노년기에 대한 준비가 주로 경세적인 노후대비에만 국한돼 청장년기 때 건강을 유지, 증진해 건강한 노년기를 맞이할 준비를 해야 한다는 인식은 아직까지 낮은 상태이다. 따라서 고령자 인구군뿐 아니라 고령화될 청장년층의 건강증진 및 질환발생의 예방을 도모할 수 있는 일상의 건강관리는 고령사회를 대비하는 보건복지서비스 정책의 주요 내용으로 자리 잡을 필요가 있다. 이와 같은 시각에서 본다면 고령친화적 도시재생뉴딜은 현재의 청장년들이 고령화

시기에 대비해 신체활동증진과 생활습관병의 예방을 일상생활을 통해 실현할 수 있는 근린환경을 조성함으로써 장래에 발생하게 될 노인의 사회적 비용을 절감시킬 수 있는 보건복지서비스가 주거정책과 함께 제공되는 노후주거지 재생사업을 의미한다.

한편, 고령사회에서 가장 먼저 일어나는 변화는 돌봄 수요의 급격한 증가이다. 기술 및 생활수준의 향상으로 기대수명은 연장되고 있지만, 건강수명은 지체돼 만성질환이나 복합질환, 또는 일상생활에서 돌봄을 필요로 하는 노인의 수가 급증하고 있다. 한국건강증진개발원의 보고서[1)]에 따르면 2015년 기준 한국인의 기대수명은 82.1세, 건강수명은 73.2세이다. 즉 한국인은 평균적으로 약 73세가 지나면 질병이나 사고로 건강하지 못한 상태로 9년 정도를 지내다가 생을 마감한다는 것인데 이 말은 흔히 '100세 시대'가 도래했다고 말하지만 실제로는 생의 마지막 9년 정도를 누군가의 간병을 받으며 병상에서 지낸다는 것과 같다. 또 남녀 기대수명의 격차로 여성의 경우 반려자 없이 홀로 노년을 보낼 수 있는 가능성이 높아, 고령자 1인 가구에 대한 건강대책 마련도 필요한 실정이다. 그러나 여전히 우리사회에서 돌봄은 개인, 가족이 짊어져야 하는 피할 수 없는 굴레이며, 정부의 다각적인 사회서비스의 확대도 급증하는 돌봄 수요를 충족하지 못하고 있다. 또 홀로 사는 고령자가 크게 늘어나고 있는 현재, 가족이 아닌 국가의 돌봄을 받아야 하는 노인들의 증가는 큰 사회적 비용이 될 것을 예측할 수 있다[2)].

---

1) 오유미(2017), "기대수명 90.8세의 정책적 함의와 대응방향", 『Weekly Issue』, 제015호, 한국건강증진개발원.

다가올 인구 5명 중 1명이 노인인 초고령사회에서는 기존의 돌봄과 요양서비스에 대한 수요 확대는 물론 만성질환에 대한 주기적인 관리와 방문간호 등까지 의료, 돌봄, 복지서비스에 대한 욕구가 더욱 크고 다양하게 표출될 것이다. 지역사회 노인들을 위한 적절한 건강증진프로그램이 모든 지역에서 제공돼야 하고, 언제나 수시로 찾을 수 있는 주치의가 있어야 한다. 중증질환에 걸리더라도 모든 급성기 병원에 마련된 노인질병센터를 통해 효율적이고 바람직한 통합적 의료서비스를 제공받아 원래의 생활로 복귀할 수 있어야 할 것이다. 혹시 질병이나 기능장애 때문에 고통을 받는 경우 언제든 상담과 적절한 서비스 방안을 안내받을 수 있는 원스톱 노인보건복지 창구가 필요하고, 의존적 상태가 되더라도 자신의 거주환경에서 벗어나지 않고 의료서비스나 복지서비스를 받을 수 있는 방문 진료 및 재가복지서비스를 제공받을 수 있어야 한다(윤종률, 2016).

이와 관련해 2018년 3월 보건복지부는 지역사회를 중심으로 각종 사회서비스를 제공하는 제도인 '커뮤니티케어(Community Care)'의 추진을 발표하고 중장기 발전방향으로 '커뮤니티케어 종합계획'을 수립하고 있다. 커뮤니티케어는 돌봄을 필요로 하는 주민들이 자택이나 그룹 홈 등 지역사회에 거주하면서 맞춤형 복지급여와 서비스를 누리는 사회서비스 체계를 일컫는다. 그동안 병원, 시설 중심의 서비스만으로는 개인의 삶의 질 저하와 고령화에 따른 의료 · 돌봄 수요 급증에 대응하기 어렵다는 지

2) 국회 보건복지위원회 김승희(자유한국당) 의원이 국민건강보험공단 빅데이터를 통해 2017년 전국에서 사망한 65세 이상 노인 12만 2,531명을 추적 · 분석한 결과, 노인이 사망하기 전 10년간 요양병원과 요양원에서 지낸 기간은 평균 661일에 달했고, 이에 소요된 의료비용도 1인당 평균 4,500만원, 총 5조 6,100억 원을 넘은 것으로 조사됐다.

적이 제기돼 왔고, 커뮤니티케어는 건강이 좋지 않은 노인도 자신이 사는 곳에서 가족, 이웃과 함께 어울려 살아가며 기존 생활방식대로 지낼 수 있도록 관련 사회서비스를 지역사회 중심으로 재편하기 위한 시도이다. 즉, 단순히 새로운 제도를 도입하거나 기존의 제도를 개선하는 것이 아니라 시설 중심의 서비스를 지역사회 중심의 서비스로, 국가 제도 중심에서 지역 주도로 수요자의 선택권을 확대하는 방식으로 복지서비스 시스템을 재정비해 한국의 복지서비스 체제를 전환하는 의미를 갖는다. 주요 선진국의 경우, 고령사회에 진입한 이후 커뮤니티케어를 도입했다. 당시 고령화나 보건의료지출 부담이 심각한 수준은 아니었지만, 장기적인 관점에서 초고령사회를 대비해 수십 년의 기간에 거쳐 커뮤니티 케어를 정착시키고 있다. 우리나라도 이제 고령사회에 진입했고, 초고령사회까지 불과 10여 년을 눈앞에 둔 상황에서 커뮤니티케어 도입을 심각하게 논의할 때에 이르게 된 것이다(김승연 · 권혜영, 2018).

이러한 시점에서 건강수명 연장을 위해 근린생활권 내 노인의 신체활동을 증진시키는 고령친화적 환경을 계획하고, 주민이 사는 곳에서 건강관리를 받고 각종 돌봄 서비스를 편하게 누릴 수 있도록 주민건강센터, 종합재가센터, 커뮤니티 식당 등의 물리적 환경을 조성함으로써 커뮤니티케어의 실현을 위한 핵심 인프라를 구축할 수 있는 고령친화적 도시재생뉴딜은 노인의 공간복지, 사회안전망과 삶의 질적 향상을 위한 의료복지사회서비스가 융합적으로 실현되는 고령친화주거지 전략과 이에 입각한 새로운 노후주거지재생모델을 제시함으로써 우리 사회 새로운 노인주거복지정책의 기초기반으로 활용될 수 있는 기대효과를 갖는다.

또 커뮤니티케어와 연계된 고령친화적 도시재생뉴딜은 도시재생 측면에서도 그간 노후주거지의 재생이 단순히 물리적 정비에 그치지 않기 위해 도시재생특별법과 국가도시재생기본방침이 부처 간의 긴밀한 연계와 협업의 중요성을 강조했지만 여전히 낙후성을 벗어나기 위한 물리적 환경 정비에만 급급했던 현실에서 주민생활과 밀착된 건강, 의료, 복지정책의 융합을 통해 공간복지와 다양한 공공서비스가 종합적으로 전개되는 도시재생뉴딜의 해법으로서 대안적 역할을 할 수 있다. 또 이 가치를 더 확장하면 보건과 복지 분야의 사회서비스가 교통, 주거, 환경의 제반 영역들과 협업을 통해 통합적으로 전개되는 고령친화적 도시재생뉴딜은 결국 우리사회가 제공해야 할 죽기 전 10년의 실질적인 노인 주거 및 사회서비스가 어떻게 주거정책, 복지정책의 융합을 통해 서로 맞물리며 제공될 수 있을지에 대한 해답과 함께 우리 사회 고령화 대응 정책의 총체적 방향성을 제시할 수 있다.

2) 사회통합을 위한 정책으로의 확장성

인구고령화의 진전에 따라 사회적 관심사는 복지정책 대상으로서의 노인으로부터 고령화라는 인구학적 현상이 사회 전반에 미치는 영향으로 옮겨가고 있다. 고령화가 사회에 미치는 영향은 매우 다각적이어서 노인만을 대상으로 한 정책의 개발과 수행만으로는 고령화시대에 적절히 대응하기 어렵다. 따라서 근본적인 사회구성원리의 변화가 요구되고 있고, 그중 하나로 제안되고 있는 것이 연령통합적 사회로의 변화이다. 지금 우리사회는 인구고령화가 진행되기 이전에 구축된 구성 원리에 기반한 연령분절적인 사회라고 할 수 있다. 즉, 노동의 시기인 중년기를 중심으로 노동을 준비하기 위한 교육의 단계인 청소년기와 은퇴 후 사회로부터 분리돼 여가를 즐기는 노년기를 구분해 정책과 제도를 마련한 사회인 것이다. 이러한 사회구성은 고령화가 진행되기 이전에 구축된 것으로, 연령에 따른 교육, 일, 여가의 엄격한 구분 체계에 기초해 있다(정경희, 2004; Riley & Riley, 1999).

그러나 이러한 엄격한 생애단계 구분과 이에 기초해 수립된 개별정책들은 급격한 고령화를 경험하고 있는 현재 우리사회에는 적절하지 않다고 할 수 있다. 예를 들어 연령분절적인 정책 패러다임에 기초해 인구구성을 14세까지는 유년인구로, 15~64세를 생산가능인구로, 65세 이상 인구를 노년인구로 구분하고 생산인구가 부양해야 하는 유년부양비와 노년부양비를 계산한다면 노인인구 비율이 20%를 넘어서는 2026년에는 생산가능인구 2명이 1명의 비생산 인구를 부양해야 한다는 결론에 이른다. 또한 노인인구의 증가에 따라 노후에 경험하게 되는 빈곤, 질병과 같은 사회적 위험에 대처하는 공적체계의 구축에 소요되는 예산 증대가 아동과 같은 다른 연령층에 대한 지출의 감소를 초래할지도 모른다는 우려처럼 연령분절적 사회는 연령차별의 문제 또한 야기시켜 세대 간의 갈등과 배척이 발생할 수 있다[3]. 따라서 고령화가 진행되기 이전에 구축된 연령에 따른 교육, 일, 여가의 구분체계에 기초한 패러다임으로는 한 사회의

---

3) 2017년 한국보건사회연구원에서 발간한 '사회통합 실태 및 대응방안(3)–사회통합 국민인식' 보고서를 보면, 2016년 전국 19~75세 국민 3,669명을 대상으로 한 조사에서 '고령자와 젊은이 간의 갈등'은 62.2%로 지난 2014년 56.2%와 비교해 6%p 증가했다. 10년 후 고령자와 젊은이 간 갈등이 더 심해질 것이라는 응답자는 약 50%에 달했다.

지속가능성이 담보될 수 없으며, 지속적인 사회발전을 위해서는 개인의 생애동안 교육, 일, 가족시간, 여가 등 다양한 활동을 적절히 조정해 배분할 수 있는 연령통합적 사회체계 마련이 요구된다(정경희 외, 2015).

한편, 우리사회의 지속가능성과 각 구성원의 삶의 질을 제고하기 위해 주거복지 분야에서도 연령통합적 관점의 시도들이 그간 있어왔다. 대표적 사례로 사회경제적으로 취약한 계층인 청년과 노인의 주거문제를 연령통합적 관점에서 해결하고자 '세대융합형 룸셰어링' 또는 '한지붕 세대공감' 등으로 불리는 세대 간 주거공유 모델을 공급하려한 시도를 들 수 있다. 이 사업은 유럽, 일본의 주거공유 정책 사례를 본보기로 노인과 청년층의 세대별 주거문제 해결을 위해 대학가 인근의 60세 이상 고령자가 빈방을 대학생에게 저렴하게 세를 주는 방식으로 진행되고 있다. 이를 통해 청년들은 저비용으로 안정적인 주거가 가능하고, 어르신들은 고립감을 해소하고 작은 소득도 얻을 수 있다. 뿐만 아니라 지자체는 혹시 모를 사고도 대비하고 복지효과를 얻을 수 있는 장점이 있다. 그러나 이러한 시도는 노인복지와 청년주거를 동시에 해결하기 위한 방안으로는 매력적이었음에도 성과가 기대만큼 크지 않았다(김병권, 2016). 고령자들의 주거 공유에 대한 거부감이나 청년들의 독립적인 생활의 선호도 문제, 고령자는 비록 저렴하지만 임대로 수익을 낸다는 관점을 유지하고 대학생 역시 저렴한 비용으로 주거공간을 구한다는 관점이 여전한 상황에서 수익과 비용의 프레임을 뛰어넘어 서로 다른 세대가 '삶의 일부를 공유하는 관계'로 발전하는 것은 쉽지 않았다.

물론 이러한 시도는 그동안 우리의 주거복지정책이 어르신주택, 청년

주택, 대학생주택 등 세대를 철저히 분리하는 공공주택 공급에 치중했던 것에서 벗어나 다양한 세대가 함께 어울려 사는 연령통합형 공간의 조성을 모색했다는 점에서 의미는 있다. 하지만 청년들이 거주할 수밖에 없는 도심의 대학가가 아닌, 인구가 감소하고 소멸의 위기를 앞둔 지방도시와 그 안에서 더욱 쇠퇴해가고 있는 노후주거지의 경우 고등학교를 졸업함과 동시에 대학교 또는 일자리를 위해 나고 자란 곳을 떠나 노인들만 동네에 남는 현실에서 노인과 청년세대가 주거공간을 공유하는 방식은 그 실효성은 물론 지속가능성 또한 상당히 희박하다.

따라서 현재는 단지 연령통합형 주택의 공급이 아닌, 지역사회의 주거, 교통, 여가, 문화 시설과 서비스를 아동, 청소년, 장년 등 모든 연령의 주민에게 제공해 노인은 물론 전 세대가 나이가 들어감에 따라 다양한 생활보장의 영역에서 삶의 질을 충족시킴으로써 살던 곳을 이탈하지 않을 수 있는 연령통합적 관점의 마을만들기가 필요하다. 이와 같은 관점에서 고령친화적 도시재생뉴딜은 노인만의 편의증진이나 노인을 위한 차별완화에 치중하지 않고 주거지재생 계획 단계에서부터 일자리와 교육, 돌봄, 건강, 복지, 공동체 활동 등 주민 세대 모두의 정주성을 향상시킬 수 있는 인프라와 서비스를 제공한다. 또 이를 통해 청년들이 나고 자란 곳에서 살면서 일하고 다음 세대를 키울 수 있는 삶의 터전을 조성함으로써 인구가 감소돼도, 고령화가 진행돼도 지속가능할 수 있는 주거지의 대안이 될 수 있다. 무엇보다도 고령친화적 도시재생뉴딜은 노인이나 청년계층만을 대상으로 한 현재의 선별적인 주거복지정책이 아닌 모든 연령이 살아가기에 편리한 근린환경, 적절한 연령이 서로 교류하는 지역공동체, 다양한 보건복지서비스가 빠르게 전달되는 지역사회를 지향하는 주거복지정책으로서 향후 고령사회 사회통합을 위한 정책으로의 확장성을 기대할 수 있다.

참고문헌

강은나(2016), “고령사회 삶의 질 제고를 위한 정책과 함의”, 『보건복지포럼』 (2016.2) pp. 29-37.

경제 · 인문사회연구회(2015), 『고령화 · 저성장시대 대한민국의 지속발전을 위한 정책과제』, 경제인문사회연구회 미래사회 협동연구총서.

과학기술정책연구원(2016), 『고령친화 R&D 동향분석』.

고주연 · 이승일(2017), “일본의 지속가능 도시재생 계획에 관한 사례 연구: 입지적정화계획의 도시기능유도구역 설정을 중심으로”, 『국토계획』 52(6); pp. 5-12.

김경덕, 김병량(2018), “중고령층의 은퇴 후 거주지역 선택요인 분석”, 『한국주거학회논문집』 29권 5호 pp. 55-65.

김동배 · 유병선(2013), “근린환경과 노인의 사회적 관계, 우울에 관한 연구: 서울지역을 중심으로”, 『한국노년학』 33(1); pp. 105-123.

김동진(2017), “제4차 국민건강증진종합계획 추진을 위한 정책 방향과 과제 : 건강생활실천 및 만성질환 관리를 중심으로”, 『보건복지포럼』 pp. 6-21.

김미진(2017), “일본정부의 고령사회대책”, 『50+ 해외동향리포트 2017』 pp. 174-262, 서울시 50플러스재단.

김주현 · 박연환 · 김희자(2001), “일 지역 농촌 노인들의 수단적 일상생활수행기능에 영향을 미치는 요인”, 『노인간호학회지』 제3권 제1호 pp. 75-83.

김병권(2016), “다목적 사회혁신, 세대 간 주거공유의 현재와 전망”, 『사회혁신포커스』 2016년 01호 pp. 1-7, 서울혁신센터 사회혁신리서치랩.

김선자(2010), “서울의 고령친화도시추진전략”, 『SDI정책리포트』 제64호 pp. 1-20.

김승연 · 권혜영(2018), “해외사례와의 비교를 통한 한국형 커뮤니티케어 개념 정립 필요성 및 추진 방향”, 2018년『보건사회연구』콜로키움 자료집 pp. 65-107.

김아름(2015), “주민참여형 주거지 재생사업과 고령거주자의 근린활동 및 사회적 관계망과의 영향관계 연구: 서울시 정비예정구역 해제지역(연남동, 북가좌동)을 중심으로”, 한양대학교 도시대학원 박사학위논문.

김아름 · 구자훈(2014), “주민참여형 주거지재생사업에 대한 고령거주자의 사업 만족도 결정요소 연구”,『한국주거학회논문집』25(5); pp. 125-132.

김아름 외(2013). “주민참여형 주거지 재생사업의 정비요소에 대한 고령거주자의 중요도-만족도 분석”,『한국주거학회논문집』24(6); pp. 103-110.

김영현 · 성은영(2013),『건강개념에 대응하는 근린환경 조성 정책 연구』, 건축도시공간연구소.

김용진 · 안건혁(2011), “근린의 물리적 환경이 노인의 건강 및 정신건강에 미치는 영향”, 한국도시설계학회지『도시설계』12(6); pp. 89-99.

김용진(2012), “도시노인의 삶의 질 증진을 위한 근린환경요소-자립적 생활능력과 사회적 지지를 중심으로-”, 서울대학교 대학원 박사학위논문.

김용진(2016), “근린의 물리적 환경이 고령자의 사회관계망 형성에 미치는 영향”,『대한건축학회 논문집』32(11); pp. 91-97.

김은정 · 강민규(2011), “도시환경과 개인특성이 지역주민의 건강수준에 미치는 영향”,『지역연구』27(3); pp. 27-42.

김진(2014). “고령친화형 도시재생의 필요성과 정책대안”,『대한부동산학회지』32(2); pp. 145-154.

김찬훈(2018), “일본은 지역노인들의 장보기 문제를 어떻게 해결하고 있을까?”, 미래에셋은퇴연구소.

김춘남(2018), “왜, 지금 초고령사회 일본은 지역&재가의료에 집중하는가”,『의료정책포럼』vol.16 No.2 pp. 59-65, 대한의사협회 의료정책연구소.

김화령(2015), “근린재생형 도시재생사업에서의 주민참여 활성화 방안연구”, 단국대학교 대학원 석사학위논문.

대구경북연구원(2017),『대구 도시재생뉴딜 추진방향』.

문은숙(2015), “세계 건강도시 정책동향과 건강도시 서울의 미래”,『세계와 도시』 11권 pp. 18-27, 서울연구원.

배웅규(2018), “도시재생뉴딜, 주거복지 실현과 저층주거지 재생 가능한가?”,『도시문제』 53권 593호 pp. 32-35, 대한지방행정공제회.

변루나 외(2011), “베이비붐 세대 은퇴 후 사회참여 지원정책에 관한 한일 비교연구”,『보건사회연구』 31(4); pp. 315-344.

변수정 · 황남희(2018), “저출산고령사회기본계획의 주요내용과 향후과제”,『보건복지포럼』, pp. 41-61.

변창흠(2012), “뉴타운 · 재개발 사업의 구조적인 문제점과 대안적 개발모형”,『부동산포커스』 Vol. 46. pp. 4-12.

서기영 · 이진혁(2002). “도시형 유료노인복지시설의 모형개발연구”,『대한건축학회논문집』 18(8); pp. 111-119.

서울시(2009),『서울시 주거환경개선정책 종합점검 및 보완발전방안』, 서울시 주거환경개선정책 공청회 자료집.

안현찬(2017), “고령친화도시개념의 형성과 변화”,『걷고 싶은 도시』 제 90호 pp. 16-23.

양윤정(2011), “노동시장참여 중심의 활동적 노화와 그 한계”,『국제노동브리프』 3월호 pp. 49-62.

양재섭(2008), “현행 도시재생사업의 한계와 공공의 역할”,『토지연구』 제26권 통권 제 84호.

오유미(2017), “기대수명 90.8세의 정책적 함의와 대응방향”,『Weekly Issue』 제015호pp. 49-62, 한국건강증진개발원.

유병권(2013), “도시재생활성화 및 지원에 관한 특별법의 입법과정”,『국토계획』 제48권 제6호 pp. 367-385, 대한국토도시계획학회.

유병선 · 이계현 · 이사라(2015),『100세 시대, 경기도 신개념 실버복합타운 조성 기본계획 연구』, 경기복지재단.

유재윤 외(2013), 『경제기반 강화를 위한 도시재생 방안』, 국토연구원.

윤종률(2016), "노인의료 관련 정책수립에서 고려해야 할 노인의료의 특성", 『HIRA 정책동향』 10권 3호 pp. 7-17 건강보험심사평가원.

이민아(2000), "우리나라 노인의 세대 간 상호 지원과 거주형태", 『한국노년학』 20(3); pp. 129-142.

이서영(2019), "일본의 노인주거정책에 관한 연구", 『한국주거학회논문집』, 제21권 제4호 pp. 41-50.

이영민 · 송정아(2015), "수도권 실버타운의 공간적 분포와 이용자 인식 특성에 관한 연구", 『한국지역지리학회지』 제21권 제2호 pp. 242-258.

이유진 · 김의준(2015), "의료시설 접근성과 대중교통 접근성이 농촌 및 도시 지역거주 노인의 주관적 건강상태에 미치는 영향 분석-일반화된 순서형 로짓모형의 적용-", 『한국지역개발학회지』 27(1); pp. 65-88.

이윤경(2017), "고령사회 도래에 따른 대응방향 모색: 일본 사례의 시사점 검토", 『보건복지포럼』 (2017.12), pp. 9-17.

이정남(2008). "노년기 자기통제감에 영향을 주는 요인", 『한국노년학』 28(4); pp. 1055-1068.

이정수 외(2008), "일본의 건강증진 정책의 방향-생활습관병 예방을 중심으로-", 『보건교육건강증진학회지』 제25권 제3호, pp. 167-181.

이준(2013), "건강의료복지를 지향하는 마을만들기 사업(1)-인구감소고령화사회의 스마트웰니스시티", 『월간교통』(2013.7) pp. 74-77P.

인천발전연구원(2014), 『도시재생특별법 제정에 따른 인천의 대응과제와 방향』.

임보영 외(2016), "도시쇠퇴지표와 삶의 질 지표의 유사성에 관한 연구", 『대한부동산학회지』 34(2); pp. 87-105.

장성수(2008), "도시재생사업은 무엇이고, 건축은 무엇을 해야 하나", 『건축』 제52권 제 7호 pp. 41-43 대한건축학회.

전상인(2017), "도시재생뉴딜사업에 대한 비판적 단상", 『도시정보』(425); pp. 2-3.

정경희 외(2015), 『연령통합 지표 개발과 적용』, 한국보건사회연구원.

정경희(2004), “인구고령화와 연령통합 사회”, 『사회연구』 5(1); pp. 11-26.

정은하 외(2015), 『서울시 고령친화도시 제2기(2016~20년) 실행계획 추진을 위한 해외사례 연구』, 서울복지재단.

정은하(2014), 『서울시 고령친화도시 제1기 실행계획 평가』, 서울시복지재단.

조아라(2013), “일본의 고령자 거주문제와 주거정책: Aging in place를 중심으로”, 『대한지리학회지』 제48권 제5호, pp. 709-727.

최은정(2000), “사회적 관계망, 사회적 지원과 노인의 정신건강 및 신체적 건강”, 『사회와 문화』 11: pp. 185-203.

하혜영 · 김유정(2016), “일본 지방창생전략의 추진현황과 시사점”, 『이슈와 논점』 제 1220호, 국회입법조사처.

한국건강증진개발원(2018), 『2018년 지역사회 통합건강증진사업 안내』, 보건복지부.

한국보건사회연구원(2016), 『초고령사회 대응 지역친화적 노인주거모델 개발연구 』, pp. 47.

한국보건사회연구원(2017), 『노인의 지역사회 계속거주(Aging in place)를 위한 장기요양제도 개편방안』.

홍성조 · 홍영화(2015), “주거환경관리사업 도입지역 평가지표에 관한 연구”, 『국토계획』 제50권 제5호 pp. 153-167.

황남희(2014), “고령친화 환경부문의 성과와 향후 추진방향”, 『보건복지포럼』, pp. 52-63.

国土交通省(2009), 『福祉のみちづくり · まちづくりのあり方に関する調査』.

国土交通省 都市局(2014). 『健康 · 医療 · 福祉のまちづくりの推進ガイドライン』(技術的助言).

國土交通省(2017), 『まちづくりにおける健康增進効果を把握するための歩行量(歩数)調査のガイドライン』.

国土交通省 都市局(2018), 『健康 · 医療 · 福祉のまちづくりの手引き - 地区レベルの診断と処方箋』.
久野譜也(2012), "人口減・高齢化社会の処方箋としての Smart Wellness City", 『都市と交通』通巻88号, 社団法人 日本交通計画協会.
内閣官房まち・ひと・しごと創生本部事務局(2016), 『生涯活躍のまち構想に関する手引き』(第 3 版).
内閣府(2014),『高齢者の日常生活に関する意識調査結果』ダイヤ高齢社会研究財団(2010), "定年退職後の第三の居場所と社会関係—居心地の良い場の形成",『DiaNews』No. 66; pp. 3-5.
見附市(2014), 『見附市健幸づくり推進計画--歩くを基本{にしたまちづくりに関する基本方針』.
社会資本整備審議会・交通政策審議会(2013), 『今後の社会資本の維持管理・更新のあり方について答申』.
佐々木政雄・松原悟朗(2013), "超高齢社会における健康のための交通社会",『国際交通安全学会誌』Vol 37 No.3.
藤原佳典(2017), "地域高齢者における社会的フレイルの概念と特徴~社会的側面から見たフレイル",『本転倒予防学会誌』3; pp. 11-16.
厚生労働省(2012),『在宅医療療の最近の動向』, pp. 4-5.
厚生労働省(2012),『社会保障に係る費用の将来推計の改定について』.
弘前市(2016),『弘前版生涯活躍のまち構想』.

Anne Vernez Moudon, Chanam Lee(2003), Walking and Bicycling: An Evaluation of Environmental Audit Instruments, *American Journal of Health Promotion*, Vol 18, Issue 1 pp. 21-37.
Baily, C. L.(2007), Understanding the Meaning of Community Engagement for Aging in Place within a Social Capital Framework, Doctoral Dissertation. Virginia Polytechnic Institute and State University.
Berke, E. M., Gottlieb, L. M., Moudon, A. V., & Larson, E. B. (2007), Protective association between neighborhood walkability and depression in older

men, *Journal of the American Geriatrics Society*, 55(4); pp. 526-533.

Berkman, L. F.(1995), The role of social relations in health promotion, *Psychosomatic Medicine*, 57; pp. 245-254.

Carp, F. M. (1977), Impact of improved living environment on heath and life expectancy, *The Gerontologist* 17; pp. 242-249.

Gardner, P. J.(2011), Natural neighborhood networks-Important social networks in the lives of older adults aging in place, *Journal of Aging Studies* 25; pp. 263-271.

Handy, S. (1996), Methodologies for exploring the link between urban form and travel behavior, *Transportation Research Part D1*; pp. 151-165.

Handy, S., Cao, X. & Mokhtarian, P. L.(2006), Does self-selection explain the relationship between built environment and walking behavior? Empirical evidence from Northern California. *Journal of the American Planning Association* 72; pp. 55-74.

Hanibuchi T, Kawachi I, Nakaya T, Hirai H, Kondo K(2011), Neighborhood built environment and physical activity of Japanese older adults : Results from the Aichi Gerontological Evaluation Study, *BMC Public Health* 11; pp. 657.

Hannah M. Badland, Grant M. Schofield(2005), The Built Environment and Transport-Related Physical Activity: What We Do and Do Not Know, *Journal of Physical Activity and Health* Volume 2, Issue 4 pp. 435-444.

Ivry, J.(1995), Aging in Place: The Role of Geriatric Social Work, Families in Society, *The Journal of Contemporary Human Services* 20(1); pp. 76-85.

Lawton, M. Powell(1975), The Philadelphia Geriatric Center Morale Scale: A revision, *Journal of Gerontology* 30; pp. 85-89.

Mahoney FI, Bathel DW.(1965), Function evaluation: the Bathel Index, *Maryland State Medical Journal*, 14; pp. 61-65.

Nancy Humpel, Neville Owen(2002), Environmental factors associated with adults' participation in physical activity: A review, *American Journal of Preventive Medicine*, Volume 22 Issue 3. pp. 188-199.

Oldenburg R(1989), The Great Good Place, Cambridge, MA. Da Capo Press.

Oswald, F., Jopp, D., Rott, C. & Wahl, H-W.(2010), Is Aging in Place a Resource for or Risk to Life Satisfaction?, *The Gerontologist* 51(2); pp. 238-250.

Riley, M. W., & Riley, J. W. Jr. (1999), Sociological research on age, *Ageing and Society* 19(1); pp. 123-135.

Seeman, T. E.(1996), Social ties and health, *Annals of Epidemiology* 6; pp. 442-451.

Susan L Handy, Marlon G Boarnet(2002), How the built environment affects physical activity: Views from urban planning, *American Journal of Preventive Medicine* ,Volume 23, Issue 2; pp. 64-73.

Thomas W. & Blanchard. M.(2009), Moving Beyond Place : Aging in Community, *Generations*, 33(2); pp. 12-17.

Walker, A(2003), The Policy Challenges of Population Ageing, *Social and Economic Dimensions of an Aging Population Research Papers*, No.108.

아산재단연구총서

001 전환기의 중국경제
김윤환 외 | 단국대 경제학과

002 폴란드 경제의 변천 개혁과 그 전망
김광수 | 숭실대 경제학과

003 재소한인
이광규 외 | 서울대 인류학과

004 소련산림과 임업
홍성천 외 | 경북대 임학과

005 아세안의 정치경제
김국진 외 | 외교안보연구원

006 태국의 사회변동과 경제발전
최석만 외 | 전남대 사회학과

007 중국의 사회경제 통계분석
신한풍 외 | 고려대 통계학과

008 중국의 정치와 경제
박두복 외 | 외교안보연구원

009 동유럽의 개혁과 시장경제의 도입
허만 외 | 부산대 사범대학

010 동유럽의 개혁운동
박영신 | 연세대 사회학과

011 현대 러시아 연구
기연수 외 | 한국외대 노어과

012 전략적 선택과 기업의 국제경쟁력
이장호 | 서강대 경영대학

013 협동사회의 정착과 정부의 역할
이종범 외 | 고려대 행정학과

014 한국 제조기업 생산성의 동적 분석
노부호 외 | 중앙대 경영대학

015 분배의 정의
변형윤 외 | 서울대 경제학과

016 도덕적 행동의 강화
이훈구 외 | 연세대 심리학과

017 관료부패와 통제
김해동 외 | 서울대 행정대학원

018 한국경제의 내실 있는 성장
정창영 외 | 연세대 경제학과

019 한국국민정신운동의 역사와 발전방향
박수명 외 | 부산대 사범대학

020 한국대학생의 가치성향과 상담효과
이영희 외 | 숙명여대 교육학과

021 가출청소년과 학교관리체제
안창규 외 | 부산대 교육학과

022 동북아 정세변화와 한 · 일관계
한승조 외 | 고려대 정치외교학과

023 언론과 부정부패
정대철 외 | 한양대 신문방송학과

024 한국의 고등학교 교육
이원호 외 | 부산대 교육학과

025 가족과 방송
김학수 외 | 서강대 신문방송학과

026 재정개혁의 전망과 재산세제의 개편과제
오연천 | 서울대 행정대학원

027 청소년을 위한 전자게임 프로그램의 규제 및 평가체계 개발
박혜원 외 | 울산대 가정관리학과

028 정신장애자 가족의 사회심리적 특성
이근후 외 | 이화여대 의과대학

029 가족의 관계역동성과 문제인식
이광규 외 | 서울대 인류학과

030 현대인과 한국전통음식
승정자 | 숙명여대 식품영양학과

031 기업의 초고속정보통신망활용
안중호 | 서울대 경영학과

032 지역발전을 위한 교육자치제의 개선방안
김남순 | 조선대 사범대학

033 전환기의 공무원 가치관
조경호 | 울산대 행정학과

034 지방자치와 사회복지의 과제
김영모 | 중앙대 사회복지학과

035 WTO체제하의 지방중소기업 지원정책
최명주 외 | 계명대 통상학부

036 현대한국의 시민운동
이효선 | 중앙대 사회학과

037 기업 세계화의 단계 및 정도의 측정
허영도 외 | 울산대 경영학과

038 가족복지를 위한 가족주치의 시범사업의 효과
이혜리 외 | 연세대 가정의학교실

039 한국대학생의 삶의 만족도
김재은 외 | 이화여대 교육심리학과

040 지역경제와 지역산업구조의 개편방향
정기화 외 | 전남대 경제학부

041 중국기업의 소유형태별 경영특성
노철화 외 | 부산대 무역학과

042 남북한의 인성 · 사상교육
한승조 외 | 고려대 정치외교학과

043 연계적 뇌기능 조언을 위한 의료용 멀티미디어 시스템의 설계
유선국 | 연세대 의용공학교실

044 다민족국가의 민족문제와 한인사회
최협 외 | 전남대 인류학과

045 저소득층지역 청소년 여가문화와 소집단 활성화
박문수 외 | 서강대 사회학과

046 삶의 질의 국제비교와 지역간 비교분석
이재기 외 | 울산대 경제학과

047 21세기 지역주민의 삶의 질
양종회 외 | 성균관대 사회학과

048 삶의 질에 대한 국가간 비교
조명한 외 | 서울대 심리학과

049 외국인 노동자의 노사관계와 사회적 적응
석현호 외 | 성균관대 사회학과

050 한국의 사법제도와 발전 모델
정종섭 | 건국대 법학과

051 고령화사회와 중상층 노인의 사회활동
조성남 외 | 이화여대 사회학과

052 한국의 서비스 시장 개방정책
한홍렬 | 한양대 경제학부

053 한국과 AFTA간의 교역증진 및 경제 협력방안
손일태 외 | 경희대 경제통상학부

054 물류비 절감을 위한 무역업체의 정보화전략
이영수 외 | 경북대 경제통상학부

055 사회주의 체제전환과 사회정책
오정수 외 | 충남대 사회복지학과

056 남북통일 이후 농업생산체계 개편
홍성규 외 | 건국대 농업경제학과

057 국제화와 세계화
하영선 외 | 서울대 외교학과

058 IMF 개혁정책의 평가와 한국경제의 신(新) 패러다임
조동근 | 명지대 경제학과

059 구조개혁과 실업대책
박동운 | 단국대 경제무역학부

060 21세기 신노사관계
심윤종 외 | 성균관대 사회학과

061 학교에서의 집단 따돌림
이춘재 외 | 가톨릭대 심리학과

062 한국노인의 정신건강실태와 건강증진
조맹제 외 | 서울대 의과대학

063 혁명과 개혁 속의 중국 농민
김광억 | 서울대 인류학과

064 중국의 경제환경과 한국기업의 진출 전략
지용희 외 | 서강대 경영학과

065 김대중 대통령의 시스템 사고
김동환 | 중앙대 공공정책학부

066 실업과 가족해체
최일섭 외 | 서울대 사회복지학과

067 합리적 부채비율 조정방안
오상근 | 동아대 경제학과

068 한국 중산층의 생활문화
문숙재 외 | 이화여대 소비자 · 인간발달학과

069 계층간 갈등상태에서 최적소득세
김진욱 | 건국대 경상학부

070 글로벌 경쟁력 제고를 위한 기업전략과 조직구축
이만우 외 | 고려대 경영학과

071 의료보험과 국민연금의 관리효율화를 위한 통합방안
사공진 외 | 한양대 경제학부

072 정부개혁의 과제와 전략
박우서 외 | 연세대 행정학과

073 책임운영기관 제도에 관한 비교분석
김근세 | 가톨릭대 행정학과

074 새로운 패러다임하에서의 한국기업의 바람직한 지배구조
최운열 외 | 서강대 경영학과

075 현대 한국사회의 계층구조
양춘 외 | 고려대 사회학과

076 한국의 산업정책과 산업구조조정
강인수 | 숙명여대 경제학부

077 기업구조조정
김석진 | 경북대 경영학부

078 지식경영을 위한 인적자원 개발 및 관리체계
장영철 | 경희대 경영학부

079 뉴 비즈니스 모델
전성현 | 국민대 정보관리학부

080 중산층의 정체성과 소비문화
함인희 외 | 이화여대 사회학과

081 외국관광객 유치를 위한 마케팅 전략
박상규 | 강원대 경영학과

082 한국인의 세대별 문학의식
이동순 | 영남대 국문과

083 공공부문의 효율성 평가와 측정
김재홍 외 | 울산대 사회과학부

084 한국 청소년의 정치의식과 형성요인
김광웅 외 | 숙명여대 아동복지학과

085 한국 대학생의 정치의식
배한동 | 경북대 윤리교육과

086 산업의 정보화와 산업발전
이기동 | 계명대 통상학부

087 한국 제조업의 고용조정 분석
이종원 외 | 성균관대 경제학부

088 지식자산에 대한 경영전략적 평가모형 개발
배재학 외 | 울산대 컴퓨터 · 정보통신공학부

089 관광사업을 위한 한국적 이미지의 휴식복 개발
채금석 | 숙명여대 의류학과

090 한국 정치제도의 개혁
신정현 | 경희대 사회과학부

091 e비즈니스와 아웃소싱 전략
정승화 외 | 연세대 경영학과

092 집단 따돌림의 진단 및 치료방안
홍준표 | 중앙대 인간생활환경학과

093 16대 총선과 낙선운동
조기숙 | 이화여대 국제대학원

094 부동층 유권자 행태 분석
진영재 | 연세대 정치외교학과

095 사이버 공동체의 성공요인
이재관 | 숭실대 경영학부

096 온라인 소비자 행동의 이론과 실증
윤성준 | 경기대 경영학부

097 글로벌 시대 정약용 세계관의 가능성과 한계
차성환 | 한일장신대 역사사회학과

098 러시아의 체제전환 과정에서 나타난 국가의 역할과 그 전망
이상민 외 | 부산대 정치외교학과

099 남북한의 경제발전 수준과 산업구조 비교, 그리고 경제교류 협력방향
주성환 | 건국대 경제학과

100 집단따돌림과 교육해체
한준상 | 연세대 교육학과

101 공적연금제도의 효율성과 개선방안
유금록 | 군산대 행정복지학부

102 벤처기업-대기업의 성공적인 협력 모델
나중덕 | 경산대 경영학과

103 북한의 재외동포정책
조정남 외 | 고려대 정치외교학과

104 사이버 공동체 형성의 역동적 모형
장용호 | 서강대 신문방송학과

105 기업이론과 기업의 소유지배구조
김일태 외 | 전남대 경제학부

106 가축분뇨 자원화를 위한 공동이용 조직에 대한 농가선호도 분석
유덕기 | 동국대 생명자원경제학과

107 개혁정책과 전문가 집단
이경원 외 | 제주대 행정학과

108 현대 한국사회의 이중가치체계
신수진 외 | 이화여대 가정관리학과

109 한국의 산업구조 변화와 기업집단 다각화 전략
김용학 외 | 연세대 사회학과

110 지식정보사회의 경제적 모형 설정 및 사례 연구
김범환 | 배제대 경영정보학부

111 변호사징계제도
오종근 | 한림대 법학부

112 인터넷 특허법
김순석 | 광주대 법학과

113 e-비즈니스 시대의 금융 및 재정정책의 새로운 패러다임
이종욱 | 서울여대 경제학과

114 청소년의 하위문화와 정체성
조성남 | 이화여대 사회학과

115 디지털금융시대의 금융구조변화와 정부규제 및 정책
이충열 | 고려대 경제학부

116 지식경영을 위한 기업의 조직설계방안
김경수 외 | 전남대 경영학과

117 전자금융의 발달과 경제정책의 새로운 패러다임
이명훈 | 명지대 경제학과

118 동아시아의 안보와 유엔체제
강성학 편저 | 고려대 정치외교학과

119 유료 치매노인 그룹홈의 개발과 관련 정책
최정신 외 | 가톨릭대 소비자 · 주거학과

120 소비자 지향적 문화산업 정책
홍영준 | 호남대 광고홍보학과

121 국제 · 국가 · 지방 환경규제의 연계
정준금 외 | 울산대 행정학과

122 현행 회사 합병 · 분할제도의 평가와 개선방안
옥무석 외 | 이화여대 법학과

123 배려지향적 도덕성과 정의지향적 도덕성
정옥분 외 | 고려대 사범대학

124 기업구조조정에 대한 채권금융기관 및 금융감독기관의 역할과 책임
이중기 | 한림대 법학과

125 실업대책으로서 한국의 법정기준근로 시간 단축
박영범 | 한성대 경제학과

126 프랑스어의 비분리성 소유개념 표현
노윤채 | 연세대 언어정보연구원

127 지방채의 효율적 관리방안
강태구 | 호원대 법행정학부

128 21세기 산업구조 변화와 과학기술정책
임채성 외 | 그리스도신학대 경영정보학부

129 인터넷 쇼핑몰 이용자의 불평행동
예종석 | 한양대 경영학부

130 한국기업의 성과급제도 현황, 효과 및 개선방안
김성수 | 서울대 경영학과

131 전자상거래와 소비자보호
서민교 외 | 경일대 인터넷국제통상학과

132 평생학습 사회에서의 인적자원개발을 위한 사회적 파트너십 구축
김영화 | 홍익대 교육학과

133 한국 공교육의 새로운 구상과 전략
권대봉 외 | 고려대 교육학과

134 한국의 정부개혁
김태룡 | 상지대 행정학과

135 지방정부 생산성 측정의 이론과 실제
이은국 외 | 연세대 행정학과

136 불가 시문학론
배규범 | 경희대 학술연구 교수

137 남북경제교류의 법적 문제
제성호 | 중앙대 법학과

138 경제위기와 청소년 발달
구인회 | 서울대 사회복지학과

139 생명과학기술의 응용과 기본권보호적 한계
정상기 외 | 한남대 법학과

140 경제발전과 정치환경의 한 · 일 비교분석
정갑영 외 | 연세대 동서문제연구원

141 한국 공교육의 진단
윤정일 외 | 서울대 교육학과

142 우리나라 지방자치 발전을 위한 자치단체장의 역할
정성호 외 | 경기대 사회과학부

143 의료보험제도의 개혁방안
권순원 | 덕성여대 경제학과

144 중등 도덕교육의 현실과 문제
손동현 외 | 성균관대 철학과

145 사이버공동체 발전론
이명식 | 상명대 경영학과

146 남북경협 확대에 대비한 북한 담보제도의 정비방안
박훤일 | 경희대 법과대학

147 한국 공무원 인사제도 개혁
김판석 | 연세대 행정학과

148 교사화법 교육
임칠성 외 | 전남대 국어교육과

149 세계화의 문화정치학
임혁백 외 | 고려대 정치외교학과

150 효과적인 e-SCM을 위한 의사결정조정 시스템 모형
이원준 | 성균관대 경영학부

151 환경거버넌스
김종순 외 | 건국대 행정학과

152 자동차산업의 인적자원관리
이덕로 | 서원대 경영학부

153 한국과 영국 간 지식기반산업 비교
이명호 | 한국외대 경영학과

154 한국 벤처기업의 기술네트워킹 및 기술마케팅 전략
장영일 | 인제대 경영학부

155 회사변호사의 윤리
오승종 | 성균관대 법과대학

156 미디어교육론
이정춘 | 중앙대 신문방송학과

157 조선시대 서원과 양반
윤희면 | 전남대 역사교육과

158 환경문제와 철학
박찬국 | 서울대 철학과

159 노인보건복지 이론과 실제
김명 외 | 이화여대 보건교육학과

160 북한의 법체계
권재열 외 | 숭실대 법학과

161 생명공학기술의 안전성 확보에 관한 법적 고찰
이재협 | 경희대 법학부

162 청소년복지학
김성이 외 | 이화여대 사회복지학과

163 변화하는 세계, 변화하는 복지국가
조영훈 | 동의대 사회복지학과

164 의리의 윤리와 한국의 유교문화
김낙진 | 진주교대 도덕교육과

165 미국의 통상정책과 통상법
윤충원 | 전북대 무역학과

166 사회복지 프로그램 평가
김학주 | 경상대 사회복지학과

167 환경주의와 지속가능한 발전
정대연 | 제주대 사회학과

168 무역과 환경
김기흥 외 | 경기대 경제학부

169 산업계 유해폐기물의 위험과 관리
김금수 | 호서대 경상학부

170 백범 김구의 지적 계발과정 탐색
문용린 | 서울대 교육학과

171 태평양전쟁 발발 이후 일제의 인적 지배와 그리스도교계의 대응
윤선자 | 전남대 사학과

172 거버넌스 상황에서 갈등관리를 위한 대체적 분쟁해결제도
서순복 | 광주대 법정학부

173 시장경제의 유형과 민주주의
최배근 | 건국대 경상학부

174 일본고전소설 총론
김현정 | 국립한국전통문화학교

175 국어 교육을 위한 국어 문법론
이관규 | 홍익대 국어교육과

176 율곡의 군주론
전세영 | 부산교대 윤리교육과

177 동북아시아 환경협력
정서용 | 명지대 법학과

178 기후변화협약과 기후정책
신의순 외 | 연세대 경제학과

179 인터넷과 국제 학술정보 네트워크-하이퍼링크 분석
박한우 | 영남대 언론정보학과

180 국내 기업복지의 활성화 방안
최수찬 | 연세대 사회복지대학원

181 세계화와 인간안보
김우상 외 | 연세대 정치외교학과

182 세계문화유산 종묘 이야기
지두환 | 국민대 국사학과

183 한국 평생교육의 사회철학적 과제
곽삼근 | 이화여대 교육학과

184 강점모델
정순둘 | 이화여대 사회복지학과

185 글로벌시대의 계약법
박영복 | 한국외대 법과대학

186 배심제와 시민의 사법참여
안경환 | 서울대 법학과

187 동북아공동체
김재한 | 한림대 정치외교학과

188 정치 참여와 탈물질주의
김욱 | 배재대 정치외교학과

189 퍼지전문가회로망을 이용한 금융기관의 사이버 기업여신결정 지원시스템의 개발
권혁대 | 목원대 경영학과

190 환경정책과 환경법
송인성 | 전남대 지역개발학과

191 포스트모던 시대의 평생교육학
한숭희 | 서울대 교육학과

192 현대 한국인의 세대경험과 문화
박길성 외 | 고려대 사회학과

193 서구의 근로연계복지
김종일 | 건국대 사회복지학과

194 사회복지운동론
현외성 | 경남대 사회복지학과

195 외국의 역모기지 사례
유선종 | 건국대 부동산학과

196 옛이야기와 어린이문학
이지호 | 진주교대 국어교육학과

197 노인사회복지관광의 정책과제와 방안
김창수 | 경기대 관광학부

198 복지서비스의 민간위탁 시스템 분석
김순양 | 영남대 행정학부

199 새로운 빈곤층의 대두와 정부의 정책과제
김진욱 | 건국대 경제학과

200 문화행정론
김정수 | 한양대 행정학과

201 스칸디나비아 노인용 코하우징의 계획과 적용
최정신 외 | 가톨릭대 생활과학부

202 북한의 자연생태계
공우석 | 경희대 지리학과

203 통계로 이해하는 러시아
전홍찬 | 부산대 정치외교학과

204 사회복지법인의 경영과 회계
이동규 | 충남대 회계학과

205 의약분업 정책과정
차흥봉 | 한림대 사회복지학과

206 지역공동체와 평생교육
오혁진 | 동의대 평생교육학부

207 아동보호서비스의 실제
한미현 | 백석대 사회복지학부

208 그린마케팅
박재기 | 충남대 경영학부

209 아동권리와 아동복지
이혜원 | 성공회대 사회복지학과

210 국제 이주와 인도인 디아스포라
김경학 | 전남대 인류학과

211 질병과 의료의 사회학
조병희 | 서울대 보건대학원

212 북한이탈주민의 사회통합을 위한 지역복지실천의 모색
이기영 | 부산대 사회복지학과

213 치매노인케어론
조유향 | 초당대 간호학과

214 노인상담입문
서혜경 외 | 한림대 대학원 사회복지학과

215 '통일 이후 통일과정'으로서의 독일 통일영화
이준서 | 이화여대 독어독문학과

216 중국의 사회보장
오정수 | 충남대 사회복지학과

217 환경자원의 경제적 가치와 환경오염의 사회적 비용
김재홍 | 울산대 사회과학부

218 사회복지프로그램의 경제적 평가방법
박창제 외 | 상주대 사회복지학과

219 자유의지와 결정론
안건훈 | 강원대 철학과

220 심리학자들이 쓴 행복한 결혼의 심리학
채규만 외 | 성신여대 심리학과

221 현대 해석학 강의
양해림 | 충남대 철학과

222 한국인의 주거 빈곤과 공공주택
하성규 | 중앙대 도시및지역계획학과

223 IMF 경제위기와 한국 출산력의 변화
김두섭 | 한양대 사회학과

224 동아시아의 영토분쟁과 국제법
이석우 | 인하대 법학부

225 독일 복지국가와 사회복지서비스
정재훈 | 서울여대 사회사업학과

226 사회복지사를 위한 실용 비모수통계
엄명용 | 성균관대 사회복지학과

227 피해자학 연구
이윤호 | 동국대 경찰행정학과

228 광고언어창작론
박영준 외 | 부경대 국어국문학과

229 환경규제 패러다임의 전환
한철 | 한남대 법학과

230 고령사회의 노동환경변화와 고용 시스템의 문제점 및 법적 대응
고준기 | 국립군산대 법학과

231 세계화와 소득불평등
이성균 외 | 울산대 사회과학부

232 유비쿼터스 사회의 이해
안중호 외 | 서울대 경영학과

233 국제환경책임법론
박병도 | 건국대 법학과

234 한국의 선거와 민주주의
윤종빈 | 명지대 정치외교학과

235 한국 시민운동의 구조와 동학
조대엽 외 | 고려대 사회학과

236 또래관계
송영혜 | 대구대 재활심리학과

237 해외 한국기업과 현지인 노동자
석현호 외 | 에스콰이아학술문화재단

238 독일 국가복지에서 민간복지단체의 역할과 의미
차성환 외 | 한일장신대 사회복지학부

239 청정공학
조정호 | 동양대 생명화학공학과

240 한국전통연희론
심상교 | 부산교육대 국어교육학과

241 정신장애와 가족
서미경 | 경상대 사회복지학부

242 빈곤통계의 작성과 활용
김주환 | 동국대 정보통계학과

243 인터넷과 한국정치
강원택 | 숭실대 정치외교학과

244 북한의 시장경제이행
정영화 외 | 서경대 법학과

245 시스템사고로 본 지속가능한 도시
문태훈 | 중앙대 도시및지역계획학과

246 실버산업과 유비쿼터스 컴퓨팅
고일상 | 전남대 경영학부

247 재활상담과 사례관리
나운환 | 대구대 직업재활학과

248 영유아교육기관에서의 장애 이해 교육
유수옥 | 우석대 유아특수교육과

249 장애의 사회적 의미와 사회통합
박수경 | 대진대 사회복지학과

250 경제분석의 수리적 기초
조인성 | 공주대 경제통상학부

251 비영리부문의 비교연구
김승현 | 서울산업대 행정학과

252 고등교육경제학
반상진 | 전북대 교육학과

253 과학윤리교육의 이론과 방법
조희형 | 강원대 과학교육학부

254 결혼이민자가족의 이해
김오남 | 대불대 사회복지학과

255 동아시아 국가의 공공부조
신동면 | 경희대 사회과학부

256 특수아동 진단 및 평가
이나미 | 대불대 특수교육과

257 계약형 사회복지와 권리옹호시스템
이명현 | 경북대 상주캠퍼스 사회복지학과

258 실내공기질 및 위해성 관리
양원호 | 대구가톨릭대 산업보건학과

259 충남 방언 문법
한영목 | 충남대 국어국문학과

260 교육권론
노기호 | 군산대 법학과

261 도시경관계획론
임승빈 | 서울대 조경 · 지역시스템공학부

262 교통의 새로운 패러다임
김형철 | 경원대 도시계획 · 조경학부

263 노인의 삶의 질 향상을 위한 주거환경 디자인
천진희 | 상명대 디자인대학 실내디자인전공

264 사회복지와 문화
박병현 | 부산대 사회복지학과

265 장애인복지의 이론과 실제
이선우 | 인제대 사회복지학과

266 창의성 개발을 위한 디자인교육 콘텐츠
김선영 | 인천가톨릭대 조형예술대학 환경디자인학과

267 구성주의 사회복지 실천 기술론
고미영 | 서울신학대 사회복지학과

268 장애아교육학
김기흥 | 부산교육대 유아교육과

269 지역사회복지와 자원부문
한상진 외 | 울산대 사회학과

270 환경관리회계
육근효 | 부산외국어대 회계학부

271 인권 관점에서 보는 장애인복지
유동철 | 동의대 사회복지학과

272 정신증상
송지영 | 경희대 의과대학병원 신경정신과

273 사이버공간의 사회심리학
이성식 외 | 숭실대 정보사회학과

274 노인에 대한 사회적 돌봄과 돌봄서비스의 질 보장
최희경 | 신라대 가족노인복지학과

275 아동 심리치료의 실제
신현균 | 전남대 심리학과

276 사회복지와 위험관리
노충래 | 이화여대 사회복지전문대학원

277 국제 탄소시장의 이해
양승룡 | 고려대 식품자원경제학과

278 타자의 초상
신문수 | 서울대 영어교육과

279 한국정치와 환경정치
나정원 | 강원대 정치외교학과

280 북한이주민
윤인진 | 고려대 사회학과

281 음주의 사회경제적 비용
정우진 외 | 연세대 보건대학원

282 지방정치와 동북아 도시거버넌스
박재욱 | 신라대 행정학과

283 노숙인 복지론
남기철 | 동덕여대 사회복지학과

284 유럽통합과정과 지역협력
이규영 | 서강대 국제대학원

285 사회복지재정 연구
지은구 | 계명대 사회과학대학 사회복지학과

286 지역사회 교육개혁을 위한 시민사회 조직의 참여
김영화 | 홍익대 교육학과

287 복지사회를 대비한 국민연금의 구조개혁
박영석 외 | 서강대 경영학부

288 한미 FTA 지재권 협상에 따른 의약품 분야 사회후생 변화
오근엽 | 충남대 무역학과

289 산업입지, 환경 그리고 지역경제
이기동 외 | 계명대 국제통상학과

290 감성지능 개발을 통한 삶의 질 향상
김경수 외 | 전남대 경영학부

291 교육복지론
이용교 외 | 광주대 사회복지학부

292 인간과 행복에 대한 철학적 성찰
박찬국 | 서울대 철학과

293 유럽연합의 사회통합 사례와 교훈
이무성 | 명지대 정치외교학과

294 민영화와 사회후생
이상호 | 전남대 경제학부

295 북한의 교육학 체계 연구
최영표 외 | 동신대 교육대학원

296 한국 지속가능발전의 구조와 변동
정대연 | 제주대 사회학과

297 우리나라의 공익 연계 마케팅에 관한 연구
임승희 | 전주대 경영학부

298 시각장애인복지론
김영일 | 조선대 특수교육과

299 그린에너지와 환경촉매
정석진 | 경희대 화학공학과

300 취약학교 초등학생을 위한 온라인 보건교육 프로그램
박경옥 | 이화여대 보건관리학과

301 신탁제도를 통한 고령자의 보호와 지원
최수정 | 서강대 법학전문대학원

302 사회적 약자계층에 대한 실태분석 및 정책방안
이은우 외 | 울산대 경제학과

303 한류 문화와 동북아 공동체
최혜실 | 경희대 국어국문학과

304 노동유연화와 해고보호법
권혁 | 부산대 법학전문대학원

305 사회복지 위험관리의 이해
박미은 | 한남대 사회복지학과

306 의료기관의 회계와 세무
노준화 | 충남대 경영학부

307 여성인적자원의 전문성 확보를 위한 경력개발
백지연 | 이화여대 국제사무학과

308 정신병리
강선경 | 서강대 신학대학원

309 바다의 반란 적조
윤양호 | 전남대 해양기술학부

310 한국 장애인 복지 발달사
이성규 | 서울시립대 사회복지학과

311 서양예술 속의 동양 탐색
진상범 | 전북대 독어독문학과

312 한국인의 도덕성 발달 진단
문용린 | 서울대 교육학과

313 영국정치와 국가복지
고세훈 | 고려대 공공행정학부

314 인간학적 사유를 여는 중도 · 중복장애 교육학
이숙정 | 단국대 특수교육과

315 개별화 교육과정
이소현 | 이화여대 특수교육과

316 인간의 긍정적 성품
권석만 | 서울대 심리학과

317 지방자치와 지역여성의 전망
이혜숙 | 경상대 사회학과

318 한국 현대 노년소설 연구
전흥남 | 한려대 교양학부

319 정보격차 해소를 위한 창의적 정보교육 프로그램
이영준 외 | 한국교원대 컴퓨터교육과

320 한국 가족과 젠더
손승영 | 동덕여대 교양학부

321 한국의 복지혼합
김진욱 | 서강대 신학대학원

322 사회자본과 자원봉사
김태룡 외 | 상지대 행정학과

323 농촌교육복지연구
박삼철 | 단국대 교양학부

324 사회정체성 평가 차원에 대한 국제비교조사
이명진 | 고려대 사회학과

325 캐나다 복지국가 연구
조영훈 | 동의대 사회복지학과

326 한국의 소수자운동과 인권정책
전영평 외 | 서울대 행정대학원

327 한국과 미국의 보육서비스 전달체계와 품질 비교분석
김근세 외 | 성균관대 국정관리대학원

328 한국사회의 소득불평등과 국민 의료이용
이용재 | 호서대 사회복지학과

329 정보시대의 인간안보
조화순 | 연세대 정치외교학과

330 가족의 사회경제적 특성과 아동발달
김광혁 | 전주대 사회복지학과

331 초 · 중 · 고등학생의 학업소진 진행과정 및 경로분석
이상민 | 고려대 교육학과

332 다문화사회의 사법통역
이지은 | 이화여대 통역번역대학원

333 동아시아 지역주의
유현석 | 경희대 정치외교학과

334 환경친화적 공공시설관리와 지역공동체의 삶의 질
이소영 | 중앙대 실내디자인 · 주거환경학과

335 의료보험의 법정책
김나경 | 성신여대 법과대학

336 양극화 시대 가족해체와 청소년의 적응에 관한 한국과 미국의 비교 연구
오승환 외 | 울산대 사회복지학과

337 기업의 사회적 책임과 지역경제사회 발전 연구
허영도 외 | 울산대 경영학부

- 383 노인요양원과 문화 변화
  최재성 | 연세대 사회복지학과
- 384 시민사회와 국제개발협력
  손혁상 | 경희대 공공대학원
- 385 복지국가의 변화와 빈곤정책
  김윤태 | 고려대 사회학과
- 386 다문화가정의 미디어 이용과 사회적 자본의 관계
  진창현 | 경기대 경영학과
- 387 사회진출 대졸 초년생의 탄력성 변화 양상
  이상민 | 고려대 교육학과
- 388 사회자본과 경제발전 그리고 정부의 질
  도수관 | 대구가톨릭대 행정학과
- 389 망명과 귀환이주
  서장원 | 고려대 독일문화학과
- 390 근거기반실천과 사회복지
  김유진 | 경북대 사회복지학부
- 391 인터넷상 정보 유통에 대한 새로운 저작권 규율 방향 모색
  박준석 | 서울대 법학전문대학원
- 392 한국 사회의 인종차별적 담화구조
  이창수 | 한국외대 통역번역대학원
- 393 사회복지사의 사회복지 가치 지향
  김용석 | 가톨릭대 사회복지학과
- 394 개인정보의 국제적 유통에 따른 법적 문제와 대책
  박훤일 | 경희대 법학전문대학원
- 395 정신장애인의 인권
  서미경 | 경상대 사회복지학과
- 396 취약계층 비만청소년들의 체중관리를 위한 건강증진 프로그램의 효과
  김영호 | 서울과학기술대 스포츠과학과
- 397 한국 전통의 돈의 문학사, 나눔의 문화사
  서신혜 | 한양대 창의 · 융합교육원
- 398 와이파이 공간과 모바일 정보 격차
  이건학 | 서울대 사회과학대학
- 399 도시정비사업의 법적 쟁점과 해설
  성중탁 | 경북대 법학전문대학원
- 400 사회서비스 제공기관의 조직요인과 성과
  신창환 | 경북대 사회복지학부
- 401 도시 사운드스케이프 디자인
  전진용 외 | 한양대 건축공학부
- 402 지방의회 의원윤리연구
  김택 | 중원대 경찰행정학과
- 403 발달장애인 자립생활 증진을 위한 역량탐색 및 주거로서의 해결과제
  김라경 | 광주교육대 교육학과
- 404 외국인고용제도개선과 인권
  김상호 외 | 경상대 법과대학
- 405 사회복지연구에서 질적방법과 분석
  김인숙 | 가톨릭대 사회복지학과
- 406 현대미술에서의 예술적 성장과 창의적 인재양성
  백경미 | 울산과학기술원 기초과정부
- 407 현대인의 삶과 문화예술교육
  곽삼근 | 이화여대 교육학과
- 408 문화적 배경과 체화된 인지
  민동원 | 단국대 경영학부
- 409 아동 섭식행동평가 척도 표준화 및 섭식문제 현황 조사
  정경미 | 연세대 심리학과
- 410 잊혀질 권리: 이상과 실현
  문재완 | 한국외대 법학전문대학원
- 411 인권의 지역화: 일상생활의 인권 증진을 위하여
  김중섭 | 경상대 사회학과
- 412 다문화 시대 이주민의 한국어 의사소통
  민병곤 외 | 서울대 국어교육과
- 413 다문화 시대의 문화교육 커리큘럼
  윤여탁 외 | 서울대 국어교육과
- 414 다문화 시대의 통일교육
  박성춘 외 | 서울대 윤리교육과
- 415 다문화 시대 사회 통합을 위한 시민 교육
  이진석 외 | 부산대 일반사회교육과
- 416 다문화 관련 법률 및 제도
  박성혁 외 | 서울대 사회교육과
- 417 생태복원의 인문학적 상상력
  김성도 외 | 고려대 언어학과
- 418 다국내 출생 다문화가정 청소년의 아픔과 분투: 사회적 차별로부터의 회복과 성장
  서영석 | 연세대 교육학과
- 419 종교심리학의 이해: 죽음인식의 논의를 중심으로
  김재영 | 서강대 종교학과
- 420 글로벌 시대의 사회통합: 세계적 추세와 한국의 위상
  장용석 외 | 연세대 행정학과
- 421 소규모 사회적기업과 소셜미디어 마케팅
  박철 | 고려대 글로벌비즈니스대학
- 422 동아시아 가면극의 역사와 전승양상
  전경욱 | 고려대 국어교육과
- 423 무엇이 우리를 행복하게 하는가?
  구교준 외 | 고려대 행정학과
- 424 디지털 중독의 이해와 대응 방안
  오원석 외 | KAIST 경영대학

425 지속가능발전목표(SDG) 시대 한국의 복지와 행복지표 측정
한준 외 | 연세대 사회학과

426 지방정부 간 사회복지 불균형과 시민 행복
장용석 외 | 연세대 행정학과

427 일 · 여가의 변화와 행복 복지
유홍준 외 | 성균관대 사회학과

428 가족시간과 삶의 질
이윤석 외 | 서울시립대 도시사회학과

429 사회복지사의 유데모니아: 사회복지의 가치와 보람, 그리고 행복
송인한 외 | 연세대 사회복지대학원

430 행복을 위한 움직임
안문경 | 국민대 교양대학

431 읽기 장애 조기 선별검사의 측정학적 적합성 연구
여승수 | 부산교육대 유아교육학과

432 문화적 다양성과 창의성: 심리학적 관점
장재윤 | 서강대 심리학과

433 내일의 종언(終焉)? 가족자유주의와 사회 재생산 위기
장경섭 | 서울대 사회학과

434 산림공유자원관리로서 금송계 연구
배수호 외 | 성균관대 행정학과

435 한국 경제발전의 문화적 기원: 추격성장, 발전국가 그리고 문화적 혼종성
김명수 | 한양대 정보사회학과

436 4차 산업혁명의 일자리 진화
이민화 | KAIST 미래전략대학원

437 금융 분야에 있어서 4차 산업혁명 시대와 일자리 대책
고동원 | 성균관대 법학전문대학원

438 노동의 디지털화와 산업노동의 미래: 독일 산업 4.0을 중심으로
임운택 | 계명대 사회학과

439 4차 산업혁명과 고등교육 개혁
김민희 외 | 대구대 교직부

440 4차 산업혁명과 일자리 정책의 미래
권혁 외 | 부산대 법학전문대학원

441 복지공급론: 보건복지의 수단과 체계
강창현 | 단국대 공공관리학과

442 생각 중심 교육
박주용 | 서울대 심리학과

443 청소년 독자의 정체성과 문식 활동
이순영 | 고려대 국어교육과

444 인간의 심리를 조작하는 사회공학기술
김석수 | 한남대 멀티미디어학부

445 한국사회 이타적 행동에 대한 이해
강철희 외 | 연세대 사회복지대학원

446 이주민의 사회적 배제: 세대 간 전이와 민족 계급화를 중심으로
최혜지 | 서울여대 사회복지학과

447 사회복지, 업의 변화와 마케팅
이원준 | 청주대 경영학과

448 충남 민속의 이해
이필영 | 한남대 역사교육과

449 한국 청소년들의 공동체지향목표
신종호 외 | 서울대 교육학과

451 지방 인구구조의 변화와 지역 사회복지 전달체계
기정훈 | 명지대 행정학과

452 고령친화적 도시재생뉴딜: 일본의 고령친화 주거지재생 정책 사례 연구
김현주 | 연세대 건축학과

아산재단연구보고서

001 한국인의 도덕성 연구
배해수 | 고려대 국문학과

002 산업화와 청소년 진로
이원호 | 울산대 교육학과

003 공동체의식과 시민운동
김영섭 | 한양대 행정학과

004 한국청년의 삶의 의미 충족도와 만족적 태도
안정수 | 경희대 철학과

005 중국조선족의 사회발전과 한 · 중관계의 위상
손장권 | 고려대 사회학과

006 해송림 "솔껍질깍지벌레"의 천적 및 주요 종의 생태
김규진 | 전남대 농생물학과

007 사회정의와 실천윤리
박종대 | 서강대 철학과

008 동구개혁의 영향
김달중 | 연세대 정치외교학과

009 한국청소년의 의식세계
김문조 | 고려대 사회학과

010 고강도 철근 콘크리트 구조의 실용화
정헌수 | 중앙대 건축학과

011 신기술의 연관형태 및 출현예측의 구조모형
권철신 | 성균관대 산업공학과

012 민간기업의 연구개발을 위한 조세정책
권영훈 | 한양대 경제학부

013 기술개발 활성화방안
송승구 | 울산대 화학공학부

014 부패의 현상과 진단
이문조 | 영남대 정치외교학부

015 연구투자의 지역적 편중화와 부산지역의 기초과학연구 활성화방안
윤웅찬 | 부산대 화학과

016 GATT의 신구 덤핑방지협정과 그 대응 방안
전창원 | 동국대 무역학과

017 한국사회의 도덕성 제고를 위한 진단과 처방
황경식 | 서울대 철학과

018 새로운 노사관계 방향
이진규 외 | 고려대 경영학과

019 21세기 동북아 정세예측과 한국의 전략적 대응방안
최평길 외 | 연세대 행정학과

020 소련의 한국에 대한 정책목표분석
신승권 | 한양대 정치외교학과

021 메모리 커패시터용 $Pb(Zr_xTi_{1-x})O_3$ 강유전체 박막의 제작과 특성
장지근 외 | 단국대 전자공학과

022 러시아 국제법학의 전통
김용구 | 서울대 외교학과

023 유럽연합의 현황과 전망
김동현 외 | 성균관대 행정학과

024 중국의 정치동원
송영우 외 | 건국대 정치외교학과

025 산업적 활용을 위한 이동로보트 시스템의 개발
박민용 외 | 연세대 전자공학과

026 중국조선족의 정치사회화과정과 동화적 국민통합의 방향
전인영 외 | 이화여대 사회생활학과

027 공적부조의 이론과 실제
최일섭 외 | 서울대 사회복지학과

028 대외통상환경의 변화와 법제개편
서헌제 | 중앙대 법학과

029 기업금융의 국제화
최생림 | 한양대 경영학부

030 자동차부품공업의 노사관계
김호진 외 | 고려대 행정학과

031 산업화 과정에서의 한국가족의 실태와 전망
정창수 외 | 성균관대 사회학과

032 공무원 가치관 실태와 정립방안
배병룡 외 | 경상대 행정학과

033 해외귀국청소년의 국내적응연구
이장영 | 국민대 사회학과

034 초고속정보통신망에서 LAN서비스 제공방안
이재용 | 연세대 전자공학과

035 WTO체제의 정책적 대응
김병진 외 | 경희대 행정학과

036 유럽의 통합정치
최수경 외 | 충남대 정치외교학과

037 유기질폐기물을 이용한 고단백사료원인 조류의 생산공정
최정우 외 | 서강대 화학공학과

038 초고속정보통신망의 수용성과 정책방향
박영상 외 | 한양대 신문방송학과

039 중국의 강남사회와 한중교섭
조영록 외 | 동국대 사학과

084 여성 삶의 질 향상을 위한 사회교육 활성화 방안
김양희 | 중앙대 가족복지학과

085 벤처기업과 벤처금융
강대석 외 | 충남대 무역학과

086 구조조정기에 있어서 실업대책과 사회 안전망 구축
박천익 | 대구대 경제학과

087 한국 유아의 조기교육
이명조 외 | 한국외대 교육대학원

088 남북한 경제공동체 형성전략
이상만 | 중앙대 경제학과

089 지방자치회계의 투명성과 주민의 알 권리
권찬태 외 | 경북대 경영학부

090 정치지도자의 정책리더십
이해영 | 경일대 행정학과

091 경제위기와 한국인의 복지의식
신광영 외 | 중앙대 사회학과

092 북한의 노동
김강식 | 한국항공대 경영학과

093 우리나라 중소기업의 정보기술 활용 현황과 경쟁력 강화를 위한 제안
정승호 | 부산외대 정보시스템학과

094 인간배아복제의 법적 · 윤리적 문제점과 그 해결방안
최병규 | 한경대 법학부

095 가치변화에 따른 투표행태
조찬래 외 | 충남대 정치외교학과

096 인터넷 경매에서의 계약체결과 소비자 보호
이기수 외 | 고려대 법과대학

097 세계화시대 남북한 통합의 방향과 과제
윤민재 | 서울대 사회발전연구소

098 글로벌 시대 지방정부의 문화마케팅 전략
박흥식 | 중앙대 행정학과

099 대졸여성실업의 실태분석 및 대학-노동시장 간 효율적 연계방안
이은우 외 | 울산대 사회과학부

100 그린 투어리즘의 분석
이응진 | 대구대 관광학부

101 지방자치단체장의 부정부패
오일환 | 한양대 아태지역연구센터

102 산업화가 유교체제하 중국여성의 지위에 미친 영향
천성림 | 배재대 사회과학연구소

103 움직이는 말하기
유혜숙 외 | 나사렛대 교양학부

104 장애학생을 위한 특수교육공학의 활용
김용욱 | 대구대 중등특수교육과

105 지식기반사회의 평생교육 이해와 평생교육 프로그램 개발
박성열 | 건국대 교육공학과

106 N세대의 미술교육
김동철 | 대구교육대 미술교육학과

107 노후계획과 투자
권택호 | 여수대 국제통상학과

108 영화산업
양영철 | 경성대 연극영화학부

109 동유럽의 변혁과 언론의 역활
정대수 | 경남대 정치언론학부

110 환율, 임금, 물가가 국제경쟁력 및 수출입산업에 미치는 영향
하인봉 | 경북대 경제통상학부

111 일본기업의 기술혁신 전략
위정현 | 중앙대 상경학부

112 노후보장정책과 역저당연금제도
조덕호 외 | 대구대 행정학과

113 유비쿼터스 라이프와 미래 사회
김석수 | 한남대 멀티미디어공학과

114 죽음과 관련된 생명윤리적 문제들
구인회 | 가톨릭의과대 인문사회과학교실

115 경제적 세계화와 빈곤문제, 그리고 국가
김준현 | 한일장신대 인문사회과학부

116 한국의 세계불교유산
김종명 | 한국학중앙연구원 한국학대학원

117 복지레저서비스론
고태규 | 한림대 국제학부

118 자생적 철학체계로서 인간중심철학
선우현 | 청주교대 윤리교육과

119 전략적 통합과 한반도 평화체제
김승채 | 고려대 정책대학원

120 환경사법론
전경운 | 경희대 법학부

121 인터넷 자료를 통해 본 한국의 이혼문화와 사회복지
성정현 외 | 협성대 사회복지학과

122 유럽연합의 사회정책에 관한 연구
문진영 | 서강대 신학대학원 사회복지학과

123 여성건강의 통합적 관점
김혜원 | 관동대 간호학과

124 복잡계 네트워크 과학
강병남 | 서울대 물리천문학부

125 경제적인 3세대 전원주택 개발
박근준 | 호서대 건축공학과

126 사회복지와 인적자원개발
이상일 | 인제대 국제경상학부